Der Weg zum Data Warehouse

Business & Computing 3

J.-H. Wieken

Der Weg zum Data Warehouse

*Wettbewerbsvorteile
durch strukturierte
Unternehmensinformationen*

Business & Computing

ADDISON-WESLEY

An imprint of Pearson Education

München • Reading, Massachusetts • Menlo Park, California
New York • Harlow, England • Don Mills, Ontario
Sydney • Mexico City • Madrid • Amsterdam

Die Deutsche Bibliothek – CIP-Einheitsaufnahme

Wieken, J.-H.
Der Weg zum Data Warehouse / Wettbewerbsvorteile durch strukturierte
Unternehmensinformationen / J.-H. Wieken. – München ; Reading, Mass.
[u.a.] : Addison-Wesley-Longman
(Business & Computing)
ISBN 3-8273-1560-3

10 9 8 7 6 5 4 3 2 1

03 02 01 00 99

© 1999 by Addison Wesley Longman Verlag GmbH
A PEARSON EDUCATION COMPANY
Martin-Kollar-Straße 10–12, D-81829 München/Germany
Alle Rechte vorbehalten

Einbandgestaltung	Barbara Thoben, Köln
Lektorat	Barbara Lauer
Produktion	Martin Horngacher, mhorngacher@pearson.de
Satz	text&form, Fürstenfeldbruck
Druck und Verarbeitung	Schoder Druck, Gersthofen

Printed in Germany

Die Informationen in diesem Produkt werden ohne Rücksicht auf einen
eventuellen Patentschutz veröffentlicht.
Warennamen werden ohne Gewährleistung der freien Verwendbarkeit benutzt.
Bei der Zusammenstellung von Texten und Abbildungen wurde mit größter
Sorgfalt vorgegangen.
Trotzdem können Fehler nicht vollständig ausgeschlossen werden.
Verlag, Herausgeber und Autoren können für fehlerhafte Angaben
und deren Folgen weder eine juristische Verantwortung noch
irgendeine Haftung übernehmen.
Für Verbesserungsvorschläge und Hinweise auf Fehler sind Verlag und
Herausgeber dankbar.
Alle Rechte vorbehalten, auch die der fotomechanischen Wiedergabe und der
Speicherung in elektronischen Medien.
Die gewerbliche Nutzung der in diesem Produkt gezeigten Modelle und Arbeiten
ist nicht zulässig.
Fast alle Hardware- und Softwarebezeichnungen, die in diesem Buch erwähnt
werden, sind gleichzeitig auch eingetragene Warenzeichen oder sollten als
solche betrachtet werden.
Umwelthinweis:
Dieses Buch wurde auf chlorfrei gebleichtem Papier gedruckt.
Die Einschrumpffolie – zum Schutz vor Verschmutzung – ist aus
umweltverträglichem und recyclingfähigem PE-Material.

Inhaltsverzeichnis

Einführung   9

Kapitel 1
Das Data-Warehouse-Konzept   13

    1.1   Grundlegende Anforderungen an ein Data Warehouse   13
    1.2   Architektur von Data-Warehouse-Umgebungen   18
          1.2.1   Die Basisarchitektur   20
          1.2.2   Einstufige Architektur   23
          1.2.3   Zweistufige Architektur   24
          1.2.4   Dreistufige Architektur   26
          1.2.5   Variationen   28
    1.3   Prozesse   30

Kapitel 2
Datenzugriff und -analyse (Front-End)   35

    2.1   Benutzerklassen für die Datenanalyse   35
    2.2   Reporting   40
          2.2.1   Probleme traditioneller Reportgeneratoren   42
          2.2.2   Datenmodell und fachliche Sicht   45
    2.3   Managed Query Environments (MQE)   46
          2.3.1   Verknüpfungen im Datenmodell (Joins)   51
          2.3.2   Berichtslayout   55
          2.3.3   Ablaufschritte beim Einsatz eines MQE-Werkzeugs   57
    2.4   OLAP – das multidimensionale Modell   59
          2.4.1   Was ist neu?   59
          2.4.2   Grundbegriffe   61
          2.4.3   Vorteile der OLAP-Datenanalyse   64
          2.4.4   OLAP-Architekturen (MOLAP, ROLAP ...)   83
          2.4.5   Intranet-/Internet-Nutzung   90
    2.5   Data Mining – neue Zusammenhänge entdecken   93
          2.5.1   Zielsetzung und Abgrenzung   93
          2.5.2   Der Prozeß   95
          2.5.3   Methoden des Data Mining   99

Kapitel 3
Modellierung von OLAP-Lösungen 113

- 3.1 Aufbau des OLAP-Grundmodells 113
  - 3.1.1 Dimensionen 113
  - 3.1.2 Kennzahlen 118
  - 3.1.3 Dimension Kennzahltyp 124
- 3.2 Klassifikation von Dimensionen 125
  - 3.2.1 Dimensionen nach ihrer Allgemeingültigkeit (Dimensionstypen) 126
  - 3.2.2 Dimensionen nach ihrem Inhalt 127
  - 3.2.3 Dimensionen nach ihrer Herkunft 131
  - 3.2.4 Dimensionslinie 132
- 3.3 Verdichtung von Kennzahlen 135
  - 3.3.1 Verdichtungsalgorithmus 136
  - 3.3.2 Weitere Eigenschaften der Verdichtung 141
- 3.4 Besondere Strukturen 142
- 3.5 Zeitabhängigkeit von Dimensionsstrukturen 144

Kapitel 4
Datenmodelle 147

- 4.1 Datenbanken für operative Systeme 147
- 4.2 Von der operativen zur Data-Warehouse-Datenbank 149
  - 4.2.1 Anforderungen an eine Data-Warehouse-Datenbank 149
  - 4.2.2 Unternehmensweites Datenmodell? 152
  - 4.2.3 Ausgangspunkt ER-Modell Sachgebiet 154
  - 4.2.4 Schritte für die Umsetzung 157
  - 4.2.5 Data-Warehouse-Modell: Zusammenfassung 171
- 4.3 Modellierung des Data Mart 171
  - 4.3.1 Dimensionstabellen 173
  - 4.3.2 Domänentabellen 176
  - 4.3.3 Fakttabellen 177
  - 4.3.4 Starschema 179
- 4.4 Multistarschema 182
- 4.5 Das Snowflake-Schema 183
- 4.6 Single-View 185
- 4.7 Zusammenfassung der Data-Mart-Modelle 186

Kapitel 5
Datenbereitstellung und -bereinigung (Back-End) 189

- 5.1 Grundprinzip 189
- 5.2 Datenextraktion 191
- 5.3 Datentransformation 192
- 5.4 Laden der Daten 197
- 5.5 Historisierung der Daten 198
- 5.6 Bereinigung der Daten 198
- 5.7 Archivierung der Daten 202
- 5.8 Werkzeugeinsatz 203

Kapitel 6
Metadatenmanagement einer Data-Warehouse-Umgebung   **205**

    6.1   Single point of control   205
    6.2   Bedeutung der Metadaten für die Data-Warehouse-
            Umgebung   207
    6.3   Metadatenstruktur   210
            6.3.1 Strukturierungskriterien für Data-Warehouse-
                     Metadaten   210
            6.3.2 Gliederung nach Herkunft   211
            6.3.3 Gliederung nach Verwendung   212
            6.3.4 Gliederung nach dem Datenfluß   214
    6.4   Metadatenarchitektur   215
    6.5   Integration der Metadaten einer Data-Warehouse-
            Umgebung   219
    6.6   Das Data-Warehouse-Metamodell   223
            6.6.1 Die Metakomponente fachliche Nutzung   223
            6.6.2 Die Metakomponente Akquisition (Einkauf)   227
    6.7   Zusammenfassung   232

Kapitel 7
Verfahren zum Aufbau eines Data Warehouse   **233**

    7.1   Vorgehensweise zum Aufbau eines Data Mart   233
            7.1.1 Ein Verfahrensmodell – warum?   233
    7.2   Ein Verfahrensmodell zur Entwicklung von Data Marts   237
            7.2.1 Grundstruktur des Modells   237
            7.2.2 Die Analysephase   240
            7.2.3 Die Designphase   246
            7.2.4 Die Implementierungsphase   249
    7.3   Der nächste Zyklus   251
    7.4   Vorgehensweise zum Aufbau eines Data Warehouse   252

Kapitel 8
Ausblick   **255**

Literaturverzeichnis   **257**

Stichwortverzeichnis   **259**

Einführung

Data Warehouse bedeutet für den Anwender einen neuen Grad an Gestaltungsmöglichkeiten, für die Informatik eine neue Denkweise und für alle im Unternehmen eine neue Chance, vorhandene Informationen zu nutzen. Sicher sind nicht alle Ideen und Begriffe wirklich neu. Vieles, wie Management-Informationssysteme oder bestimmte Arten der Datenmodellierung, ist schon längere Zeit bekannt. Aber neue Werkzeuge erlauben die Verlagerung von Aufgaben, die bisher im Bereich der Programmierung lagen, in anwendernahe Bereiche der Informatik oder sogar in den Fachbereich selbst. Informationen sollen für die Steuerung des Unternehmens nutzbar werden, und die Nutzung von Fachbereichen soll selbst mitgesteuert werden können.

Nutzung vorhandener Informationen

Data-Warehouse oder Data Warehousing ist mit seiner steigenden Popularität und Nutzung zu einem sehr schwammigen Begriff geworden. Das Verständnis reicht von Desktop-Analysesystemen bis zu unternehmensweiten Daten- und Informationspools mit Intranet-Zugang und operativer Nutzung. Gemeinsam ist aber immer der Ansatz, die in Unternehmen als Folge der DV-technischen Unterstützung operativer Geschäftsprozesse, vom Rechnungswesen über Vertrieb, Logistik, Produktion usw., verfügbaren Daten auch für Steuerungs- und Entscheidungsprozesse verfügbar zu machen. Der Wert der in den Unternehmen vorhandenen Daten ist oft zitiert und häufig beschworen worden, diesen Wert tatsächlich zu realisieren, ist allerdings keine

Daten für Steuerungs- und Entscheidungsprozesse verfügbar machen

triviale Aufgabe und erfordert in der Praxis weit mehr als die Installation eines neuen Tools.

Grundlegendes: Architekturen und Prozesse Dieses Buch will einen Einstieg geben in die grundlegenden Architekturen und Prozesse von Data-Warehouse-Systemen. Basierend auf der Erfahrung von inzwischen mehr als fünf Jahren Beratungs- und Entwicklungstätigkeit in diesem Umfeld in zahlreichen Unternehmen sollen wesentliche Punkte herausgegriffen und Klassifizierungen getroffen werden. Dies bedeutet, immer wieder auch Vereinfachungen vorzunehmen und Spezialaspekte zu vernachlässigen. Im Interesse des Überblicks, der Zeit des Lesers und des Umfangs dieses Buches soll stets das Grundlegende, die Struktur, im Vordergrund stehen.

Nutzung Dies beginnt mit den grundlegenden Architekturen für den Aufbau von Data-Warehouse-Systemen (Kapitel 1). Ein Rahmen, in den die erforderlichen Werkzeuge, die vorhandenen Daten und Qualifikationen eingeordnet werden können, sollte die Grundlage jedes Data Warehouse bilden. Hierzu gehört auch die Strukturierung der Prozesse, die innerhalb dieser Umgebung ablaufen sollen. Darauf aufbauend wird zunächst der wichtigste Prozeß, die Nutzung des Data Warehouse durch den Endanwender, beleuchtet. Hier werden die grundlegenden Techniken des Reportings, der multidimensionalen Analyse (OLAP) und des Data Mining veranschaulicht (Kapitel 2).

Entwicklung Danach erfolgt die Darstellung des zweiten zentralen Prozesses, der Entwicklung von Data-Warehouse- und insbesondere Data-Mart-Umgebungen. Dies gliedert sich in die Darstellung der fachlichen Modellierung der Anforderungen, der darauf basierenden Modellierung von Datenmodellen (Starschema, Snowflake usw.) und schließlich der Versorgung der so modellierten Strukturen mit Daten (Kapitel 3, 4 und 5).

Dieser Bereich ist einer der schwierigsten Felder des Data Warehouse. Es liegt zum einen an der Vielfalt der Techniken und Systeme, in denen Daten gespeichert werden. Es liegt aber in noch viel größerem Umfang an den unterschiedlichen Datenstrukturen der Quellen und an den unterschiedlichen Anforderungen der Anwender.

Gerade die Zielgruppe des Data Warehouse, Fach- und Führungskräfte eines Unternehmens, führt ihre Tätigkeiten nicht in Form eines Fließbandprozesses durch. Die zu unterstützenden Steuerungs- und Entscheidungsprozesse sind individuell und in erheblichem Maß von den sie durchführenden Personen und von einer konkreten Situation abhängig. Somit lassen sich die Abläufe nicht allein in klassischer Form mittels strukturierter Analyse,

Prozeßmodellierung oder objektorientierten Ablaufplänen beschreiben.

Daher wird nach einer kurzen Beschreibung der technischen Infrastruktur und des Produktionsprozesses auf das Metadatenmanagement eingegangen. Metadaten stellen das zentrale Mittel dar, feste Strukturen und ausprogrammierte Anwendungen durch parametrisierte und selbst datengesteuerte Anwendungen zu ersetzen. Metadaten sind in anderen Bereichen der DV wie Datenmanagement, Methodik, Modellierung und Wartung seit langem bekannt. Der Autor hat sich mit diesem Thema seit über zehn Jahren beschäftigt. Die neue und zentrale Bedeutung der Metadaten für das Data-Warehouse-Management ergibt sich einerseits aus der Notwendigkeit, auch fachliche Metadaten (fachliche Begriffsdefinitionen, Berechnungsregeln, Kategorisierungen) nutzbar zu machen und andererseits die Flexibilität einer komplexen Umgebung mit zahlreichen Werkzeugen zu ermöglichen. Die so gewonnene Flexibilität reicht von der freien Gestaltung von Berichten über die Erläuterung von fachlichen Inhalten bis zu Wiederverwendbarkeit und Wartungsmanagement der komplexen Umgebung durch einen Data-Warehouse-Administrator (Kapitel 6).

Metadaten

Abschließend wird in Kapitel 7 auf die Bedeutung von Verfahrens- und Vorgehensmodellen auch und gerade für die flexible Umgebung eines Data Warehouse eingegangen.

Ich wünsche Ihnen viel Spaß beim Lesen dieses Buches und würde mich über Eindrücke, Kritik und Verbesserungsvorschläge freuen.

John-Harry Wieken

SERVAL Information Engineering GmbH

HW@serval.de

Hermannsburg, im Juli 1999

Das Data-Warehouse-Konzept

1.1 Grundlegende Anforderungen an ein Data Warehouse

Data Warehouse wird im allgemeinen verstanden als die Bereitstellung von Informationen für die Kontroll- und Entscheidungsprozesse in einem Unternehmen. Diese Informationen sollen für die bessere Kundenbetreuung, Kundenbindung, für das gezielte Marketing, die Gestaltung von Produkten, die Qualitätssicherung, die Optimierung der eigenen Organisation, die frühzeitige Erkennung von Trends und Problemen, für E-Commerce und Database-Marketing genutzt werden.

Viele Informationen sind bereits in den Daten eines Unternehmens vorhanden, andere können aus externen Quellen hinzugefügt werden. Das Problem liegt also nicht so sehr in der grundsätzlichen Verfügbarkeit der Daten, sondern die Problematik entsteht aus einer Reihe anderer Tatsachen.

- **Heterogene DV-Strukturen** behindern den Zugriff und die Zusammenführung. **Problemfelder**

- Die **Qualität und Aktualität der Daten** ist schwer überprüfbar und oft unbefriedigend.

- **Mangelnde Kapazitäten in der EDV** verhindern die Erstellung der benötigten Berichte.

- **Historische Daten** für Zeitreihenanalysen werden oft auf langsame, nicht online zugreifbare Datenspeicher ausgelagert.

1.1 Grundlegende Anforderungen an ein Data Warehouse

- Analysen **belasten die vorhandene Infrastruktur** in Form von Rechnern und Netzwerken erheblich.
- **Die Nachvollziehbarkeit** von Analysen ist wegen der permanenten Datenänderung nicht möglich.

Heterogene DV-Strukturen

Die heterogenen DV-Strukturen sind aus der Historie der EDV zu verstehen. Bei der Unterstützung operativer Geschäftsprozesse sind DV-Systeme entstanden, die jeweils für die Unterstützung eines Prozesses bzw. einer Abteilung konzipiert wurden. So wurden Systeme für die Buchhaltung, die Kostenrechnung, für den Vertrieb, die Lagerhaltung, die Produktionsplanung usw. entwickelt und in Betrieb genommen. Diese Systeme wurden nicht gleichzeitig, sondern nacheinander entwickelt und auf die Bedürfnisse der jeweiligen Anwendergruppen abgestimmt. Teilweise wurden sie später durch andere Eigenentwicklungen oder durch Kaufsoftware ersetzt. Entsprechend den konkreten Anforderungen und dem jeweiligen Stand der Technik sind diese Systeme auf verschiedenen Rechnern, Betriebssystemen und Datenbanksystemen umgesetzt worden. Sie laufen heute auch teilweise auf physisch unterschiedlichen Rechnern.

Noch gravierender ist, daß nicht nur die technischen Plattformen unterschiedlich sind, sondern daß auch die Datenstrukturen innerhalb der einzelnen Systeme stark voneinander abweichen können. So wird ein Lagersystem andere Daten über einen Artikel beinhalten als ein Vertriebssystem, die Buchhaltung andere Daten über den Kunden als der Vertrieb oder das Marketing haben wollen. Selbst einfache Datenfelder wie beispielsweise eine Kundennummer variieren bei großen Unternehmen und erfordern Umsetzungen in Schnittstellenprogrammen, die Daten zwischen diesen Systemen austauschen müssen.

Qualität und Aktualität dieser Daten

Somit haben wir es heute mit Datenbeständen zu tun, die aus unterschiedlichen Systemen auf unterschiedlichen Rechnern, in unterschiedlichen Datenbanksystemen mit unterschiedlichen Datenstrukturen abgelegt werden. Hinzu kommt, daß auch Qualität und Aktualität dieser Daten stark variieren können. Dies mag für den Nutzer beispielsweise eines Auftragssystems schwer nachvollziehbar sein, hat er doch den Eindruck, daß die Daten, die er erfaßt und sich anzeigen läßt, sinnvoll sind. Hier ist aber zu bedenken, daß die angezeigten Daten zumeist aktuelle Aufträge sind, die häufig auch noch von ihm selbst angelegt wurden. Die Gesamtheit der Daten im System ist aber zumeist von vielen Personen über einen längeren Zeitraum erstellt worden. Besonders kritisch sind hier die Eingaben in Felder, die keine Pflichtfelder sind, oder in Freitextfelder. Die Handhabung variiert hier oft schon von Anwender zu Anwender und kann später bei einer gemeinsamen Betrachtung zu Problemen führen. Aber selbst bei Feldern mit vorgegebenen Auswahlmöglichkeiten, beispielsweise Auswahl eines Wertes aus einer Reihe von möglichen Werten, können unterschiedliche Einschätzungen der Bedeutung dieser Werte durch unterschiedliche Anwender zu systematischen Fehlern führen.

Hinzu kommt der zeitliche Aspekt. Die Systeme sind oft viele Jahre im Einsatz. In dieser Zeit haben sich die Anwender oft mehrmals geändert, die Erfahrung im Umgang mit dem System hat zu einer unterschiedlichen Handhabung geführt, Felder sind uminterpretiert oder zweckentfremdet genutzt worden.

Und es gibt Änderungen im System selbst. Was ist mit den Datensätzen, die noch erfaßt wurden, bevor ein weiteres Feld in der Anwendung hinzukam oder ein Feld mit einer Plausibilisierung der Eingaben versehen wurde. Wurden diese Datensätze nachgepflegt, geändert? Was steht in den alten Datensätzen als Wert für das neue Feld? Was ist mit Feldern, die neu plausibilisiert wurden. Wurde kontrolliert, ob in den bestehenden Datensätzen erlaubte Werte stehen?

Schließlich finden sich in aktiven Datenbeständen auch immer wieder Datensätze, die aus Tests stammen oder durch Programmfehler unvollständig abgelegt wurden.

Alle diese Qualitätsprobleme werden in operativen Anwendungen oft abgefangen. Sie können auch in Berichten behoben werden, wenn der Zugriff durch Programmierung in der EDV erfolgt. Diese Programmierung von Berichten stößt aber nur allzu häufig auf Probleme wegen der mangelnden Kapazität in der EDV. Angesichts der Fülle der Aufgaben, die heute die EDV mit immer knapperen Ressourcen zu bewältigen hat, kann die steigende Nachfrage nach besseren und umfangreicheren Berichten oft einfach nicht mehr erfüllt werden. Daher wird auch in der EDV das Bestreben immer größer, die Erstellung und insbesondere die aufwendige Formatierung von Berichten abzugeben.

Mangelnde Kapazitäten in der EDV

Dabei spielen in zunehmendem Maß verdichtete Daten, Trendanalysen, Vorjahresvergleiche oder Vergleiche über längere Zeiträume eine wesentliche Rolle. Hierfür werden aber historische Daten benötigt. Diese Daten wiederum sind angesichts der bereits großen Datenbestände für die aktuellen Zahlen häufig nicht mehr in den Systemen verfügbar. Über wie viele Jahre soll man die Umsätze eines Mitarbeiters speichern, vielleicht noch getrennt nach Produkten. Oder wie viele Jahre kann man die täglich verkauften Stückzahlen eines Artikels in jeder Filiale im direkten

Mangelnde Verfügbarkeit historischer Daten

1.1 Grundlegende Anforderungen an ein Data Warehouse

Zugriff lassen. Diese Informationen vergrößern nicht nur die bestehenden Datenbanken erheblich, sondern belasten auch die aktuelle Pflege, weil immer umfangreichere Zugriffsindizes gepflegt werden und immer langwierigere Zugriffe erfolgen müssen.

Belastung der DV-Infrastruktur

Das Problem besteht aber nicht nur in der Größe der Datenspeicher und der täglichen Pflege der Daten, sondern auch darin, daß Analysen und Berichte den Zugriff auf große Mengen von Datensätzen und oft auf eine Vielzahl von Strukturen, beispielsweise Tabellen eines relationalen Systems, erfordern. Diese Zugriffe belasten wiederum Datenbanksystem und Rechner in erheblichem Maß und behindern so die vergleichsweise punktuellen Zugriffe der Datenpflege und des Einzelsatzabrufes.

Analysen und Datenänderungen nicht mehr nachvollziehbar

Aber nicht nur die Analysen behindern die operative Pflege der Daten, auch umgekehrt stellt die Pflege der Daten ein Problem für die Analyse dar. Technisch kann sich dies in der Sperre von Sätzen durch eine aktuelle Pflege ausdrücken, inhaltlich ist das Problem aber gravierender. Wird ein Datensatz geändert, der Bestandteil einer Analyse ist, so ist eine zuvor erfolgte Analyse ab diesem Zeitpunkt nicht mehr nachvollziehbar. Dies ist hinsichtlich vieler Analysen, insbesondere auf verdichteten Ebenen, ein ernsthaftes Problem.

Immons Forderungen für ein Data Warehouse

Diese Probleme haben zu einer Reihe von Anforderungen geführt, die in verschiedenen Regeln für ein Data Warehouse zusammengefaßt worden sind. Die bekanntesten Regeln stammen von W. H. Inmon, der auch als »Vater« des Data Warehouse gilt und für ein Data Warehouse vier Forderungen aufstellt:

- *Struktur-/Formatvereinheitlichung*
  Gleiche Informationen, beispielsweise Kundeninformationen, werden in einer Datenstruktur mit einem Format abgelegt. Vorhandene unterschiedliche Ablagen dieser Informationen müssen in das einheitliche Format überführt werden.

- *Zeitraumbezug*
  Alle Informationen erhalten einen Bezug zu einem Zeitraum, innerhalb dessen sie gültig sind. Damit können auch historische Informationen parallel zu aktuellen Informationen gespeichert werden.

- *Subjektorientierung*
  Alle Informationen werden so gespeichert, daß sie sich an den Subjekten eines Unternehmens, typischerweise Kunden, Produkte usw., nicht aber an den operativen Geschäftsprozessen

orientieren. Entscheidungen basieren auf Informationen über diese Subjekte und nicht auf der Art der Abläufe.

- *Nicht-Volatilität*
  Die Volatilität beschreibt die Veränderungsrate von Informationen bezogen auf einen Bestand. Daten in einem Data Warehouse werden niemals verändert. Es werden neue Daten hinzugeladen oder andere archiviert, nie aber werden vorhandene Daten geändert.

Man erkennt anhand dieser Forderungen unmittelbar, daß sich operative Datenhaltung und Data Warehouse hier in vielen Bereichen hinsichtlich der Anforderungen massiv widersprechen. Dies hat dazu geführt, daß man heute stets von einer eigenen Datenbasis für das Data Warehouse ausgeht. Ob dies tatsächlich eine physische Datenbasis ist und ob diese zentral ist, darüber gehen die Meinungen dann wieder auseinander. Darauf wird noch zurückzukommen sein.

Die obigen Forderungen dürfen auch nicht darüber hinwegtäuschen, daß es sich im Grunde um Anforderungen an die Datenbasis handelt. Die Anforderungen aus Anwendersicht und aus EDV-Sicht sind aber in vielen Fällen umfassender.

Sie lassen sich beispielsweise beschreiben durch:

- *Bessere Entscheidungen durch bessere Informationen* **Anforderungen der Anwender**
  Dies beinhaltet die Vereinheitlichung und Zusammenführung von Informationen beispielsweise über »den Kunden«, aber auch die Qualitätsverbesserung und -sicherung der verfügbaren Daten beispielsweise Adressen.

- *Flexiblere Analysemöglichkeiten*
  Dies erfordert neben vorgefertigten Standardberichten die Möglichkeit der Anwender, auch Ad-hoc-Berichte und Analysen durchzuführen und Daten nach verschiedenen Kriterien zu analysieren.

- *Entlastung der Informatik durch Verlagerung vieler Analysemöglichkeiten in den Fachbereich*
  Dies erfordert dann beispielsweise keine oder wenig eigene Programmierung, intuitive Oberflächen, Metadaten über Bedeutung und Herkunft der Daten.

- *Abschaffung der »Papierberge«*
  Dies erfordert Installation entsprechender Auswertungssysteme bei den Nutzern und Verteilung der benötigten Informationen über lokale Netze, WANs und nicht zuletzt Intranets.

- *Geringere Erstellungskosten der Berichte*
  Dies bedeutet Reduktion des Kommunikationsaufwandes zwischen Fachabteilung und EDV, vereinfachte Verfahrenswege und letztlich auch die Verlagerung weg von der Programmierung.

- *Gemeinsame Unternehmensinformationsbasis*
  Ein wesentlicher qualitativer Aspekt darf ebenfalls nicht vernachlässigt werden. Eine gemeinsame eigene Datenbasis, die von allen Unternehmensbereichen als gemeinsame Basis für Berichte und Analysen genutzt wird, bietet auch die Möglichkeit, widersprüchliche und unvergleichbare Daten in Berichten aus verschiedenen Abteilungen zu verringern.

- *Vergleichsmöglichkeiten und Aufzeigen von neuen Geschäftsmöglichkeiten*
  Dies erfordert die Sammlung von Daten und die Zusammenführung und Ergänzung mit unternehmensexternen Daten, um beispielsweise Potentialanalysen zu ermöglichen.

1.2 Architektur von Data-Warehouse-Umgebungen

Aus den obigen Zielen und Anforderungen ergibt sich, daß Data Warehouse eine neue Art von Applikation sein muß. Neben der Forderung nach einer neuen Datenhaltung gibt es neue Anforderungen an die Nutzbarkeit auch durch Nicht-DV-Spezialisten, an die Flexibilität, aber auch an das zu verwaltende Datenvolumen. Es existieren somit neue Anforderungen hinsichtlich der Datenhaltung und hinsichtlich der Verarbeitung. Die Nutzer sind naturgemäß zunächst Fach- und Führungskräfte, aber über die Verflachung der Strukturen und Delegation von Kontrolle und Entscheidungskompetenzen steigt die Zahl der möglichen Benutzer erheblich. Informationen beispielsweise über Kunden müssen aus verschiedenen Systemen im Unternehmen zusammengeführt und an verschiedenste Benutzergruppen verteilt werden.

Data-Warehouse-Architektur Entsprechend ist eine Data-Warehouse-Umgebung weder eine Datenbank noch ein oder mehrere Tools, sondern zunächst eine Architektur. Die Entwicklung einer Architektur ist der erste inhaltliche Prozeß bei der Gestaltung eines Data Warehouse. Jedes System benötigt eine Architektur, welche die einzelnen Komponenten und ihre Rollen im Gesamtzusammenhang beschreibt. Es ist letztlich die Architektur, die bei der Festlegung der Infrastruktur ebenso wie bei grundlegenden Fragen einzelner Projekte den Leitfaden für die Einzelentscheidungen darstellt. Architekturen werden in der Informatik für Anwendungssysteme ebenso wie für Netzwerke oder viele andere Strukturen erstellt. Sie sollten nicht auf der berühmten »grünen Wiese« entstehen, sondern eine vernünftige Synthese zwischen idealer Vision und den betrieblichen Gegebenheiten darstellen.

Ebenso entsteht eine Data-Warehouse-Architektur aus den grundlegenden Anforderungen an eine Data-Warehouse-Umgebung, die auf die Spezifika eines Unternehmens oder eines Bereiches abgestimmt werden. Eine solche Architektur beginnt zumeist mit einer Grobarchitektur, die bereits grundlegende Entscheidungen umfaßt, beispielsweise über Plattformen oder die Anzahl der Ebenen, in denen Daten gehalten werden.

Die Grobarchitektur wird schrittweise mit dem Aufbau der Data-Warehouse-Umgebung verfeinert, regelmäßig überprüft und den veränderten Bedingungen und Erfahrungen angepaßt.

Gerade die Vielzahl von Werkzeugen im Data-Warehouse-Umfeld mit ihren funktionalen Überlappungen einerseits und ihren unterschiedlichen Voraussetzungen hinsichtlich der Erfahrung, dem Wissen und der Vorgehensweise der Anwender andererseits birgt dabei Gefahren.

Viele Projekte, die vor einigen Jahren gestartet wurden, sind an unzureichenden Werkzeugen, an zu breiten Ansätzen, zu hohen Ansprüchen, vor allem aber zu unklaren Vorstellungen über den Nutzen für die Endanwender gescheitert. Die bekannten Schlagwörter für die großen, aber ungenutzten Datenbestände reichen dann von der »Ursuppe« bis zum »Datengrab«.

Als Reaktion auf diese Probleme sind die Data Mart**s** entstanden, kleine schlanke Lösungen für einzelne Anwendergruppen, Bereiche oder Abteilungen. Data Marts haben einen klaren eingegrenzten Aufgabenbereich und unterstützen genau diesen Bereich. Sie stellen klassische Insellösungen dar, die, wenn sie nicht um eine übergreifende Infrastruktur erweitert werden, mit Sicherheit innerhalb kurzer Zeit auch ein Wartungsproblem darstellen werden.

Data Marts

Das soll aber ihren Wert und Nutzen für den Anwender nicht schmälern. Sie stellen heute den eigentlichen Motor für Erfolgsmeldungen aus dem Data-Warehouse-Umfeld dar. Hier liegt mit Sicherheit der heute praktikable und erfolgversprechende Weg eines Einstiegs in das Data Warehouse. Daher sind sie aus einer Data-Warehouse-Architektur heute nicht mehr ernsthaft wegzudenken.

1.2 Architektur von Data-Warehouse-Umgebungen

Die Frage, die sich stellt, ist also nicht die Frage Data Warehouse oder Data Mart, sondern vielmehr die Frage, wie die drei großen Bereiche, bestehende operative Systeme, eine zentrale Data-Warehouse-Datenbank und dezentrale Data Marts erfolgversprechend kombiniert werden können.

1.2.1 Die Basisarchitektur

Aufbau eigener Datenstrukturen Die bereits beschriebenen Anforderungen an ein Data Warehouse führen regelmäßig dazu, daß eigene Datenstrukturen für die Nutzung als Informationsquelle im Data Warehouse aufgebaut werden. Im Mittelpunkt jeder Data-Warehouse-Umgebung steht daher diese neue zentrale Datenstrukturierung, das eigentliche Data Warehouse. Diese, im Sinne von Inmon subjektorientierte, Datenstruktur ist die Basis für die Datenanalyse. Folglich gruppiert sich eine Data-Warehouse-Architektur um diese neue Datenstruktur. Sie wird aus den operativen Datenbeständen versorgt und liefert ihrerseits dann die Daten für die eigentliche Nutzung, für die Datenanalyse zum Zweck der Kontrolle, Entscheidung und Steuerung. Man kann daher auch von der Grundarchitektur eines Data Warehouse sprechen.

Abbildung 1.1 zeigt diese Grundarchitektur einer Data-Warehouse-Umgebung mit operativen Datenquellen, Data-Warehouse-Datenbank und Data Marts für die Datenanalyse.

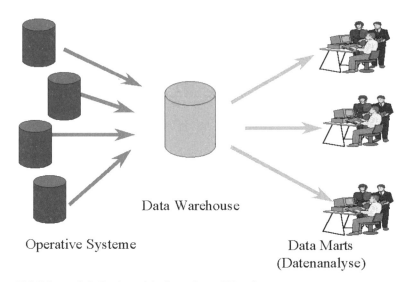

Abbildung 1.1: Basisarchitektur Data Warehouse

Die neue Struktur, die Data-Warehouse-Datenbank stellt die neue Sicht auf die Daten dar, die letztlich den Rohstoff für die Informationssysteme einer Data-Warehouse-Umgebung bildet. Die Data-Warehouse-Datenbank ist das Data Warehouse im engeren Sinn und gleichzeitig der Kern einer Data-Warehouse-Umgebung.

Die Versorgung der neuen Struktur mit Daten erfolgt aus vorhandenen Systemen, eigenentwickelten Hostsystemen, Client/Server-Systemen, Standardsoftware, zugekauften Informationen oder dem Internet. Die eintreffenden Daten werden in der neuen Struktur »integriert« und im Data Warehouse »abgelegt«. Dieser Vorgang umfaßt beispielsweise folgende Schritte:

- Das »Anzapfen« von relationalen Datenquellen, IMS oder netzwerkartigen Strukturen, VSAM-Dateien, ISAM-Dateien, ASCII-Quellen, PC-Datenbanken, Excel-Tabellen usw. und **Extraktion** der enthaltenen Daten.

- Die strukturelle **Transformation** unterschiedlicher Datenquellen Feld für Feld in Data-Warehouse-Datenstrukturen.

- Das **Laden** der transformierten Daten in die Data-Warehouse-Datenbank.

- Die inhaltliche und formale **Plausibilisierung** der eingehenden Datensätze auf Feld- und auf Strukturebene.

- Die Erzeugung und/oder Transformation des zeitlichen Bezuges der Daten zum Aufbau einer **Historie**.

- Die **Synchronisierung** der Prozesse mit Prozessen im Bereich der Datenquellen wie mit Prozessen im Data Warehouse.

Schritte zur Versorgung der Data-Warehouse-Datenbank mit Daten

Entsprechend den grundlegenden Schritten Extraktion, Transformation und Laden spricht man oft von ETL-Prozessen bzw. ETL-Tools, wenn es um Werkzeuge zur Unterstützung dieses Prozesses geht.

Der komplementäre Prozeß ist die Datennutzung durch die nachgelagerten Informationssysteme. Hierbei stehen sehr unterschiedliche Formen der Unterstützung zur Verfügung, die etwa folgende Wege umfassen können:

- Bereitstellung eines SQL-Zugriffs (beispielsweise über eine ODBC-Schnittstelle oder einen von der Datenbank bereitgestellten direkten SQL-Zugriff)

Datennutzung

1.2 Architektur von Data-Warehouse-Umgebungen

- Die Bereitstellung vorverdichteter Daten, beispielsweise die Umsätze nicht nur je Filiale, sondern auch je Region oder je Land, so daß entsprechende Verdichtungen (häufig Summenbildungen) bereits im Data Warehouse vorliegen

- Bereitstellung von Zugriffssichten, die entsprechend den Wünschen bestimmter Anwender bereits aus verschiedenen Tabellen ermittelt und als eigene Sicht oder Tabelle zusätzlich im Data Warehouse abgelegt sind

- OLAP-Analyse-Werkzeuge für multidimensionale Analysen

- Data-Mining-Werkzeuge

- »Download«-Services, die regelmäßig bestimmte Extrakte für Anwender oder Anwendergruppen bereitstellen (beispielsweise als Excel-Tabellen, PC-Datenbank oder im Intranet)

- »Agenten«, die das Data Warehouse permanent nach bestimmten Mustern durchsuchen und die Informationen als Download oder auch als Mail bereitstellen

Information portal — Mit zunehmender Verschmelzung der Funktionalitäten spricht man auch vom Information portal, womit in Analogie zu Einstiegsseiten bei der Internet-Nutzung die Bereitstellung verschiedenster Informationen auf Knopfdruck gemeint ist. Der Anwender soll sich dabei keine Gedanken machen müssen, wie und mit welchem Werkzeug die Informationen aufbereitet bzw. bereitgestellt werden. Die Analogie ist auch insofern sinnvoll, als das Medium Intranet eine wachsende Bedeutung für die Bereitstellung und Nutzung von Informationen aus dem Data Warehouse gewinnt.

Diese Grundarchitektur ist letztlich allen Data-Warehouse-Umgebungen eigen. Bei der Ausgestaltung zeigen sich aber erhebliche Unterschiede. Diese lassen sich grob nach ein-, zwei- oder dreistufiger Architektur gliedern.

Die Gliederung erfolgt dabei nach der Art der Bereitstellung der Daten für das Informationssystem bzw. für den Data-Warehouse-Kunden. Die Anzahl der Stufen entspricht dabei der Anzahl der Ebenen, auf denen Datenstrukturen bereitgestellt werden. Dies kann auch virtuell geschehen, was bedeutet, daß die Strukturen beispielsweise nur in Form einer View bereitgestellt, aber nicht physisch gespeichert werden.

1.2.2 Einstufige Architektur

Die einstufige Architektur verwendet neben den ursprünglichen Datenquellen ausschließlich die Sicht des Informationsystems, also des Nutzers, bzw. seines Reporting-Werkzeugs. Dieses Werkzeug greift direkt auf die operativen Datenquellen zu und stellt dem Benutzer eine Sicht auf diese Daten zur Verfügung. Hier findet keine Modellierung der Daten für das dispositive System statt, sondern es wird unmittelbar auf den bestehenden Informationen in den operativen Systemen gearbeitet. Der zusätzliche Nutzen entsteht im wesentlichen dadurch, daß verschiedene physische Datenbanken angesprochen werden können, beispielsweise durch ODBC-Treiber auch für nichtrelationale Strukturen. Somit steht ein einheitlicher Zugriffsmechanismus zur Verfügung, der von grafischen Werkzeugen genutzt werden kann.

Nachteile

Eine solche Lösung stellt eigentlich kein Data Warehouse dar, sondern mehr einen Ersatz für ein operatives Reporting, das die Vorteile moderner Reporting- und Datenanalysewerkzeuge nutzt. Eine Datenbereitstellung mit Historisierung und Qualitätskontrolle findet nicht statt. Auch Non-Volatilität ist im allgemeinen nicht gegeben, da sich die entsprechenden operativen Basisdaten permant ändern können. Auch sind die physischen Datenstrukturen nicht im Sinne der Subjektorientierung auf dispositive Analysetätigkeiten abgestimmt. Die Integration ist auf einen gemeinsamen physischen Zugriff beschränkt, der allerdings logische Umsetzungen und Verknüpfungen auch zwischen Daten aus verschiedenen Datenbanksystemen erlauben kann.

Vorteile

Nichtsdestotrotz bietet es dem Anwender ein flexibles Reporting, indem bestehende Reports ohne Programmierung geändert und zumeist auch eigene zusätzliche Reports erstellt werden können. Der Verzicht auf die Datenbereitstellung hat umgekehrt den Vorteil, daß die Analyse nicht auf die zumeist periodisch stattfindende Versorgung des Data Warehouse angewiesen ist, sondern die Daten sofort nach Abschluß einer Transaktion im operativen System für einen Report verwendet werden können.

Bedeutung

Auch wenn es sich hierbei nicht um ein echtes Data Warehouse handelt, findet man doch häufig im Umfeld von Data-Warehouse-Umgebungen auch derartige Lösungen, die in Ergänzung der eigentlichen Data-Warehouse-Analysen Teile des normalen Reportings übernehmen. Auch hier kann die Informatik von Aufgaben der Reportgestaltung befreit und dem Anwender eine größere Freiheit ermöglicht werden.

1.2 Architektur von Data-Warehouse-Umgebungen

Die Grenzen derartiger Ansätze entstehen zumeist durch die Struktur der Daten, die komplexen Auswertungen und die damit verbundenen Laufzeiten. Zudem sind die Daten im Normalfall für den Endbenutzer nur begrenzt transparent. Auswertungen bleiben somit in vielen Fällen auf Standardreports mit Abwandlungen und Reports, die nur ein oder zwei Strukturen betreffen, beschränkt.

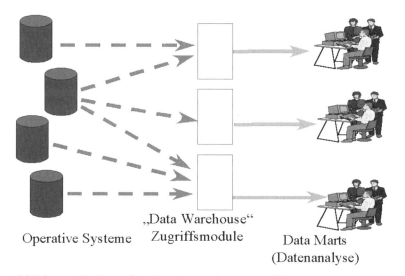

Abbildung 1.2: Einstufige Data-Warehouse-Architektur

1.2.3 Zweistufige Architektur

Die zweistufige Architektur stellt eine zusätzliche Datenschicht zur Verfügung, die nach den Erfordernissen eines Informationssystems gestaltet wird. Hier sind zwei Fälle zu unterscheiden. Der Aufbau einer eigenen dispositiven Datenbank, die primär eine integrierende Funktion unter dem Aspekt einer unternehmensweiten Sicht beinhaltet oder die Gestaltung einer Datenbank für eine homogene Gruppe von Anwendern, die primär auf deren Analysebedürfnisse ausgerichtet ist. Beispiele für den ersten Fall sind Kundendatenbanken, Lieferantendatenbanken oder unternehmensweite Datenbanken. Wir werden in Kapitel 4 sehen, daß derartige Datenbanken zwar für eine inhaltliche Integration der Daten stehen, ihre Strukturen aber für die unmittelbare Nutzung durch Informationssysteme ungeeignet sind. Insbesondere das Problem komplexer Datenstrukturen und umfangreicher Verknüpfungen ist hier nicht gelöst. Daher haben sich derartige Ansätze als unmittelbare Analysebasis nicht bewährt.

Dagegen findet man den Aufbau von eigenen Datenbanken für bestimmte Anwendergruppen häufig. Die Datenstrukturen stellen dann eine optimale Sicht bezogen auf die Nutzung durch diese Endanwendergruppe dar. Es kann sich dabei beispielsweise um einen Ausschnitt aus einem relationalen Modell handeln, das auf die Nutzung für den Vertrieb, Vertriebs-Controlling, Marketing, Controlling, Rechnungswesen, Einkauf oder Qualitätssicherung ausgerichtet ist. Der zentrale Punkt ist dabei die Orientierung an den Nutzungswünschen einer Anwendergruppe. Dadurch können bedarfsgerechte und für die Anwender leicht verständliche Datenstrukturen bereitgestellt werden. Gerade wenn ein Data-Warehouse-Projekt durch einen Fachbereich in Angriff genommen wird, ist eine solche Lösung naheliegend. Es entsteht ein Data Mart. Die Modellierung erfolgt im Fachbereich zumeist mit Hilfe interner oder externer Spezialisten. Die Versorgung mit Daten wird basierend auf von der Informatik bereitgestellten Daten realisiert.

Data Marts: Datenbanken für bestimmte Anwendergruppen

Die Vorteile dieser Data Marts sind vielfältig. Neben überschaubaren Risiken sind dies vor allem die Orientierung an den Erfordernissen des Fachbereiches, die kurzen Entscheidungswege und die schnelle Rückkopplung zwischen Anwendern und Entwicklern. Standards der Informatik müssen in viel geringerem Umfang beachtet werden als bei zentral durchgeführten Projekten. Im übrigen müssen diese Projekte keineswegs immer vom Fachbereich durchgeführt werden, sondern sie bieten sich auch als Pilotprojekte für die Informatik an.

Vorteile

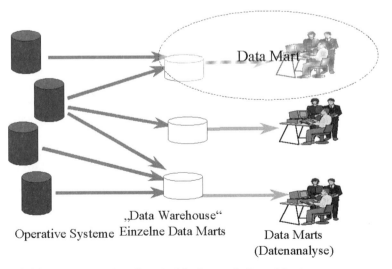

Abbildung 1.3: Zweistufige Architektur mit Data Marts

1.2 Architektur von Data-Warehouse-Umgebungen

Nachteile Bei allen Vorteilen der Data Marts sind doch auch Bedenken gegen die ausschließliche Realisierung einer Data-Warehouse-Umgebung mit Data Marts angebracht.

Ein wesentlicher Punkt dabei liegt in den Effizienznachteilen speziell bei der Versorgung der Data Marts. So muß die Versorgung der Data Marts mit Daten aus dem operativen System für jeden Data Mart neu realisiert werden. Dies beinhaltet nicht nur die Transformation in neue Strukturen, sondern auch die anderen Aspekte des ETL-Prozesses (Qualitätssicherungsmaßnahmen, Konsolidierungsmaßnahmen, Historisierung und Entlademechanismen aus den operativen Quellen). Diese Arbeiten können 60–70% des Gesamtaufwands im Rahmen des Data-Mart-Aufbaus ausmachen. Ein großer Teil dieser Arbeiten wird für jeden Data Mart redundant ausgeführt. Ähnliches kann für Verdichtungen und Berechnungen von Feldern gelten. Hier entsteht also unter Umständen erhebliche Mehrarbeit.

Der zweite Problempunkt ist ein qualitativer Aspekt. Wenn die Daten für jeden Data Mart gesondert aus den operativen Systemen abgezogen werden, können auch in jedem Data Mart unterschiedliche Transformationen, unterschiedliche Plausibilitäten und unterschiedliche Berechnungen durchgeführt werden. Damit kann aber wieder der Effekt eintreten, daß die Nutzer der Data Marts zu unterschiedlichen, teils widersprüchlichen Ergebnissen kommen. Eine echte integrierte Datenbasis für die Analyse existiert somit nicht.

Demnach kann der Aspekt der integrierten Daten nicht wirklich realisiert werden.

1.2.4 Dreistufige Architektur

Data-Warehouse-Datenbank: einheitlicher Informationspool Die dreistufige Architektur für ein Data Warehouse verwendet die anwendungsorientierte Sicht ausschließlich für die Data Marts. Zusätzlich wird die Data-Warehouse-Datenbank als gemeinsamer Informationspool, also als »Unternehmenssicht« implementiert. Diese Sicht beinhaltet die Gesamtmenge der in der Data-Warehouse-Umgebung eines Unternehmens verfügbaren Daten. Häufig wird in diesem Zusammenhang auch von dem eigentlichen Data Warehouse oder vom Informationspool, in einigen Fällen inzwischen auch vom ODS (Operational Data Store) gesprochen. Die einzelnen Data Marts werden dann aus diesem Informationspool versorgt. Die Anforderungen an einen Informationspool können grundsätzlich wie folgt umschrieben werden:

- Abbildung einer integrierten Unternehmenssicht
- Versorgung der einzelnen Data Marts
- Aufbau und Verwaltung der Historie
- Zentrale Lösung für die Funktion der Datenbereitstellung (ETL)

Anforderungen

Die Aufgabe ist gerade *nicht*, als unmittelbare Basis für die Erstellung von Berichten oder Analysen zu dienen.

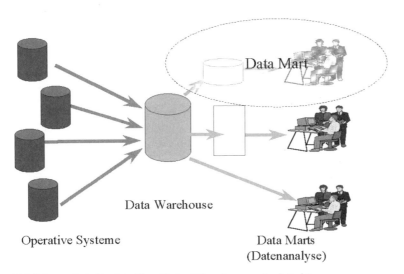

Abbildung 1.4: Dreistufige Data-Warehouse-Architektur

Entsprechend den unterschiedlichen Aufgabenstellungen ergeben sich für den Informationspool und die Data Marts grundlegende Unterschiede im Aufbau der Datenstrukturen. Findet man bei den Data Marts anwendungsbezogene Sichten, so ist der Informationspool auf die Gesamtstrukturen des Unternehmens ausgerichtet. Im Informationspool sind die Unternehmensdaten eher normalisiert abgelegt. Diese normalisierten Daten werden dann durch eine Reihe zusätzlicher Konstrukte für Historie, Dimensionen, Verdichtungen usw. ergänzt.

Unterschiede zu Data Marts

Die Informationen werden aus den Vorsystemen in den zentralen Informationspool überführt. Hierbei erfolgt die Integration sowohl über verschiedene technische Systeme als auch über die Datenstrukturen. Qualitätsprüfungen, Entlade- und Lademechanismen sowie Historisierung der Informationen werden im Rahmen der Versorgung des zentralen Informationspools durchgeführt. Dieser stellt die Basis für die Versorgung der einzelnen

1.2 Architektur von Data-Warehouse-Umgebungen

Data Marts dar. Diese Versorgung besteht im allgemeinen aus der Auswahl der Daten, Verdichtungen und einfachen Umstrukturierungen entsprechend der Anwendersicht.

Hub and Spoke Man spricht auch von »**Hub and spoke**«-**Architektur**, wobei der Informationspool der »Hub«, also die »Radnabe«, ist. Die »spokes«, also die Speichen, stellen einerseits die verschiedenen Datenquellen, andererseits die verschiedenen mit Daten versorgten Data Marts dar.

Diese Architektur hat sich in der Praxis zumindest in größeren Umgebungen schrittweise etabliert. Den genannten Vorteilen steht andererseits der größere Aufwand für den zweifachen Transformationsprozeß gegenüber. Problematisch ist auch, daß der zentrale Informationspool im Grunde eine Infrastrukturmaßnahme darstellt, die keinen unmittelbaren Nutzen für die Anwender erbringt. Daher muß ein Weg gefunden werden, zum einen diesen Informationspool schrittweise zusammen mit den Data Marts aufzubauen und zum anderen die Kosten entsprechend dem wachsenden Nutzen bei einer steigenden Anzahl von Data Marts sinnvoll auszugleichen.

1.2.5 Variationen

In der Praxis findet man eine Reihe von Varianten der geschilderten Umgebungen. Insbesondere beziehen sich diese auf Funktionsumfang und Nutzung des zentralen Informationspools. So wird dieser mit wachsender Nutzung des Data Warehouse in vielen Fällen schrittweise um vorbereitete Verdichtungen für verschiedene Data Marts erweitert. Werden beispielsweise für zwei Data Marts die Umsatzzahlen nicht auf Tagesbasis, sondern auf Monatsbasis benötigt, so ist es sinnvoll, die dafür notwendige Verdichtung nicht beim Laden beider Data Marts vorzunehmen, sondern bereits einmalig im zentralen Informationspool. Anschließend können beide Data Marts dann auf die so vorbereiteten Zahlen zurückgreifen. Entsprechend lassen sich weitere jeweils von mehreren Data Marts benötigte Schritte bereits im zentralen Informationspool vorbereiten. Dadurch werden verstärkt Leistungen und Service zentralisiert.

Eine weitere Variante stellt die Realisierung mehrerer physischer Informationspools dar, die nur logisch zu einer gemeinsamen Datenbank verknüpft werden, wie in Abbildung 1.5 dargestellt. Diese Datenbanken können historisch gewachsen oder beispielsweise aus der Integration von Data Marts entstanden sein.

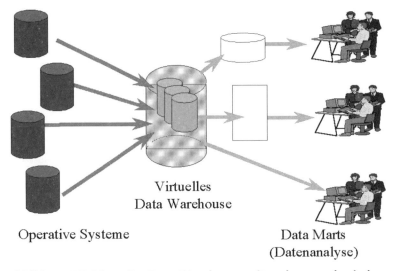

Abbildung 1.5: Virtuelles Data Warehouse mit mehreren physischen Datenbanken

Wenn die Überdeckungsgrade gering gehalten und die redundanten Teile konsistent gepflegt werden können, kann dies durchaus eine sinnvolle Alternative sein. Bei Verwendung entsprechender Werkzeuge für den Aufbau der Data Marts können dann die Informationen aus verschiedenen physischen Beständen in einen Data Mart integriert werden.

Schließlich muß an dieser Stelle noch der viel zitierte ODS (Operational Data Store) erwähnt werden. Dabei handelt es sich ebenfalls um einen von Inmon eingeführten Gedanken, der auf der Überlegung beruht, inwieweit die in der Data-Warehouse-Datenbank zusammengeführten Daten nicht ihrerseits wieder als Basis für eine operative Verwendung dienen können. Der erhebliche Aufwand, der in die Integration der Daten gesteckt wurde, kann so zusätzlich für weitere Funktionen genutzt werden. Dabei können die Daten der Data-Warehouse-Datenbank entweder unmittelbar als Basis für neue Systeme genutzt werden (Planungssysteme sind dabei sicherlich ein Grenzfall), oder die Daten werden wiederum über einen dann allerdings vereinfachten ETL-Prozeß in operative Bestände überführt, auf denen sie weiter bearbeitet werden. Die erste Variante ist insofern bedenklich, als daß damit gerade der Grundsatz der Non-Volatilität aufgegeben wird. Der zweite Ansatz erzeugt einen weiteren Datenbestand, der versorgt und integriert werden muß. Andererseits macht gerade der Aspekt der Qualität und der Integration von Informa-

Operational Data Store (ODS)

tionen die Data-Warehouse-Daten so attraktiv, daß diese Variante zunehmend an Akzeptanz gewinnt.

In neuerer Zeit wird der Begriff des OD S verstärkt für den normalisierten, atomaren Informationspool im Rahmen der dreistufigen Architektur als solches verwendet, ohne damit einen bestimmten Verwendungszweck zu verbinden.

1.3 Prozesse

Neben der Architektur wird das Data Warehouse wesentlich durch die Prozesse beschrieben. Die Prozesse stellen die eigentlichen Aufgaben dar, die eine Data-Warehouse-Umgebung zu erfüllen hat. Folgerichtig stehen sie im Zentrum des Interesses, sobald die Grobarchitektur festgelegt ist. Entsprechend ihrer Stellung als Klasse von Systemen existiert eine Reihe von Prozessen, die zu strukturieren sind.

Eine mögliche sinnvolle Gliederung der Prozesse ergibt folgende Hauptprozesse mit Unterprozessen:

Haupt- und Unterprozesse

- **Nutzung**
    - Reporting
    - OLAP
    - Data Mining
    - Informationsverteilung
- **Betrieb**
    - Infrastruktur
    - Service
    - Datenversorgung
    - Datenverteilung
    - Archivierung
    - Data-Warehouse-Management
- **Entwicklung/Weiterentwicklung**
    - Architektur
    - Datenbasis
    - Data Marts
- **Metadatenmanagement**
- **Management**

Als erster Prozeß ist die Nutzung eines Data Warehouse genannt. **Nutzung**
Unter Nutzung ist jeglicher Zugriff auf Informationen im Data Warehouse durch Endbenutzer zu verstehen. Dies kann die unmittelbare Analyse von Informationen durch Endanwender sein. Aber auch die mittelbare Nutzung von Informationen durch andere Systeme stellt eine Form der Nutzung des Data Warehouse dar. Diese mittelbare Nutzung kann durch Statistiksysteme, Reportingsysteme, aber auch beispielsweise Tabellenkalkulationen erfolgen. Im Grunde handelt es sich dabei um eine Verteilung der Informationen. Dies entspricht auch der Einstellung der Information in ein Intranet. In den Bereich der Verteilung der Informationen sind außerdem eventuell Systeme anderer Unternehmensbereiche oder verbundener Unternehmen einzuordnen, mit denen eine entsprechende Nutzungsvereinbarung besteht.

Der Prozeß der Nutzung stellt den eigentlichen Wert des Data **Betrieb**
Warehouse für das Unternehmen dar. Der zweite wesentliche Prozeß, sozusagen das Pendant zur Nutzung, ist der Betrieb des Data Warehouse. Der Betrieb des Data Warehouse umfaßt alle Tätigkeiten, die notwendig sind, um ein Data Warehouse in einem vordefinierten Funktions- und Datenstrukturumfang produktiv zu betreiben. Hierzu gehören beispielsweise die Sicherstellung der technischen Verfügbarkeit, die Fehlersuche und -bereinigung, die permanente Versorgung mit aktuellen Daten, die laufende Qualitätssicherung der angebotenen Daten, Auskünfte über verfügbare Informationen, Einrichtung neuer Benutzer oder Veränderung von Benutzerrechten.

Der erste oben aufgeführte Teilprozeß hierzu heißt Infrastruktur **Infrastruktur**
und umfaßt die Bereitstellung und den Betrieb der benötigten Clients, Server, Netze und Software. Hier geht es also um die Grundvoraussetzungen für einen produktiven Betrieb einer Data-Warehouse-Umgebung. Daneben sind hier auch Leistungen wie Backup oder Recovery einzuordnen.

Der Bereich des Service umfaßt den Support, vom first level bis **Service**
zum third level support, die Fehlersuche, die Benutzerinformation, Schulung und permanente Betreuung.

Ein zentraler Teilprozeß ist die Datenversorgung. Die Datenver- **Daten-**
sorgung umfaßt alle Teilaktivitäten, die für eine aktuelle und **versorgung**
qualitätsgesicherte Bereitstellung der Daten im Data Warehouse notwendig sind (ETL). Hierzu gehören insbesondere die Überführung der Daten aus den operativen Systemen und aus externen Quellen, die Vorverdichtung von Daten und die Qualitätssicherung der Daten. Die Datenversorgung ist also im engeren

1.3 Prozesse

Sinne für die Bereitstellung nutzbarer Daten im Data Warehouse verantwortlich.

Datenverteilung Die Umkehrung ist die Datenverteilung. Der Teilprozeß Datenverteilung ist für die Weitergabe von Daten im Data Warehouse zuständig. Im Unterschied zur Abholung von Informationen oder Informationsverteilung aus dem Data Warehouse durch andere Systeme oder die Nutzung durch Endbenutzer geht es hier darum, Daten *innerhalb* der Data-Warehouse-Umgebung zu verteilen. Die Daten verlassen also nicht das Data Warehouse, sondern werden zum Zweck der Nutzung an andere Orte verlegt.

Archivierung Die Archivierung umfaßt die Verlagerung von Daten des Data Warehouse, die als für die aktuellen Auswertungen nicht mehr relevant eingestuft werden, auf andere, zumeist billigere und im Zugriff langsamere Medien.

Das Data-Warehouse-Management umfaßt alle Monitoring-Maßnahmen für die Unterstützung und Protokollierung des laufenden Betriebes.

Entwicklung/ Weiterentwicklung Der nächste wichtige Prozeß ist die Entwicklung/Weiterentwicklung des Data Warehouse. Während der Betrieb die produktive Nutzung des definierten Informations- und Funktionsumfangs sicherstellt, beschreibt dieser Prozeß die Erweiterung und Veränderung dieses Umfangs. So ist die Einbeziehung weiterer Felder oder Strukturen, neuer Datenquellen oder anderer Benutzergruppen im Normalfall mit der Weiterentwicklung der Data-Warehouse-Umgebung verbunden. Die erstmalige Entwicklung, also das erste Release des Data Warehouse oder eines Data Marts, stellt in diesem Sinn nur einen Spezialfall der Weiterentwicklung dar.

Architektur Bei der Weiterentwicklung kann man wiederum grundsätzlich drei verschiedene Arten der Weiterentwicklung unterscheiden. Zum ersten die Architektur, also den grundlegenden Aufbau des Data Warehouse. Hierzu können grundlegende Werkzeugentscheidungen oder Erweiterungen der Infrastruktur, beispielsweise der Übergang in ein Intranet gerechnet werden.

Datenbasis Der zweite Teilprozeß ist die Weiterentwicklung zentraler Teile, beispielsweise der Datenbasis des Data Warehouse. Neue Datenstrukturen, veränderte Zugriffswege bis hin zu einfachen neuen Indizes sind diesem Teilprozeß zuzuordnen.

Data Marts Schließlich gibt es den häufigsten Fall, die Weiterentwicklung von Data Marts durch neue Standardreports, berechnete Felder oder Analyseverfahren. Hierbei handelt es sich grundsätzlich um die Weiterentwicklung für bestimmte Benutzergruppen, also um lokale Weiterentwicklungen.

Das Metadatenmanagement stellt einen eigenen übergreifenden Prozeß dar, der die Informationen über die in der Data-Warehouse-Umgebung vorhandenen Daten und deren Querbeziehungen untereinander verwaltet. Diese Informationen sind für Nutzung, Betrieb, Entwicklung und Management einer Data-Warehouse-Umgebung notwendig. Innerhalb des Metadatenmanagements gibt es sozusagen auf der Metaebene noch einmal die Prozesse Nutzung, Betrieb, Entwicklung und Management, nur jeweils bezogen auf die Metadaten statt auf die eigentlichen Nutzdaten des Data Warehouse. **Metadatenmanagement**

Schließlich ist der Prozeß des Managements der Data-Warehouse-Umgebung zu erwähnen. Dabei geht es um die Festlegung der Verantwortlichkeiten der einzelnen Prozesse und um die Steuerung und Kontrolle der Umgebung bzw. einzelner Data Marts. **Management**

Datenzugriff und -analyse (Front-End)

2

Das zentrale Ziel einer Data-Warehouse-Umgebung ist die Bereitstellung von Informationen für das Berichtswesen. Unter Berichten können dabei alle Formen der Informationsbereitstellung verstanden werden, insbesondere die Vorbereitung von Entscheidungen, die Steuerung oder Kontrolle des betrieblichen Ablaufes oder einfach die Dokumentation. Diese ist unabhängig von der Art der Bereitstellung in Form gedruckter Listen (Reports), Microfiche, Dateien, Bildschirmausgaben, Intranet usw. Sie ist auch unabhängig von der Verdichtung und vom zeitlichen Bezug der Informationen. Unter Berichtswesen werden hier also alle diese Formen der Informationsbereitstellung zusammengefaßt. Die Nutzung dieser Informationen wird als Front-End des Data Warehouse oder des Data Mart bezeichnet.

2.1 Benutzerklassen für die Datenanalyse

Aus dem weitgefaßten Begriff des Berichtswesens ergibt sich eine Reihe ganz unterschiedlicher Benutzer und Benutzergruppen, deren Bedürfnisse und Fähigkeiten hinsichtlich der Nutzung von Informationstechnologie oftmals weit auseinanderliegen. Die Einteilung der Benutzergruppen kann einerseits hinsichtlich der Inhalte und Detaillierung der benötigten Informationen erfolgen. Die daraus entstehenden Sichten auf die Informationsinhalte ergeben die Strukturierung der Data Marts und der Berechtigungen innerhalb der Data Marts. Dies wird im Zusammenhang mit der Konstruktion der Data Marts diskutiert. Neben den inhaltlichen Sichten auf die Informationsinhalte lassen sich die Benutzergruppen aber auch nach Art und Häufigkeit der Nutzung von Data-Warehouse-Daten unterscheiden.

2.1 Benutzerklassen für die Datenanalyse

Untergliederung der Benutzergruppen

Typische Untergliederungen der Benutzergruppen werden beispielsweise auch durch Poe [Poe 97] vorgenommen. In der Praxis kann man grob folgende Gruppen unterscheiden:

- *Knopfdruckanwender*
  Der Knopfdruckanwender benötigt einen möglichst einfachen Zugang zu Informationen, die ihm eine regelmäßige Kontrolle der von ihm gesteuerten Geschäftsprozesse erlauben. Die benötigten Berichte sind Standardberichte, die in Papierform vorliegen oder mit einem einfachen Tastendruck abrufbar sein sollen. Die Darstellung soll in tabellarischer und/oder grafischer Form erfolgen können. Detaillierte Analysen werden gezielt angefordert und erfolgen dann durch andere Benutzergruppen. Diese Anwenderrolle findet sich häufig im gehobenen Management, wenn es um die regelmäßige Kontrolle der wesentlichen Unternehmensprozesse und um rechtzeitige Information bei neuen oder abweichenden Entwicklungen geht. Charakteristisch ist die regelmäßige Abfrage von vordefinierten Berichten. Diese sollten daher bereits im Vorfeld als Papier oder auf einem Server bereitgestellt werden, um lange Wartezeiten oder komplizierte Abfragen zu vermeiden. Dies ist auch aufgrund der regelmäßigen Nutzung effizient.

- *Gelegenheitsanwender*
  Hierbei handelt es sich um Anwender, die nur sporadisch Informationen aus dem Data Warehouse benötigen. Art und Umfang dieser Analysen sind im wesentlichen durch Standardberichte festgelegt; der Abruf erfolgt allerdings bedarfsgesteuert. In vielen Fällen wird hier auch eine größere Anzahl an Berichten benötigt, die teilweise parametrisiert werden müssen. So kann beispielsweise der Stichtag, die Region, das Produkt, ein Kunde, Umsätze über einen Betrag X oder Kunden mit mehr als Y Aufträgen bzw. eine Kombination solcher Parameter die gezielte Auswahl der gewünschten Informationen für den Anwender vereinfachen. Dieser Benutzergruppe muß eine gezielte Navigation zu den gewünschten Informationen ermöglicht werden, die gleichzeitig aber so einfach zu gestalten ist, daß das System auch dann, wenn es vielleicht nur einmal monatlich genutzt wird, sicher bedient werden kann.

- *Fachbenutzer*
  Der Fachbenutzer erstellt eigenständig Analysen und Berichte. Er ist regelmäßiger Nutzer des Data Warehouse, analysiert Zusammenhänge und Trends, kann selbst im Management tätig sein oder im Auftrag des Managements handeln.

Typisch ist hier, daß Standardreports nicht mehr ausreichen, sondern verstärkt modifizierte Reports oder Templates (Vorlagen) verwendet werden. Diese werden angepaßt; teilweise werden einfache Reports auch neu erstellt und dynamische Analysen ausgeführt. Ad-hoc-Analysen, also bedarfs- und situationsorientierte Online-Berichte, charakterisieren diese Benutzergruppe. Andererseits sind diese Anwender häufig weder gewillt noch in der Lage, zur Erstellung ihrer Berichte auf die Programmierung zurückzugreifen (wegen des Zeitaufwandes für Einarbeitung und Erstellung der Reports). Wesentlich für diese Benutzergruppe sind freie Analysemöglichkeiten ohne Programmierung; basierend auf ihrer fachlichen Terminologie.

- *Berichtsentwickler*
  Häufig findet man in Fachabteilungen einige Mitarbeiter, die aus Interesse an der Technologie oder aufgrund der Erfahrungen in der Vergangenheit bereits selbst Kenntnisse in der Programmierung von Makros (beispielsweise in Word oder Excel), in Datenbanken wie dBase, Access oder ähnlichen gesammelt haben und diese auch im Data-Warehouse-Umfeld nutzen wollen. Diese Gruppe kann selbst Standardberichte erstellen oder kleinere Anwendungen entwickeln. Sie sind durch die Kombination von fachlichem Wissen und technischem Umsetzungsvermögen eine wichtige Unterstützung für den Data-Mart-Administrator und alle anderen Anwendergruppen.

- *Data-Mart-Administrator*
  Der Data-Mart-Administrator sorgt für Betrieb und Weiterentwicklung des Data Marts. Er koordiniert die Festlegung der Datenstrukturen und der Benutzersichten. Er definiert und realisiert die Datenversorgung des Data Marts (oder beauftragt die Realisierung). Er stellt neue Standardreports bereit bzw. übernimmt die Verteilung der von den »Berichtsentwicklern« erstellten Reports. Er definiert die Zugriffsberechtigungen, richtet neue Benutzer ein, löscht ausgeschiedene Benutzer und berät und unterstützt die anderen Anwender.

Oft spricht man im Zusammenhang mit der Nutzung von Data-Warehouse-Daten auch vom sogenannten **Power User**. Dieser Begriff ist im allgemeinen etwas unklar definiert, beschreibt aber im wesentlich die Gruppen, Berichtersteller, Fachanwender und zumindest teilweise die Gelegenheitsanwender, wie sie hier festgelegt wurden.

2.1 Benutzerklassen für die Datenanalyse

Benutzergruppen als Rollen

Generell ist natürlich die Abgrenzung der verschiedenen Benutzergruppen schwierig. Die obige Einteilung soll so verstanden werden, daß es sich dabei um Rollen handelt, die eine Person oder Personengruppe im Hinblick auf die Nutzung der Data-Warehouse-Daten spielt. Eine Rolle kann dabei ebenso von mehreren Personen oder Personengruppen übernommen werden, wie umgekehrt eine Person oder Personengruppe mehrere Rollen übernehmen kann. Die gleiche Person kann beispielsweise einerseits Fachanwender in einem Ausschnitt sein, andererseits aber auch Gelegenheitsanwender in einem anderen Teil. Um die Tätigkeit der einzelnen Gruppen etwas besser zu veranschaulichen, sind in Tabelle 2.1 einige typische Tätigkeiten der einzelnen Rollen dargestellt.

Tätigkeit	Benutzergruppe	Häufigkeit
Aufruf eines Standardreports	Knopfdruck	Regelmäßig/ Periodisch
Erstellen eines Reports auf Basis einer Vorlage	Fachanwender	Häufig/ Unperiodisch
Abruf eines Standardreports für eine zu wählende Vergangenheitsperiode	Gelegenheitsanwender	Selten/ Unperiodisch
Erstellung einer Situationsübersicht für ein Management-Meeting zur Bewertung einer Marketing-Aktion	Fachanwender	Selten/ Unperiodisch
Abruf der Daten für ein außerordentliches Mitarbeitergespräch	Gelegenheitsanwender	Selten/ Unperiodisch
Suchen und Ausführen eines Berichts über ... (außerhalb der normalen Tätigkeit)	Gelegenheitsanweder	Selten/ Unperiodisch
Zulassen eines neuen Anwenders für den Data Mart	Administrator	Unperiodisch
Erstellen einer neuen Sicht im Data Mart	Administrator	Unperiodisch
Umbau eines Ad-hoc-Reports zu einem Standardreport (Firmenlogo, Kopf- und Fußzeilen usw.)	Berichtsersteller	Unperiodisch
Freigabe eines neuen Standardreports	Administrator	Unperiodisch
Einfügen einer neuen Kennzahlberechnung	Berichtsersteller/ Administrator	Unperiodisch
Hinzunahme weiterer Felder in einen bestehenden Report	Fachanwender	Häufig/ Unperiodisch

Tabelle 2.1: Zuordnung von Tätigkeiten zu Personengruppen

Tätigkeit	Benutzergruppe	Häufigkeit
Analyse der Umsatzabweichung in einem Monat nach Region, Ort usw.	Fachanwender	Häufig/ Unperiodisch
Einbinden der Analyseergebnisse in eine bestehende Excel-Anwendung	Berichtsersteller	Selten/ Unperiodisch
Einfügen einer neuen Analysedimension	Administrator	Selten/ Unperiodisch
Erstellen eines Ad-hoc-Berichts nach Anruf des Vorstands als Grundlage für die spätere Aufbereitung	Fachanwender	Selten/ Unperiodisch
Erstellen eines neuen periodischen und aufbereiteten Berichts auf Wunsch des Vorgesetzten	Berichtsersteller	Selten/ Periodisch
Erhalt eines monatlichen Reports in Schriftform	Knopfdruckanwender	Periodisch
Erstellung des monatlichen Versands eines Standardreports per Intranet	Administrator	Selten/ Unperiodisch

Tabelle 2.1: Zuordnung von Tätigkeiten zu Personengruppen (Fortsetzung)

Tabelle 2.1 kann nur eine kleine exemplarische Beschreibung der Tätigkeiten und ihrer Zuordnung zu den Benutzerrollen sein. Grundsätzlich sind bei der Auswahl der im folgenden beschriebenen Werkzeugkategorien immer die Rollen der vorgesehenen Benutzergruppen zu berücksichtigen. Zusätzlich sollten bei der Auswahl des Werkzeugs und der Gestaltung des Front-Ends folgende Aspekte analysiert werden:

Auswahl der Werkzeuge

- Wie sollen die Informationen bereitgestellt werden (Papier, fertige Reports mit Daten, Abruf der Daten am Bildschirm, Datei für Tabellenkalkulation (Excel, Starcalc, Lotus usw.), HTML-Seiten, dynamische Intranet-Nutzung (CGI, Java), sonstige weiterverarbeitende Systeme)?

Aspekte

- Sollen die Daten periodisch (jeden Tag, jede Woche, jeden Monat, vor jeder Sitzung des ...) oder auf Abruf bereitgestellt werden; wer wird bei periodischer Bereitstellung aktiv, wo ist der Übergabepunkt?

- Wie verhält sich der Anteil der Standardberichte zum Anteil der Ad-hoc-Berichte?

2.2 Reporting

Unter einem Report versteht man häufig eine auf einem Drucker ausgegebene Liste, die logisch gruppierte Elemente (Datenfelder) enthält. Gruppenwechsel mit Gruppierwörtern, Sortierungen, Reportkopf und Reportfuß sowie Seitenformatierung sind typische Elemente eines Reports [Schneider 86]. Die klare Strukturierung von Reports hat sehr früh zu einer Normung geführt, die sich sogar in einer DIN-Norm (DIN 66220) niedergeschlagen hat. Diese recht einfache Struktur hat andererseits dazu geführt, daß sehr früh mit der Standardisierung der Programmierung von Reports begonnen wurde. Die Zahl der Werkzeuge, die im weitesten Sinne als Reportgeneratoren bezeichnet werden können, ist ebenso groß wie die Vielfalt dieser Werkzeuge. Hierzu gehören neben den frühen Werkzeugen für die Abfrage von Mainframe-Datenbanken inzwischen auch eine Reihe von Abfragewerkzeugen für PC-Datenbanken, für indexsequentielle Dateien und auch für relationale Datenbanken. Einige typische Vertreter dieser Kategorie sind beispielsweise AS, Quest, Focus, Siron, Easytrieve, Crystal Reports usw.

Reportgeneratoren Diese Werkzeuge haben eine weite Verbreitung gefunden und können in vielen Fällen die manuelle Programmierung von Listen ersetzen. Bezogen auf ein Data Warehouse können hier jetzt die Vorteile der neu strukturierten, integrierten und bereinigten Daten genutzt werden, um die Qualität der Reportinhalte zu steigern.

Neben dem Einsatz in den EDV-Abteilungen wurde frühzeitig auch der Einsatz in Fachbereichen oder nahe den Fachbereichen geplant. Dabei ist zu beachten, wie stark die Unterstützung des Endanwenders ist. Häufig wird beispielsweise bei Zugriffen auf SQL-Datenbanken die korrekte Unterstützung der Syntax des SQL-Befehls mit umfangreichen Formatierungsmöglichkeiten der Ausgabe kombiniert. Bezüglich des Abstraktionsniveaus bewegt sich der Anwender eines Werkzeugs dabei sehr nah an der Struktur der Datenbank. EDV-Know-how, insbesondere SQL-Kenntnisse, ist im allgemeinen unumgänglich.

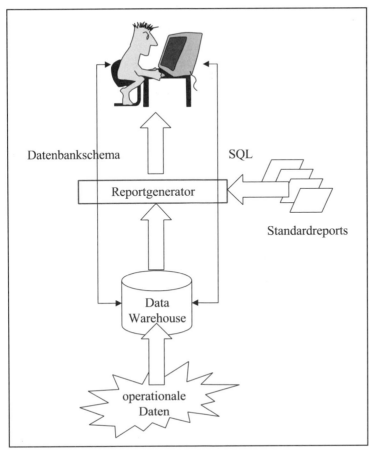

Abbildung 2.1: Architektur Reportgenerator in einer Data-Warehouse-Umgebung

Der alleinige Einsatz eines Reportgenerators in einer Data-Warehouse-Umgebung wird in vielen Fällen die Akzeptanz negativ beeinflussen und dürfte nur in seltenen Fällen den Aufwand für den Aufbau der Umgebung rechtfertigen. Der für den Anwender sichtbare und greifbare Nutzen wird häufig als zu gering bewertet. Ein nicht zu unterschätzender Vorteil dieser Werkzeuge in einer Data-Warehouse-Umgebung im Zusammenspiel mit anderen Werkzeugen liegt aber in der Möglichkeit, für zeitnahe Reports und Detailreports unmittelbar auch auf operative Daten zugreifen und so bestimmte Informationen ohne die architekturbedingte Zeitverzögerung beim Ladevorgang des Data Warehouse ergänzen zu können. Diese Möglichkeit sollte aus architektonischen Erwägungen eher punktuell genutzt werden, kann aber den Erfolgsdruck auf die Data-Warehouse-Entwicklung verringern und dem Entwicklungsteam die für einen schrittweisen Aufbau notwendige Zeit verschaffen. Bei der Werkzeugauswahl sollte aber auch hier zusätzlich überlegt werden, ob nicht auch ein Werkzeug des MQE-Typs, wie er im folgenden beschrieben wird, zum Einsatz kommen sollte.

Reporting mit SQL-basierten Werkzeugen ist also bereits seit geraumer Zeit gängige Praxis in vielen Unternehmen. Werkzeuge wie AS, Easytrieve, Siron usw. stehen zur Verfügung und werden genutzt, um die Daten in relationalen Systemen abzufragen. Diese Werkzeuge sind aber in vielen Fällen nach wie vor Werkzeuge der Informatik und werden von den Fachbereichen gar nicht oder kaum genutzt.

Was sind die Hindernisse für eine weitere Verbreitung?

In der Praxis stellt sich meist schnell heraus, daß es zwei zentrale Problempunkte gibt: das an technischen Erfordernissen ausgerichtete Datenmodell und die Abfragesprache SQL.

2.2.1 Probleme traditioneller Reportgeneratoren

SQL ist zwar eine weit verbreitete Sprache und der Standard für relationale Systeme, ihre praktische Handhabung setzt jedoch tiefergehende EDV-Kenntnisse voraus. Hier können auch ein syntaxgesteuerter Editor und eine bunte Oberfläche nicht darüber hinwegtäuschen, daß ein Fachbereichsanwender sehr schnell überfordert ist.

Wie schnell auch ein eigentlich einfach aussehendes Problem zu einem echten Problem bei der Abbildung in SQL werden kann, soll ein kleines Beispiel zeigen, das einer Fachzeitschrift entnommen ist [SQL498].

Ausgangspunkt ist dabei eine einzige Datenbank-Tabelle »personen«, in der Kunden gespeichert sind. Die Tabelle enthält einen eindeutigen Schlüssel (p_id), den Kundennamen (name) und das Geburtsdatum (geb_dat), die jeweils nicht leer sein dürfen. Die Tabelle kann also in SQL definiert werden als

```
CREATE TABLE personen
(p_id        integer
             CONSTRAINT personen_pk PRIMARY KEY,
 name        char(10) NOT NULL,
 geb_dat     date NOT NULL )
```

Angenommen, die Tabellenstruktur ist so definiert worden und enthält zwölf Kundendatensätze. Sie könnte dann etwa den Inhalt wie Tabelle 2.2 haben.

Beispiel

P_id	Name	Geb_dat
6	Albrecht	11.04.1967
8	Baader	20.06.1955
12	Hessen	11.01.1971
1	Jansen	01.01.1965
2	Johannsen	02.02.1966
3	Lenze	05.08.1960
7	Linke	30.07.1949
9	Orterer	18.01.1970
11	Pape	20.06.1955
4	Raupp	09.09.1958
10	Smith	19.02.1966
5	Weiss	22.03.1951

Tabelle 2.2: Beispielinhalt der Personentabelle

Jetzt soll auf dieser Tabelle eine Analyse durchgeführt werden, bei der die Kunden nach ihrem Alter in gleich große Gruppen unterteilt werden sollen. Dabei soll die Anzahl der Gruppen variabel sein, also 1, 2, 3, 4 usw.; allgemein sollen n Gruppen gebildet werden können. Sollen beispielsweise vier Gruppen gebildet werden, so würden in jede Gruppe drei Kunden fallen; sollen fünf Gruppen gebildet werden, gibt es zwei Gruppen mit drei Kunden und drei Gruppen mit zwei Kunden. Bei sechs Gruppen sind in jeder Gruppe zwei Kunden usw.

Zusätzlich zur p_id, dem Namen und dem Geburtsdatum sollen noch die Nummer aus der Sortierung sowie die Nummer der Gruppe angezeigt werden, welcher der Datensatz zugeordnet wird. Der Report sollte also ähnlich wie in Tabelle 2.3 dargestellt aussehen (für vier Gruppen).

2.2 Reporting

P_id	Name	Geb_dat	Nummer	Gruppe
7	Linke	30.07.1949	1	1
5	Weiss	22.03.1951	2	1
8	Baader	20.06.1955	3	1
11	Pape	20.06.1955	4	2
4	Raupp	09.09.1958	5	2
3	Lenze	05.08.1960	6	2
1	Jansen	01.01.1965	7	3
2	Johannsen	02.02.1966	8	3
10	Smith	19.02.1966	9	3
6	Albrecht	11.04.1967	10	4
9	Orterer	18.01.1970	11	4
12	Hessen	11.01.1971	12	4

Tabelle 2.3: Beispielreport mit nach dem Alter gruppierten Personen

Betrachten wir kurz den Algorithmus, um die Gruppennummer eines Datensatzes zu ermitteln. Gehen wir davon aus, daß die Datensätze sortiert sind und »Nummer« die Position des Datensatzes in der gruppierten Liste angibt. Dann kann mittels Division der Nummer durch die Gesamtzahl der Sätze ermittelt werden, zu welchem Bruchteil der Datensätze ein Datensatz gehört, wobei aufgrund von Rundungsfragen hier noch 1 abzuziehen ist. Die Multiplikation mit den Gruppen ergibt die Gruppennummer. Um die Zählung der Gruppen bei 1 und nicht bei 0 zu beginnen, wird zu der so erhaltenen Zahl noch eins addiert. Die Gruppennummer ergibt sich also jeweils aus der Formel:

Gruppennummer = ganzzahliger Teil ((Nummer – 1) / Gesamtzahl * Anzahl Gruppen) + 1

Die Aufgabe erscheint recht überschaubar, die Problematik ist einfach, die Berechnung klar. Das Datenmodell besteht aus einer einzigen Tabelle. Das Problem erscheint aus fachlicher Sicht also leicht lösbar. Die entsprechende Abfrage in SQL hierfür würde beispielsweise lauten:

```
Select  p1.p_id, p1.name, p1.geb_dat,
        Count (distinct p2.p_id) nummer,
        Integer (( count (distinct p2.p_id) -1) /
        ( count (distinct p3.p_id) /
        :anzahl_gruppen)) +1
        gruppe
from    personen p1, personen p2, personen p3
```

```
where   p1.geb_dat > p2.geb_dat
     or (p1.geb_dat = p2.geb_dat and p1.p_id >= p2.p_id)
group by p1.p_id, p1.name, p1.geb_dat
order by p1.geb_dat
```

Man sieht unmittelbar, daß diese Abfrage keineswegs trivial zu verstehen, geschweige denn zu formulieren ist. Für einen Mitarbeiter des Fachbereichs ergeben sich hier sehr schnell Komplexitätsgrenzen. Hinzu kommt, daß eine solche Abfrage bei zwölf Datensätzen sicher unproblematisch ist, wegen des enthaltenen kartesischen Produkts jedoch bei größeren Datenmengen sehr schnell sehr inperformant wird. Hinsichtlich der Performance kann bei einigen Datenbanken die Verwendung der enthaltenen SQL-Zusatzfunktionen helfen. Das Ergebnis ist jedoch nicht unbedingt besser verständlich, wie die folgende Lösung zeigt, die beispielsweise für Sybase oder Access verwendet werden könnte:

```
select p1.p_id, p1.name, p1.geb_dat,
       (select count (*)
        from personen p3
        where   p3.geb_dat < p.geb_dat
           or   p3.geb_dat < p.geb_dat and
                p3.p_id <= p1.p_id) nummer,
       integer (:anzahl_gruppen *
               (( select count (*)
                  from personen p3
                  where p3.geb_dat < p.geb_dat
                     or (p3.geb_dat < p.geb_dat and
                         p3.p_id <= p1.p_id) -1) /
                (select count (*)
                 from personen p2) + 1) gruppe
from personen
order by p1.geb_dat, p1.p_id
```

Das Problem von SQL liegt also in einer nicht unbedingt fachlich orientierten Syntax. Hinzu kommt die Problematik, daß Lösungen keineswegs eindeutig und hinsichtlich ihrer Performance oft schwer einschätzbar sind.

2.2.2 Datenmodell und fachliche Sicht

Die Syntax der Abfragesprache SQL ist aber nicht das einzige Problem, das sich einem Fachbereich beim Einsatz von Reportgeneratoren entgegenstellt. Das zweite Problem besteht oft in dem verwendeten Datenmodell.

Datenmodelle werden im allgemeinen in der Informatik entwikkelt und bestenfalls grob mit dem Fachbereich abgestimmt. Ist ein dann zumeist verwendetes Entity-Relationship-Modell oder relationales Modell für einen Fachbereich schon schwer verständlich, kommen bei der technischen Umsetzung durch Normalisierung und Denormalisierung, durch Zwischentabellen, Indizes usw. zusätzliche Feinheiten hinzu, die eine unmittelbare Nutzung weiter erschweren.

Schließlich entsteht eine weitere Schwierigkeit daraus, daß die Auswertungen häufig auf Datenmodellen durchgeführt werden, die für operationale Systeme entwickelt wurden, an Geschäftsprozessen ausgerichtet sind, technische Verarbeitungskennzeichen enthalten und statt Klartexten häufig interne Kodierungen verwenden. Beispielsweise wird statt männlich/weiblich die Kodierung 0/1 verwendet, statt Kundennamen werden Kundennummern verwendet, Stati werden durchnumeriert usw.

Solche Probleme treten verstärkt beim Einsatz von operationalen Datenbanken und Datenmodellen auf. Man findet sie erstaunlicherweise aber auch noch in vielen Data-Warehouse-Datenbanken.

2.3 Managed Query Environments (MQE)

Sowohl die Probleme der SQL-Syntax als auch der Datenmodelle werden in sogenannten **Managed Query Environments (MQE)** adressiert. Das Ziel dieser Umgebungen ist es, einen fachlichen Anwender in die Lage zu versetzen, eigene Auswertungen auf (zumeist relationalen) Datenbanken durchzuführen. Die wesentlichen Hilfsmittel hierzu sind:

- Einführung einer Transformationsschicht zwischen Datenbank und Endbenutzer
- Reine Windows-Oberfläche für die Abfrageerstellung
- Generierung von SQL und Durchführung der Abfragen im Hintergrund mit dem Wissen um den SQL-Sprachumfang der verwendeten Datenbank
- Erweiterung des SQL-Umfangs, um Abfragen zu vereinfachen und mögliche SQL-Defizite in der Formulierung der Abfrage ausgleichen zu können
- Layoutgestaltung der Ergebnisse für Bildschirm und Drucker und andere Medien

Windows-Oberfläche und Formatierung der Ergebnisse sind aus vielen Berichtsgeneratoren bekannt. Hier bestehen sicherlich zwischen den verschiedenen Werkzeugen erhebliche Unterschiede hinsichtlich Handhabung und Funktionsumfang; es handelt sich aber um kein grundsätzlich neues Merkmal. Die wesentlichen

Vorteile von MQE-Werkzeugen sind in der Einführung einer Transformationsschicht, in dem Verbergen des SQL-Befehls und in der Erweiterung der SQL-Funktionalität zu sehen.

Die Einführung einer Transformationsschicht beinhaltet dabei unter anderem:

- Freie Umbenennung der Felder und Tabellen nach fachlichen Gesichtspunkten ohne Rücksicht auf die Datenbankkonventionen
- Beschreibung der für die SQL-Generierung zu verwendenden Datenbankverbindungen
- Freie Umgestaltung der Datenbankstrukturen, so daß der Anwender die Felder nach seinen Gesichtspunkten gruppiert erhält statt nach den technischen Datenbankgruppierungen
- Hinzufügen von berechneten Feldern und Auswahlkriterien, die nicht in der Datenbank vorkommen, aber fachlich benötigt werden.

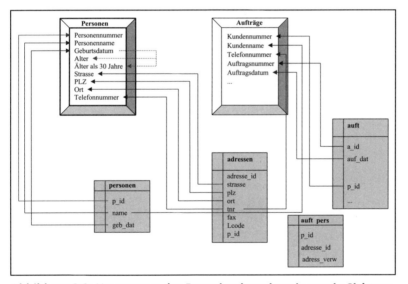

Abbildung 2.2: Umsetzung der Datenbankstruktur in zwei »Sichten« für den Benutzer

In Abbildung 2.2 ist beispielhaft die Umsetzung von vier Datenbanktabellen in zwei Sichten, »Tabellen« aus Sicht des Anwenders, dargestellt. Diese vier Datenbanktabellen beinhalten die Personen, in diesem Fall Kunden, die Adressen und die Aufträge sowie eine Tabelle, die Aufträge und Adressen miteinander ver-

Vorteile der Transformationsschicht

2.3 Managed Query Environments (MQE)

bindet. Die Verbindungen zwischen den Datenbanktabellen sind hier bewußt nicht dargestellt. Darauf wird später noch eingegangen. Man sieht zunächst, daß in den oben dargestellten Benutzersichten andere Namen für die entsprechenden Felder als in den entsprechenden Datenbankdarstellungen verwendet werden. Diese sind weitgehend intuitiver und können von einem Fachbenutzer unmittelbar verwendet werden. So ist beispielsweise die `p_id` aus der Personentabelle in `Personennummer` umgesetzt worden, `geb_dat` in `Geburtsdatum` usw.

Solche fachlichen Benennungen können dem Anwender, wie in Abbildung 2.3 dargestellt, an der Oberfläche eines MQE-Werkzeugs angeboten werden. Sie unterliegen nicht mehr den meist recht restriktiven Einschränkungen von Datenbanksystemen, sondern können nach rein fachlichen Kriterien vergeben werden. Zusätzlich gibt es so die Möglichkeit, verschiedenen Benutzergruppen in ihren fachlichen Sichten unterschiedliche Namen für dasselbe Element bereitzustellen. Dies widerspricht zwar einem Datenmanagement im klassischen Sinn, spiegelt aber andererseits die betriebliche Realität wider, in der unterschiedliche Abteilungen unterschiedliche Sichten und eine unterschiedliche Nomenklatur für ihre Information verwenden.

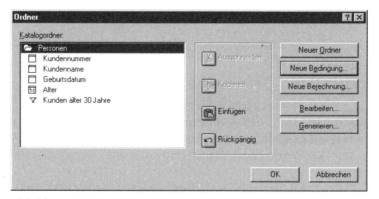

Abbildung 2.3: Fachliche Sicht auf eine Tabelle

Zusätzlich wird im obigen Beispiel gezeigt, daß neben der Umbenennung bestehender Felder zusätzliche Felder in die Transformationsschicht aufgenommen werden, die nicht Bestandteil der Datenbank sind. So wird beispielsweise das Feld `Alter` basierend auf dem aktuellen Datum und dem Geburtsdatum berechnet. Außerdem ist beispielhaft ein Selektionskriterium hinterlegt worden, das es dem Anwender erlaubt, unmittelbar alle Kunden, die älter als 30 Jahre sind, zu selektieren. Diese Berechnungen werden im Werkzeug basierend auf den Ausgangsfeldern der

Datenbank oder anderen berechneten Feldern durchgeführt. Der Anwender kann diese berechneten Felder genauso nutzen wie die Felder, die direkt aus der Datenbank stammen. Diese Berechnungen sind in Abbildung 2.2 als gestrichelte Linien angedeutet.

Der Anwender hat dann nur noch die Sicht auf die Transformationsschicht, wie auch in Abbildung 2.8 symbolisch dargestellt. Der Zugriff auf eine solche logische »Sicht« kann für den Anwender beispielsweise wie in Abbildung 2.3 aussehen. Der Anwender kann dann aus diesen so hinterlegten Feldern, Berechnungen und Auswahlkriterien diejenigen auswählen, die für seinen Bericht relevant sind, kann diese zusätzlich sortieren, gruppieren, weiter selektieren oder um weitere Felder ergänzen. Alle diese Aufgaben kann er per Mausklick durchführen, ohne in SQL programmieren zu müssen oder die Struktur des Datenmodells zu kennen.

Abschnitt 2.2 beinhaltet ein Beispiel, bei dem die Kunden gemäß ihrem Alter in n gleich große Gruppen eingeteilt werden sollen. Wir haben dort auch die Berechnungsvorschrift für die Gruppennummer beschrieben. Im Falle eines MQE-Werkzeugs könnte für die Gruppennummer ein berechnetes Feld verwendet werden. Die Beschreibung der Berechnung dieses Feldes könnte beispielsweise wie in Abbildung 2.4 dargestellt erfolgen. Dabei wird mittels vordefinierter Funktionen in einem eigenen Feld für die Gruppennummer per Mausklick die Berechnungsformel zusammengestellt. Der Anwender kann sich auf den fachlichen Inhalt des Feldes und seiner Berechnung konzentrieren und muß sich keine Gedanken über die tatsächliche SQL-Syntax machen, die daraus generiert wird. **Beispiel**

Die fachliche Unterstützung bei der Erstellung eines Berichts beschränkt sich aber keineswegs auf die Nutzung bestehender Felder und die Berechnung neuer Felder. Abbildung 2.5 zeigt einen Überblick (in den Reitern) der typischen Berichtsfunktionen. Der erste Teil ist dabei die Auswahl und Berechnung von Feldern, was sich zusammenfassend als Festlegung der Daten beschreiben läßt, die in einem Bericht vorhanden sein sollen. Weitere typische Funktionen sind die Sortierung, die durch Auswahl der relevanten Felder erfolgen kann, die Gruppierung mit Gruppenwechsel, Gruppenkopf und Gruppenfuß. Beschränkungen der Auswahlfilter sowie weitere technische Optionen, die zur Optimierung der Berichtserstellung und -ausführung dienen, können die Beschreibung des Berichtsinhaltes ergänzen. Alle Funktionen sollten dabei dem Benutzer ohne SQL-Programmierung zur Verfügung stehen (wenngleich für den erfahrenen Benutzer zumindest die Möglichkeit der Einsicht in den generierten SQL-Befehl bestehen sollte). **Weitere Funktionen**

2.3 Managed Query Environments (MQE)

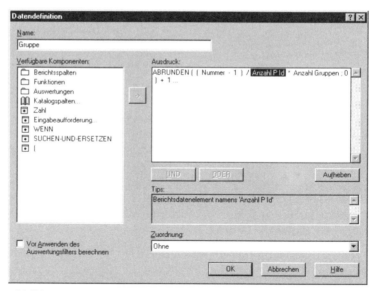

Abbildung 2.4: Berechnung eines Feldes im MQE-Tool

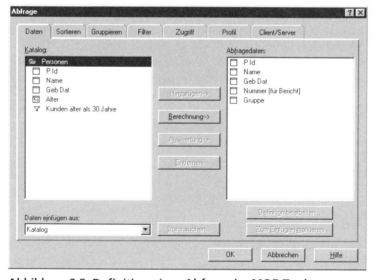

Abbildung 2.5: Definition einer Abfrage im MQE-Tool

Aus einer solchen Beschreibung kann dann ein MQE-Tool das passende SQL generieren und an die Datenbank schicken. Die Datenbank führt den SQL-Befehl in gewohnter Form aus und schickt die ermittelten Daten an das MQE-Werkzeug zurück. Das Ergebnis ist ein Bericht, dessen Layout weiter formatiert werden kann. Ein erster Etwurf für den Bericht in unserem Beispiel könnte etwa wie in Abbildung 2.6 aussehen.

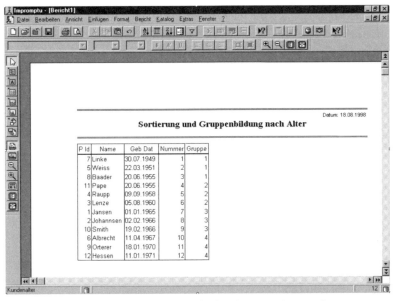

Abbildung 2.6: Beispielhafter Bericht in einem MQE-Werkzeug

Der vom MQE-Werkzeug generierte SQL-Befehl wird hierbei nicht viel anders aussehen als einer der im obigen Beispiel verwendeten Befehle. Der Unterschied ist aber, daß der Anwender sich keine Gedanken um dessen tatsächlichen Aufbau machen muß. Dies erleichtert die Gestaltung der Datenbankabfrage in vielen Fällen ganz erheblich. Hinzu kommt, daß die in den MQE-Werkzeugen eingebauten Formatierungs- und Gestaltungsmöglichkeiten den Aufbau der Berichte über die eigentliche Abfrage hinaus zusätzlich stark vereinfachen können.

2.3.1 Verknüpfungen im Datenmodell (Joins)

Bei aller Vereinfachung der Abfrage und der Gestaltung des Berichtslayouts bleibt allerdings bei komplexeren Datenmodellen das Problem der richtigen Navigation über die Datenstrukturen, also die Gestaltung der Joins.

So ist beispielsweise in Abbildung 2.2 auch dargestellt, daß in einer Benutzersicht Informationen aus verschiedenen Tabellen zusammengefaßt werden. Kundennummer und Auftragsdaten kommen beispielsweise aus der Auftragstabelle, während der Kundenname aus der Personentabelle kommt. Der Benutzer soll

2.3 Managed Query Environments (MQE)

sich dabei keine Gedanken machen müssen, wie die Verknüpfung in der Datenbank tatsächlich durchgeführt wird.

Dafür muß dann aber die Transformationsschicht diese Strukturen kennen und nutzen können. In Abbildung 2.7 sind die Strukturen in der Datenbank, wie sie auf Grund der vorhandenen Fremdschlüssel vorgesehen sind, fett dargestellt. Diese Strukturen sind in SQL-Datenbanken nicht die einzig möglichen Verknüpfungen, haben aber zumeist den Vorteil, daß sie über Indizes eine schnelle Verknüpfung von Tabellen erlauben. Diese Strukturen müssen im MQE-Werkzeug bekannt sein, damit das Werkzeug bei der Nutzung entsprechende SQL-Verknüpfungen generieren kann.

Equi-Join Außerdem gilt hier, daß nicht nur die vorgesehenen Verknüpfungen berücksichtigt werden, sondern häufig auch Erweiterungen möglich sind: Eine normale Verbindung wird oft als »Equi-Join« bezeichnet, da sie auf der Gleichsetzung von Werten in zwei Spalten zweier Tabellen beruht. Hierbei werden die Werte in der Primärschlüsselspalte einer Tabelle mit den Werten einer sogenannten Fremdschlüsselspalte einer anderen Tabelle gleichgesetzt, also beispielsweise die `p_id` in den `Aufträgen` (Fremdschlüssel) mit der `p_id` in den `Personen` (Primärschlüssel). Dies bedeutet dann, daß die `Kundennummer` (`p_id` in `Aufträge`) gleich der `Personennummer` (`p_id` in `personen`) sein soll oder anders ausgedrückt, daß so zu einem Auftrag der entsprechende Kunde ermittelt werden kann.

Beispiel Im Beispiel in Abbildung 2.7 wird so der Kundenname ermittelt, indem über die Verbindung von der Auftragstabelle über den Fremdschlüssel `p_id` auf den Primärschlüssel `p_id` in der Tabelle personen der »passende« Datensatz ermittelt wird, in dem auch der Name steht. Das Werkzeug greift auf die Auftragstabelle zu, holt über den »Equi-Join« den passenden Datensatz aus der Personentabelle und kann dort dann das Feld `name` lesen, das den Kundennamen enthält. Dieser vollständige Zugriffsweg kann dem Benutzer des Werkzeugs verborgen bleiben, wenn das MQE-Werkzeug die Datenbankstrukturen »kennt« und das SQL entsprechend generieren kann. Damit kann der Anwender in seinem Werkzeug die Auftragsdaten wählen und den Kundennamen in den Bericht aufnehmen, ohne sich Gedanken über die tatsächliche Verbindung in der Datenbank machen zu müssen.

Diese Funktion der Transformationsschicht stellt eine wesentliche Vereinfachung in der Nutzung des Werkzeugs dar. Hinzu kommt, daß die MQE-Werkzeuge häufig noch zusätzliche Möglichkeiten bei der Festlegung der zu verwendenden Verknüpfungen bieten.

- Neben den »Equi-Joins« können auch »Non-Equi-Joins« verwendet werden, die beispielsweise Vergleichsoperationen wie kleiner, kleiner-gleich, größer, größer-gleich, ungleich usw. ermöglichen.
- Es können offene Joins (outer-joins) definiert werden, die das Fehlen von »passenden« Datensätzen auf einer oder beiden Seiten der Verbindung erlauben.
- Es können zusätzliche Joins definiert werden, die beispielsweise die Verwendung von Schlüsselkandidaten statt des Primärschlüssels zulassen.
- Es können unterschiedliche Datenbanken miteinander »verbunden« werden.
- Den Joins kann eine »Semantik« zugeordnet werden, über die der Anwender auswählen kann, welche Verbindung für einen Bericht sinnvoll ist.

Zusätzliche Möglichkeiten bei Verknüpfungen

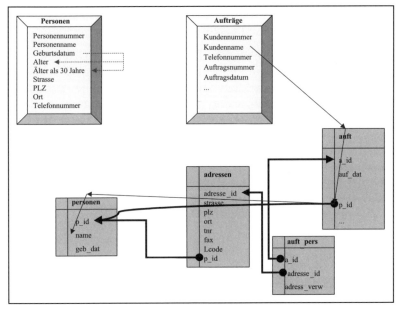

Abbildung 2.7: Nutzung der Datenbankverknüpfungen

Ein Beispiel für die Zuordnung von Semantik ist in obigem Modell der Weg vom Auftrag über die `auft_pers` zur Adresse. Das Modell geht davon aus, daß eine Person, also ein Kunde, mehrere

Beispiel

2.3 Managed Query Environments (MQE)

Adressen haben kann, beispielsweise die Hauptverwaltung und die Niederlassungen. Ein Auftrag kann dann beispielsweise zwei Adressen benötigen: eine Rechnungsadresse und eine Lieferadresse. Die Bedeutung »ist Rechnungsadresse« oder »ist Lieferadresse« kann im MQE-Werkzeug hinterlegt und dem Anwender nutzbar gemacht werden.

Ein weiteres wichtiges Hilfsmittel der Transformationsschicht ist die Auflösung von Schleifen im Modell. So führen im obigen Modell zwei Wege von der Auftrags- zur Personentabelle: zum einen der verwendete direkte Weg, zum anderen der Weg über die `auft_pers` und die Adressentabelle. Das Werkzeug muß entscheiden können bzw. der Benutzer muß dem Werkzeug mitteilen, welchen dieser Wege es in einem konkreten Bericht verwenden soll. Wesentlich ist dabei, daß beide Wege wie in den meisten anderen Fällen ebenfalls eine unterschiedliche Semantik besitzen. So können beispielsweise die Personen, die über eine »Lieferadresse-Beziehung« verbunden sind, andere sein als die über den direkten Weg. Im einen Fall erhält man die Liste aller Personen und Unternehmen, an die geliefert wird, im anderen Fall die Liste derer, die bestellt haben.

Wesentlich für den Anwender ist, daß er den gewünschten Weg aus seiner fachlichen Sicht bestimmen kann.

Grenzen der MQE-Werkzeuge

Man erkennt an diesem Beispiel, daß durch eine geeignete Gestaltung der Transformationsschicht die Nutzung der Daten durch den Benutzer erheblich vereinfacht werden kann. Bei allem Komfort ist es allerdings wichtig, sich daran zu erinnern, daß ein MQE-Werkzeug keinesfalls ein Datenbankdesign ersetzt. Im Gegenteil erfordert häufig die freie Gestaltung der Abfragen durch den Anwender ein um so detaillierteres Design, um performante Antworten zu erhalten. Gerade die einfache Nutzung birgt andererseits die Gefahr, daß der Anwender unwissentlich extrem inperformante Abfragen erstellt.

Soll daher ein solches Werkzeug auf einer bestehenden Datenbank, eventuell sogar auf einer für operative Systeme modellierten Datenbank, eingesetzt werden, so kann die Transformationsschicht im allgemeinen nur gezielte benutzergruppenspezifische Ausschnitte dieser Datenbank widerspiegeln und einzelnen Benutzergruppen zur Verfügung stellen. In jedem Fall ist es besser, wenn das Datenbankdesign gezielt für die dispositive Nutzung durchgeführt werden kann. Darauf wird in Kapitel 4 näher eingegangen.

Ein zentraler Punkt dabei ist, daß bei der Gestaltung des Datenbankdesigns stets der Blickwinkel der Benutzergruppe im Vordergrund steht. Dies entspricht dem Gedanken des Data Marts als anwenderorientierte Sicht auf das Data Warehouse. Entweder wird dann für die Benutzergruppe physisch ein eigenes Datenmodell angelegt, oder die Gestaltung erfolgt virtuell in der Transformationsschicht des MQE-Werkzeuges.

2.3.2 Berichtslayout

Die ermittelten Daten eines Berichts müssen dem Anwender präsentiert werden. Diese Präsentation der ermittelten Datensätze soll als Layout des Berichts bezeichnet werden. Nehmen wir zunächst an, daß die ermittelten Datensätze auf dem Bildschirm dargestellt werden sollen. Der erste Schritt ist die Festlegung, ob beispielsweise jeweils ein Datensatz in Form einer »Stammaske« oder ob mehrere Datensätze beispielsweise in Listenform präsentiert werden sollen. In Abbildung 2.6 sind die Ergebnisdaten in Form eines ganz einfachen Berichts in Listenform dargestellt. Jede Zeile beschreibt einen Datensatz. Sollen beispielsweise die Grunddaten eines Kunden mit Name, Adresse, Telefonnummer usw. dargestellt werden, kann eine Darstellung mit einer Seite je Kunde, auf der die beschreibenden Felder stehen, adäquat sein. Dies läßt sich dann kombinieren, wenn zu den Stammdaten des Kunden (1 Satz) beispielsweise im unteren Teil des Bildschirms eine Liste aller Aufträge von diesem Kunden (viele Sätze) angezeigt wird.

Die Wahl der Grundform eines solchen Reports ist problemspezifisch, wobei die wesentlichen Grundformen

- Liste,
- Einzelsatz,
- Einzelsatz mit Liste,
- Kreuztabelle

Grundformen

und eventuell besondere Formate, beispielsweise Adreßetiketten, Briefe usw., sind.

Der Übergang von einer solchen Grundform in Formen mit weiteren Elementen, wie Listenkopf, Listenfuß usw., ist dann fließend.

Für die eigentliche Darstellung der Informationen kann ebenfalls normalerweise eine Fülle von Darstellungsformen gewählt werden, die neben der textuellen Darstellung zumeist eine Fülle von Diagrammarten umfassen. So können beispielsweise einzeln oder in Kombination verwendet werden:

2.3 Managed Query Environments (MQE)

Darstellungs-
formen
- Tortendiagramme (Kreisdiagramme)
- Liniendiagramme (eine oder mehrere Linien gleichzeitig)
- Balkendiagramme
- Stapeldiagramme
- Stabdiagramme
- Histogramme
- Flächendiagramme
- Funktionsdarstellungen
- Summenkurven
- Punktdiagramme
- Netzdiagramme
- Chart-Diagramme
- Geographische Karten
- Symbole
- ...

Schließlich können andere Elemente wie Bilder, OLE-Objekte, Hintergründe usw. in den Bericht integriert werden.

Neben diesen Gestaltungselementen werden die aus Windows bekannten Formatierungen der Schriftarten, Stile, Größe, Farben, Hervorhebungen usw. angeboten.

Eine besondere Funktion stellen die sogenannten Ampelfunktionen dar. Dabei handelt es sich um die Formatierung bzw. Hervorhebung von Zeilen, Spalten oder einzelnen Feldern auf Grund der enthaltenen Werte. Es handelt sich also um eine bedingte Formatierung, deren Anwendung von der Erfüllung einer Bedingung abhängig ist. Ziel ist es, dynamisch Werte hervorzuheben, um kritische oder außergewöhnliche Werte unmittelbar sichtbar zu machen.

Beispielsweise können in einem Umsatzreport Plan- und Ist-Zahlen sowie der Zielerreichungsgrad dargestellt werden. Erkennt man aus den Zielerreichungsgraden der einzelnen Zeilen zwar unmittelbar den Wert, so kann doch eine zusätzliche Hervorhebung der positiven bzw. negativen Abweichungen die Aussagekraft des Berichts wesentlich erhöhen.

Eine typische Ampelfunktionsbeschreibung könnte dann lauten:

Bedingung	Stil
Zielerreichungsgrad < 90%	negativ
Zielerreichungsgrad >= 90% und Zielerreichungsgrad <= 100%	normal
Zielerreichungsgrad > 110%	positiv

Die Gestaltung der Stile für `negativ`, `normal` und `positiv` ist dann festzulegen: beispielsweise für »negativ« weiße Schrift auf rotem Grund, für »normal« schwarze Schrift auf weißem Grund und für »positiv« grüne Schrift auf weißem Grund.

2.3.3 Ablaufschritte beim Einsatz eines MQE-Werkzeugs

Abschließend sollen die einzelnen Schritte bei der Nutzung eines MQE-Werkzeugs für die Durchführung von Abfragen beschrieben werden. Das grundsätzliche Schema ist in Abbildung 2.8 dargestellt.

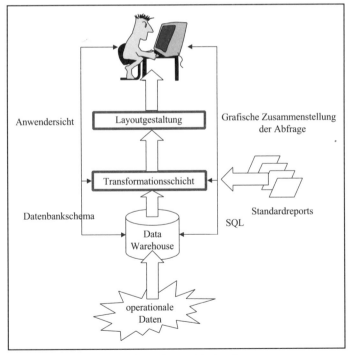

Abbildung 2.8: Architektur im MQE-Werkzeug

2.3 Managed Query Environments (MQE)

Der Ablauf umfaßt folgende Schritte:

1. *Formulierung der Abfrage (Informationsgehalt)*
   Der Benutzer wählt aus den Feldern in der Transformationsschicht die gewünschten Felder aus. Er greift dabei auf die unmittelbar in der Transformationsschicht verfügbaren Elemente zurück. Eventuell werden in dem Bericht zusätzliche Felder benötigt, die weder in der Datenbank noch in der Transformationsschicht vorhanden sein müssen. Er kann diese zusätzlichen Elemente einschließlich ihrer Berechnung auch jetzt noch beschreiben. Dies können beispielsweise prozentuale Angaben, Summen, Mittelwerte, Ränge usw. sein. Das Funktionsspektrum kann hier umfangreiche mathematische Funktionen, Datumsberechnungen, Datentypkonvertierungen, Stringverarbeitungen, statistische Funktionen, Unterberichte, Benutzereingaben bei der Berichtserstellung usw. umfassen. Damit ist der Informationsgehalt des Berichts beschrieben.

2. *Festlegung der Berichtsfunktionen*
   Der Benutzer legt grundlegende Berichtsfunktionen fest, die mit dem definierten Informationsgehalt durchzuführen sind. Hierzu gehören insbesondere:

   - Sortierfunktionen
   - Gruppierfunktionen
   - Abfragebeschränkungen (Filter)
   - eventuell zusätzliche Funktionen zu Art und Zeitpunkt der Ausführung des Berichts

3. *Generierung des SQL-Befehls:*
   Aus der grafisch zusammengestellten Berichtsbeschreibung wird der zugehörige SQL-Befehl generiert. Eventuell läßt sich die Abfrage nicht in einem SQL-Befehl zusammenstellen. In diesem Fall können einige Werkzeuge auch mehrere SQL-Befehle generieren, die dann später vom MQE-Werkzeug kombiniert werden. Der oder die SQL-Befehle werden an die Datenbank geschickt.

4. *Ausführung*
   Die Ausführung der SQL-Befehle geschieht in der Datenbank. Die Datenbank schickt die so ermittelten Datensätze dann an das MQE-Werkzeug zurück. Im Falle der Kombination mehrerer SQL-Befehle erfolgt die Kombination der Zwischenergebnisse (in Dateiform) durch das MQE-Werkzeug. Außerdem kann das MQE-Werkzeug jetzt noch die Berechnung aller

zusätzlichen Funktionen durchführen, die nicht unmittelbar in der Datenbank ausführbar waren. Die Berechnung der Funktionen erfolgt zwar idealerweise unmittelbar in der Datenbank, hierzu muß die Berechnung aber Bestandteil des SQL und vom Werkzeug bereits in den entsprechenden SQL-Befehl eingefügt werden. Ist dies nicht möglich, weil SQL die Funktion nicht kennt oder die Datenbank diesen Teil von SQL nicht unterstützt, so werden weitergehende Funktionen im MQE-Werkzeug ausgeführt. Das Ergebnis ist dann eine Menge von Datensätzen, die der Abfrage entspricht.

5. *Gestaltung des Berichtslayouts*
Die so ermittelten Datensätze müssen jetzt noch in ein Layout eingefügt werden, das normalerweise auch vom Benutzer gestaltet werden kann. Die Gestaltung des Berichtslayouts ist im Normalfall eine interaktive Tätigkeit. Der Bericht wird zunächst in einem Standardlayout erzeugt, das dann vom Benutzer schrittweise angepaßt werden kann.

6. *Standardisierung*
Stehen Inhalt und Layout des Berichts fest, so muß im Falle eines Standardreports für dessen regelmäßige Erstellung und Verteilung (bzw. Verfügbarkeit) gesorgt werden. Die endgültige Ausgabe des Ergebnisses erfolgt dann auf dem Bildschirm und/oder wahlweise auf einem Drucker, in HTML, als E-Mail usw. Die Verfügbarkeit von Änderungen oder Verteilung von Reports mit Daten ist dann eine Frage der Automatisierung, auf die im Rahmen der Infrastruktur später noch eingegangen wird.

2.4 OLAP – das multidimensionale Modell

2.4.1 Was ist neu?

Wenn das Thema OLAP angesprochen wird, geht es zumeist um die Unterstützung des Managements bei betrieblichen Entscheidungen. OLAP bildet heute einen Schwerpunkt der Data-Warehouse-Nutzung. Doch woher kommt der Erfolg dieser Systeme? Die Diskussion um die informationstechnische Unterstützung des Unternehmensmanagements ist nun bereits mehr als 30 Jahre jung. **M**anagement**i**nformations**s**ysteme (MIS) und **E**xecutive **I**nformation **S**ystems (EIS) stehen für die lange Tradition dieser Systeme. Diese Systeme sind über 30 Jahre im großen und ganzen nicht erfolgreich gewesen, was dazu geführt hat, daß sie Ende der achtziger Jahre auch aus der öffentlichen Diskussion fast ver-

2.4 OLAP – das multidimensionale Modell

schwunden waren. Mangelnde Flexibilität, schwer verständliche Oberflächen, mühsame Gewinnung der Informationen und wohl auch das Image der Informationstechnik waren einige Gründe für den ausbleibenden Erfolg.

Was ist jetzt anders bei OLAP? Woher kommt die neue Euphorie?

Neue Unternehmenskonzepte
Die Gründe dürften sowohl in der geänderten Technologie, den geänderten Marktverhältnissen als auch der geänderten Unternehmenskultur liegen. Die viel beschworene Globalisierung der Märkte und eine zunehmende Differenzierung haben zu einer Reihe von tiefgreifenden Änderungen geführt, denen mit Konzepten wie Business Process Reengineering [Hammer 93], JIT (Just in Time), Lean Management, TQM (Total Quality Management) usw. begegnet wird. Gerade in den neunziger Jahren hat ein tiefgreifender Wandel in der Wirtschaft stattgefunden [Behme 98].

Gemeinsam sind allen Konzepten eine steigende Flexibilisierung der Unternehmen, schnellere Reaktionszeiten, genauere Zielgruppenanalysen, schnellere Produktzyklen, flexiblere Produkte, gezielte Marketing- und Vertriebsmaßnahmen mit Stichwörtern wie Database-Marketing oder 1:1-Marketing. Diese Änderungen erfordern aber alle eine schnellere Versorgung mit aktuellen Informationen. Die Bedeutung des Produktionsfaktors Information wächst damit ständig.

Nutzung des gewachsenen Informationsangebots
Dem Bedarf an Informationen steht ein ständig wachsendes Informationsangebot gegenüber. Immer mehr Funktionen in Großunternehmen, aber auch in mittelständischen Betrieben werden über EDV-Systeme abgewickelt. Im Rahmen dieser Systeme entstehen Informationen über die Geschäftsprozesse, die gesammelt, gespeichert und verwaltet werden. Informationsdienste, Intranets und nicht zuletzt das Internet (World Wide Web) bieten Informationen in einer Menge an, die im mittleren und oberen Management zu einer wahren Flut geführt haben. Der Bedarf, diese Informationen so aufzubereiten, daß sie als stabile Basis für Entscheidungsprozesse nutzbar werden, ist damit überall spürbar. Parallel dazu erfährt durch Dezentralisierung und Verlagerung von Entscheidungen nach unten eine immer größere Benutzergruppe in den Unternehmen diesen Bedarf.

Die Akzeptanz von Information als kritischem Erfolgsfaktor eines Unternehmens verbunden mit einem wachsenden potentiellen Benutzerkreis haben den Nährboden geschaffen, auf dem sich eine neue Technologie entwickeln konnte.

Diese Technologie schließt die Lücke zwischen operativen Systemen zur Unterstützung der Unternehmensprozesse und der individuellen Datenverarbeitung. Sie verbindet die Vorteile einer zentralen Datenbereitstellung mit den Vorteilen einer dezentralen Nutzung in einer ansprechenden Oberfläche, deren Handhabung allmählich zum allgemeinen Standard wird, und einer Funktionalität, die als adäquat für die Entscheidungsunterstützung angesehen wird.

Die zentrale Bereitstellung qualitativ hochwertiger Daten in einer einfach zugreifbaren Form wird heute durch die Data-Warehouse-Architektur und SQL als Standardsprache in der relationalen Technologie sichergestellt. Damit ist die Basis für die Verfügbarkeit der benötigten Informationen geschaffen.

Die Windows-Oberfläche sowie in zunehmender Form die Oberflächen der Internet-Browser (insbesondere Microsoft Internet Explorer und Netscape Communicator) senken als allgemein akzeptierter und bekannter Standard die Hemmschwelle für die Benutzer.

Hierzu kommt schließlich mit dem multidimensionalen Modell ein inzwischen für die betriebliche Entscheidungsfindung als adäquat akzeptiertes Denkmodell. Dieses multidimensionale Modell erlaubt die Analyse betriebswirtschaftlicher (oder anderer) Variablen wie Umsatz, Kosten, Rendite, Kostensätze usw. nach verschiedenen Kriterien (Dimensionen) wie Zeit, Produkt, Abteilung usw. OLAP schließlich ist genau die Nutzung dieser Informationen im multidimensionalen Modell.

Entsprechung zwischen multidimensionaem Modell und betrieblicher Entscheidungsfindung

2.4.2 Grundbegriffe

Die charakteristische Betrachtung von Informationen in OLAP-Systemen ist die Analyse fachlicher Variablen und Kennzahlen unter verschiedenen Analyseblickwinkeln. Diese Unterscheidung zwischen Kennzahlen (oder Analysevariablen) einerseits und Analysekriterien (Dimensionen) andererseits ist die Grundlage jeglicher Analyse.

Die Kennzahlen stellen dabei die für die Analyse relevanten (quantitativen) Faktoren dar, zumeist betriebswirtschaftliche Daten wie Umsatz, Gewinn, Anzahl Verträge, Anzahl Mitarbeiter, prozentuale Anteile etc.

Die Analysekriterien werden im allgemeinen als Dimensionen bezeichnet. Eine Dimension beschreibt ein Kriterium, das für die Analyse von Kennzahlen relevant ist. Die wahrscheinlich häufigste Dimension ist die »Zeit« im weitesten Sinne. So ist die

2.4 OLAP – das multidimensionale Modell

Analyse beispielsweise des Umsatzes nach Jahren, Quartalen, Monaten, Wochen oder Tagen in Form von Zeitreihen eine sehr einfache Form der OLAP-Analyse.

Der Umsatz ist in diesem Fall die Kennzahl, die (einzige) Dimension ist die Zeit.

Soll neben der Zeit der Umsatz auch nach Vertriebsregionen analysiert werden, so wird eine zweite Dimension benötigt, welche die Vertriebsregionen beinhaltet. Das Ergebnis ist beispielsweise eine Matrix wie in Tabelle 2.4 dargestellt.

	Q1 1997	Q2 1997	Q3 1997	Q4 1997	Summe
Nord	1.644 TDM	2.967 TDM	3.178 TDM	4.327 TDM	12.116 TDM
West	1.823 TDM	2.856 TDM	3.012 TDM	4.123 TDM	11.814 TDM
Mitte	1.722 TDM	2.442 TDM	2.580 TDM	3.670 TDM	10.414 TDM
Ost	1.620 TDM	2.450 TDM	2.890 TDM	3.890 TDM	10.850 TDM
Süd·	1.940 TDM	2.780 TDM	2.790 TDM	3.120 TDM	10.630 TDM
Summe	8.749 TDM	13.495 TDM	14.450 TDM	19.130 TDM	55.824 TDM

Tabelle 2.4: Umsatz in zwei Dimensionen

Eine solche Matrix ist ein typisches Ergebnis, wie es mit Excel oder ähnlichen Tabellenkalkulationsprogrammen von vielen Anwendern im Controlling, Vertrieb, Marketing usw. täglich verwendet wird. Aus Sicht einer OLAP-Analyse könnte von der Darstellung einer Kennzahl (Umsatz) in den beiden Dimensionen »Zeit« und »Vertriebsbereich« gesprochen werden.

Dies ließe sich schematisch wie in Abbildung 2.9 aufgeführt darstellen. Es existieren die beiden Dimensionen Region und Zeit, die eine Analyse nach diesen beiden Kriterien erlauben.

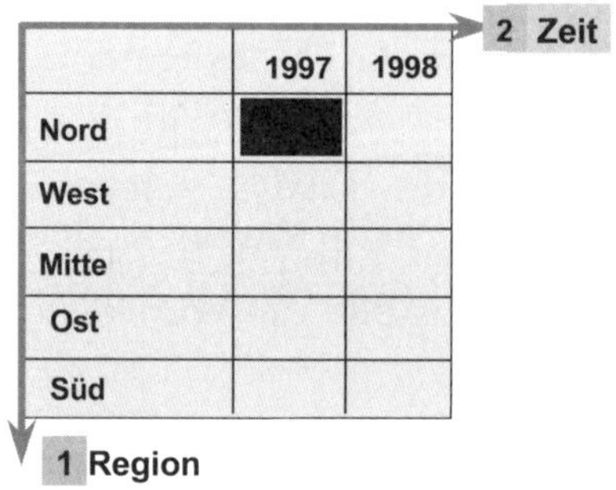

Abbildung 2.9: Zweidimensionaler »Würfel«

Nimmt man eine dritte Dimension hinzu, beispielsweise die Produkte, auf die sich der Umsatz verteilt, so ergibt sich ein Umsatz je Zeitintervall, Vertriebsregion und Produkt. Die Tabelle 2.4 wird zu dem typischen »OLAP-Würfel«, wie in Abbildung 2.10 dargestellt. Dieser Würfel ist zum Sinnbild der gesamten OLAP-Welt geworden. Er symbolisiert die Darstellung der Datenablage. Wesentlich an diesem Modell ist die Vorstellung, daß die Daten nicht in Form von flachen Tabellen einer relationalen Datenbank oder typischen Tabellenkalkulationen genutzt werden, sondern in komplexeren, mehrdimensionalen Strukturen. Die dreidimensionale Darstellung des Würfels ist hierfür eingängig und erlaubt eine leichte Vorstellung. Dies schließt aber natürlich nicht aus, daß weitere Dimensionen hinzukommen können, beispielsweise Kundensegmentierungen. Damit wird eine Darstellung im vier-, fünf- und schließlich n-dimensionalen Raum notwendig, die aber für menschliches Vorstellungsvermögen nicht mehr begreifbar ist. Man bleibt also bei der visuellen Darstellung eines Würfels.

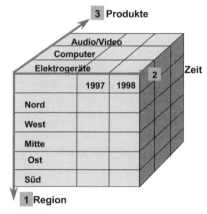

Abbildung 2.10: Dreidimensionaler Würfel

Trotz der Darstellung als Würfel ist also eine OLAP-Analyse nicht auf drei Dimensionen beschränkt. Es ist lediglich das menschliche Vorstellungsvermögen, das die dargestellten Dimensionen auf zwei oder drei begrenzt. Das Bild des Würfels soll also lediglich die Grundstruktur verdeutlichen, wie sie menschlichem Vorstellungsvermögen zugänglich ist. Tatsächlich stellt aus Sicht des multidimensionalen Modells das Bild des Würfels den Spezialfall einer Analyse in drei Dimensionen dar.

Umfaßt die Darstellung eines multidimensionalen OLAP-»Würfels« also in der Praxis drei Dimensionen, so ist eine umfassende Darstellung in der Analyse im Normalfall nur in zwei Di-

2.4 OLAP – das multidimensionale Modell

mensionen möglich, da nur so die Kennzahlen im »Würfel« direkt lesbar sind. Die Praxis der Visualisierung bleibt also häufig auf zweidimensionale Tabellen beschränkt, die nur über Erweiterungen die Darstellung mehrerer Dimensionen in Ausschnitten erlauben.

Also nichts Neues gegenüber Tabellenkalkulationen? Doch. Wenn auch die Darstellung auf zweidimensionale Tabellen (oder Grafiken) beschränkt bleibt, so bietet doch die spezielle Struktur der Daten viel mehr Analysemöglichkeiten als »flache Tabellen«.

2.4.3 Vorteile der OLAP-Datenanalyse

Der wesentliche Vorteil von OLAP liegt in den gegenüber dem konventionellen Report wesentlich erweiterten Analysemöglichkeiten. Eine typische Liste, die über ein Programm, einen Reportgenerator, ein MQE-Werkzeug oder ein Tabellenkalkulationsprogramm erstellt wird, gibt Auskunft darüber, was in einem bestimmten Geschäftsumfeld passiert ist, beispielsweise zeigt Tabelle 2.4 die Umsätze eines Jahres nach Quartalen gegliedert je Vertriebsregion. Dies stellt sicherlich eine wertvolle Information dar, die quartalsweise aktualisiert einen Überblick über den Geschäftsverlauf gibt.

Betrachtet man die Zahlen in der Abbildung, so sieht man, daß sich über die vier Quartale der Umsatz in allen vier Regionen erhöht hat. Dies ist zunächst eine erfreuliche Entwicklung. Bei genauerer Betrachtung sieht man aber auch, daß die Steigerungen in den einzelnen Regionen recht unterschiedlich ausgefallen sind.

Für den Empfänger des Reports stellt sich damit unmittelbar die Frage nach dem Grund. Liegt es daran, daß die Vertriebsorganisation in den einzelnen Regionen unterschiedlich agiert hat? Werden unterschiedliche Produkte favorisiert? Liegt es an der Größe der Vertriebsmannschaft? Liegt es am Marktpotential? Auf diese Fragen kann eine OLAP-Analyse Antworten bieten oder zumindest Hinweise geben.

Das Charakteristische der OLAP-Analyse ist, daß OLAP nicht nur flache Daten bereitstellt, sondern auch eine Detailanalyse ermöglicht und durch Kombination der Daten mit anderen Dimensionen zusätzliche Aspekte der Daten unmittelbar bereitstellt.

Die charakteristischen OLAP-Analysemethoden hierfür sind:

- Drill-down/Roll-up: Detaillieren und Verdichten in einer Dimension
- Slice: Fokussierung auf eine bestimmte Kategorie für die Analyse
- Dice (»Würfeln«): Austauschen von Dimensionen in der Darstellung
- Visualisierung: Auswahl der Darstellungsart (Matrizen, Balkendiagramm, Tortendiagramm etc.)
- Drill-through[1]: Detaillieren auf »Einzelsatz«-Ebene, beispielsweise ein Report, eine Stammaske etc.

OLAP-Analysemethoden

Hier wurden die englischen Begriffe verwendet, die zur Zeit in der OLAP allgegenwärtig sind. Diese Begriffe werden jetzt genauer betrachtet.

Drill-down, Roll-up

Drill-down bedeutet die Detaillierung der dargestellten Informationen. Damit kann unmittelbar in die Ursachenforschung für unerwartete oder abweichende Ergebnisse eingestiegen werden, ohne erst einen neuen Bericht »programmieren« zu müssen.

Drill-down

In Tabelle 2.5 sind noch einmal die Umsätze aus Tabelle 2.4 dargestellt, diesmal mit den berechneten Zuwachsraten. Diese Zuwachsraten können aus einer Betrachtung der Zahlen und überschlägiger Rechnung oder direkt in einem OLAP-Werkzeug berechnet werden.

Beispiel

	Q1 1997	Q2 1997	Q3 1997	Q4 1997	Zuwachs
Nord	1.644 TDM	2.967 TDM	3.178 TDM	4.327 TDM	263,20%
West	1.823 TDM	2.856 TDM	3.012 TDM	4.123 TDM	226,17%
Mitte	1.722 TDM	2.442 TDM	2.580 TDM	3.670 TDM	213,12%
Ost	1.620 TDM	2.450 TDM	2.890 TDM	3.890 TDM	240,12%
Süd	1.940 TDM	2.780 TDM	2.790 TDM	3.120 TDM	160,82%
Summe	8.749 TDM	13.495 TDM	14.450 TDM	19.130 TDM	218,65%

Tabelle 2.5: Umsätze nach Vertriebsregion und Quartal mit Zuwachs

---

1 Es gibt auch in der englischen Literatur je nach Herkunftsart andere Schreibweisen wie beispielsweise Drill-thru.

2.4 OLAP – das multidimensionale Modell

Eine kurze Analyse der Zuwachsraten ergibt bereits, daß hier regional erhebliche Differenzen bestehen. Ist die Umsatzentwicklung auch in allen Regionen erfreulich, so ergibt sich insbesondere im Norden eine erheblich höhere Zuwachsrate von über 260% gegenüber einer durchschnittlichen Zuwachsrate von etwa 220%. Damit stellt sich jetzt die angesprochene Frage nach den Gründen. Ein erster Ansatz zur Beantwortung der Fragestellung liegt darin, ob eine bestimmte Niederlassung in der Region Nord zu diesem überproportionalen Zuwachs beigetragen hat oder ob sich der Zuwachs über alle Niederlassungen gleichmäßig erstreckt. Dieses Umschalten von einer höheren Verdichtungsstufe, hier der Region, auf die darunterliegenden Einzelwerte, hier die Niederlassungen, wird als »Drill-down« oder Detaillierung bezeichnet. Abbildung 2.11 zeigt das mögliche Ergebnis eines Drill-down auf die Region Nord.

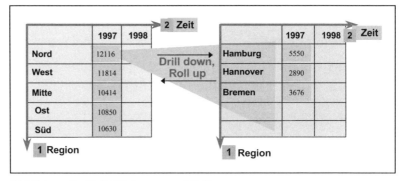

Abbildung 2.11: Drill-down und Roll-up

Der Drill-down auf die Vertriebsregion Nord ergibt dann die Sicht auf die zur Vertriebsregion Nord gehörenden Niederlassungen mit ihren jeweiligen Umsatzzahlen. Tabelle 2.6 zeigt das mögliche Ergebnis eines solchen Drill-down.

	Q1 1997	Q2 1997	Q3 1997	Q4 1997	Zuwachs
Hamburg	800 TDM	1.460 TDM	1.470 TDM	1.820 TDM	227,50%
Hannover	220 TDM	515 TDM	758 TDM	1.397 TDM	635,00%
Bremen	624 TDM	992 TDM	950 TDM	1.110 TDM	177,88%
Summe	1.644 TDM	2.967 TDM	3.178 TDM	4.327 TDM	263,20%

Tabelle 2.6: Drill-down in der Region Nord mit Umsätzen und Zuwächsen

Es existieren also die Niederlassungen Hamburg, Hannover und Bremen innerhalb der Region Nord. Während Hamburg etwa im Gesamtschnitt von 200% liegt und Bremen sogar darunter, ergibt sich in der Region Hannover ein deutlich überproportionaler Anstieg der Umsätze.

In diesem Fall ist der Drill-down mit Berechnung der Zuwächse erfolgt; analog hätte natürlich auch bei überschlägiger Berechnung des Zuwachses in der ursprünglichen Darstellung mit den Gesamtsummen ein Drill-down erfolgen können, der dann entsprechend die Summen der einzelnen Niederlassungen liefert. Die Berechnung neuer, abgeleiteter Kenngrößen ist eine Eigenschaft, die bereits in gängigen Tabellenkalkulationen zur Verfügung steht und in den OLAP-Bereich übernommen worden ist. Sie ist also keine OLAP-Neuerung. Neu ist dagegen die Drill-down-Funktionalität sowie die Kombination mit dem Austausch und der Berechnung von Kennzahlen. Dadurch kann in der Analyse jederzeit eine neue Berechnung erfolgen, die dann auch im Drill-down »mitgenommen« und analog auf die Zahlen der Detaillierungsebene angewandt wird. Hier sind allerdings einige Regeln zu beachten, auf die später noch eingegangen wird.

	Q1 1997	Q2 1997	Q3 1997	Q4 1997	Summe
Nord	1.644 TDM	2.967 TDM	3.178 TDM	4.327 TDM	12.116 TDM
West	1.823 TDM	2.856 TDM	3.012 TDM	4.123 TDM	11.814 TDM
Mitte	1.722 TDM	2.442 TDM	2.580 TDM	3.670 TDM	10.414 TDM
Ost	1.620 TDM	2.450 TDM	2.890 TDM	3.890 TDM	10.850 TDM
Süd	1.940 TDM	2.780 TDM	2.790 TDM	3.120 TDM	10.630 TDM
Summe	8.749 TDM	13.495 TDM	14.450 TDM	19.130 TDM	55.824 TDM

	Q1 1997	Q2 1997	Q3 1997	Q4 1997	Summe
Hamburg	800 TDM	1.460 TDM	1.470 TDM	1.820 TDM	5.550 TDM
Hannover	220 TDM	515 TDM	758 TDM	1.397 TDM	2.890 TDM
Bremen	624 TDM	992 TDM	950 TDM	1.110 TDM	3.676 TDM
Summe	1.644 TDM	2.967 TDM	3.178 TDM	4.327 TDM	12.116 TDM

Tabelle 2.7: Drill-down für die Umsätze in der Region Nord

Der Drill-down kann jetzt dadurch fortgesetzt werden, daß die Sonderentwicklung in der Niederlassung Hannover weiter analysiert und beispielsweise auf die einzelnen Filialen detailliert wird. Dieser Drill-down kann so lange durchgeführt werden, wie

2.4 OLAP – das multidimensionale Modell

eine Detaillierung bei der Modellierung des zugrundeliegenden OLAP-Modells vorgesehen wurde bzw. wie Daten vorhanden sind. Häufig spricht man von Dimensionsebenen, wobei im Normalfall mit jedem Drill-down um eine Ebene verfeinert wird. In obigem Beispiel könnten die Ebenen `Vertriebsregion` und `Niederlassung` heißen; und mit dem Drill-down wurde um genau eine Ebene von Vertriebsregionen auf Niederlassungen detailliert. Die beiden Ebenen könnten zu einer Dimension gehören, die über weitere Ebenen verfügt, wie beispielsweise:

Dimensionsebenen
- Gesamtvertrieb
- Land
- Vertriebsregion
- Niederlassung
- Filiale
- Vertriebsmitarbeiter

Die feinste Granularität stellen in diesem Fall Vertriebsmitarbeiter dar. In anderen Fällen könnte die Vertriebsorganisation die Ebenen

- Gesamtvertrieb
- Generaldirektion
- Direktion
- Agentur
- Mitarbeiter

oder

- Gesamtvertrieb
- Vertriebssparte
- Vertriebsregion
- Vertriebsbezirk

enthalten. Die Struktur richtet sich nach der Struktur des Anwendungsbereichs und den Analysewünschen. Sie bildet die Grundlage für die Detaillierung, die mit einem Drill-down erfolgt.

Roll-up Natürlich soll auch der umgekehrte Fall des Drill-down möglich sein, das Zusammenfassen von Informationen. So kann es in obigem Beispiel sinnvoll sein, zunächst den Drill-down auf die

Vertriebsregion Nord zurückzunehmen, um dann einen Drilldown auf die Region Süd zu machen und zu analysieren, wie die dortigen Niederlassungen an den Umsätzen beteiligt sind. Dies wird als Roll-up oder auch Drill-up bezeichnet. Im Deutschen wird von Verdichtung der Informationen gesprochen, die bei einer Analyse am Bildschirm die Übersichtlichkeit der Darstellung gewährleistet. Die höchste Verdichtung ist in obigem Beispiel jeweils als Gesamtvertrieb bezeichnet worden. Sie beschreibt den Fall, daß keine Analyse der Kennzahlen in Richtung auf diese Dimension erfolgen soll. Es werden vielmehr alle Umsätze angezeigt, die innerhalb der gesamten Vertriebsstruktur erwirtschaftet wurden (siehe Tabelle 2.8).

	Q1 1997	Q2 1997	Q3 1997	Q4 1997	Summe
Gesamtvertrieb	8.749 TDM	13.495 TDM	14.450 TDM	19.130 TDM	55.834 TDM

Tabelle 2.8: Roll-up der Vertriebsorganisation auf die höchste Ebene, »Gesamtvertrieb«

In diesem Fall kann man auch sagen, daß die Dimension »Vertriebsorganisation« für die augenblickliche Analyse als irrelevant angesehen wird, da die Umsätze nicht weiter nach ihrer Herkunft in der Vertriebsorganisation differenziert werden.

Mehrdimensionalität in der OLAP-Analyse

Bisher haben wir immer zweidimensionale Darstellungen für die Analyse verwendet. Zweidimensionale Darstellungen lassen sich sehr übersichtlich darstellen und analysieren. Jetzt soll zunächst eine dritte Dimension in die Analyse eingefügt werden. Wir werden die Produktstruktur als dritte Dimension verwenden. Damit entsteht anschaulich das Bild des Würfels. Die drei Kanten des Würfels werden durch die drei Analysekriterien, die Dimensionen (siehe Abbildung 2.12), aufgespannt. Jeder Wert einer Dimension kann für die Beschriftung eines kleinen Abschnitts der Kante verwendet werden.

In dem Würfel existieren jetzt dreidimensionale Zellen, in denen Platz für die eigentlichen Kennzahlen geschaffen wird. Jede dieser Zellen kann durch ihre Koordinaten in Form der Werte in den einzelnen Dimensionen beschrieben werden.

2.4 OLAP – das multidimensionale Modell

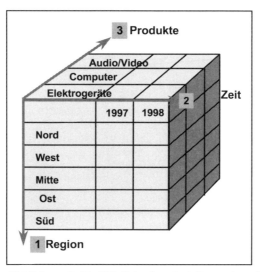

Abbildung 2.12: Würfel mit »dreidimensionalen« Zellen

Beispiel Beispielsweise kann eine Zelle durch die in Tabelle 2.9 genannten Werte je Dimension beschrieben und eindeutig ermittelt werden.

Dimension	Koordinate (Kategorie)
Vertriebsregion	Nord
Zeit	Q4 1997
Produktstruktur	Elektrogeräte

Tabelle 2.9: Beispielkoordinaten einer Zelle in drei Dimensionen

 Die Koordinaten in den drei Dimensionen des OLAP-Würfels charakterisieren die Zelle also eindeutig. Dieser Zelle kann dann genau ein Umsatz zugeordnet werden. Man könnte beispielsweise schreiben:

Umsatz (Nord, Q4 1997, Elektrogeräte) = 2320 TDM

Genau dieser Wert 2320 TDM steht in der Zelle des Würfels. Entsprechendes gilt für alle anderen Zellen analog. Die »Zellenorientierung« (im Gegensatz zur Tabellen- oder Datensatzorientierung) ist eine typische Eigenschaft des multidimensionalen Modells und damit auch des darauf basierenden OLAP. Bereits im obigen »zweidimensionalen« Beispiel existierten diese Zellen. Sie hatten entsprechend nur zwei Koordinaten, und man konnte beispielsweise schreiben:

Umsatz (Nord, Q4 1997) = 4327 TDM

Auch den oben angesprochenen Vorgang des Drill-down als Verfeinerung der Darstellung im Hinblick auf eine bestimmte Dimension kann man sich an einem dreidimensionalen Würfel veranschaulichen.

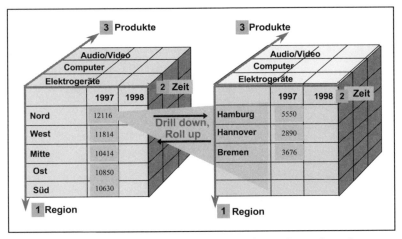

Abbildung 2.13: Drill-down und Roll-up in einer Dimension eines dreidimensionalen Würfels

Alle bisher diskutierten Prinzipien lassen sich analog auf weitere Dimensionen erweitern. So kann beispielsweise eine weitere Dimension die Kunden nach den Kategorien A, B und C klassifizieren. Ein Umsatz in der Vertriebsregion Nord, im 4. Quartal 1997 für Elektrogeräte bei Kunden der Kategorie A in Höhe von 1874 TDM ließe sich dann in einer »vierdimensionalen« Zelle speichern und ansprechen als

Umsatz (Nord, Q4 1997, Elektrogeräte, A) = 1874 TDM.

Solch eine vierdimensionale Zelle ist natürlich nicht mehr direkt zu visualisieren. Jenseits des dreidimensionalen Raums hört das menschliche anschauliche Vorstellungsvermögen auf. Die zellenorientierte Beschreibung zeigt deutlich, daß hier grundsätzlich keine Beschränkung der Anzahl der Dimensionen vorliegt. Für die Visualisierung wählt der Anwender dann zwei oder drei für die Analyse jeweils relevante Dimensionen aus. Spielen für den Anwender beispielsweise die Produktgruppe und die Kundenkategorie für einen Analyseblickwinkel keine Rolle, so können diese aus der aktuellen Sicht weggelassen werden. In vielen Fällen bedeutet dieses Weglassen nichts anderes, als daß die Daten hinsichtlich dieser anderen Aspekte als »alle Informationen ohne weitere Detaillierung oder Beschränkung« angenommen werden.

2.4 OLAP – das multidimensionale Modell

Ist es beispielsweise nicht von Bedeutung, mit welchen Produkten der Umsatz gemacht wird, so kann man sagen »für alle Produkte«. Ist es nicht interessant, für welche Kundengruppe der Umsatz gemacht wird, so läßt sich dies durch »alle Kunden« ausdrücken. Soll also der Umsatz je Region und je Quartal für alle Produkte und alle Kundengruppen betrachtet werden, so läßt sich dies beschreiben als:

Umsatz (Nord, Q4 1997, alle Produkte, alle Kunden) = 4327 TDM

Dies entspricht genau der obigen zweidimensionalen Darstellung. Durch eine Verdichtung auf die jeweils höchste Verdichtungsstufe einer Dimension (hier alle Produkte für die Dimension `Produktgruppen` und alle Kunden für die Dimension `Kundenkategorie`) kann so ein vierdimensionales OLAP-Modell in eine zweidimensionale Darstellung überführt werden.

Somit ist ein multidimensionales Modell nicht nur auf Grund seiner mathematischen Grundlagen, sondern auch durch seine praktische Handhabung nicht auf die tatsächlich visuell darstellbaren Dimensionen begrenzt. Vielmehr stellt die Darstellung nichts anderes als eine Auswahl der für einen bestimmten Analyseaspekt interessanten Dimensionen dar. Multidimensionale OLAP-Modelle mit vier, fünf, sechs, sieben und mehr Dimensionen sind eher die Regel als die Ausnahme. Der Anwender bestimmt durch seine Vorgehensweise, welchen Aspekt des Modells er gerade betrachten will. In einem OLAP-Modell stecken also Hunderte oder Tausende von verschiedenen Berichten, je nach Blickwinkel und Detaillierungstiefe. Welche Berichte davon in einer bestimmten Analysesituation relevant sind, bestimmt der Anwender während der Analyse.

Slice und Dice

OLAP bietet die Möglichkeit, den Analyseblickwinkel schnell zu ändern und die für die Untersuchung oder Darstellung eines Sachverhalts interessanten Blickwinkel auf das multidimensionale Modell auszuwählen. Diese Auswahl des für eine bestimmte Analyse relevanten Betrachtungswinkels wird durch die Funktionen »Slice« und »Dice« beschrieben.

Slice Beispiel — Beginnen wir hier zunächst mit dem »Slice«, mit dem »Herausschneiden einer Scheibe« aus einem OLAP-Würfel. Betrachten wir dazu zunächst unseren Würfel mit den drei Dimensionen `Vertriebsorganisation`, `Zeit` und `Produktstruktur`. Nehmen wir weiter an, daß es in unserem Unternehmen einen Produktmanager für jeweils eine Produktgruppe gibt. Jeder Produktmanager wird dann vorrangig an den Umsätzen »seiner« Produktgruppe interessiert sein. In obigem Würfel würde die Konzentration auf eine Produktgruppe jeweils dem Herausschneiden einer senkrechten Schicht aus dem Würfel entsprechen.

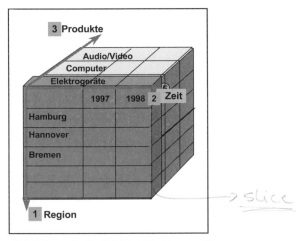

Abbildung 2.14: Schicht Elektrogeräte

Es würden sich drei zweidimensionale Schichten ergeben, in denen die Umsätze nach den beiden Dimensionen Region und Zeit dargestellt sind. Eine Schicht enthält die Umsätze für Elektrogeräte, eine für Computer und eine für Audio/Video.

Produktgruppe = Elektrogeräte					
	Q1 1997	Q2 1997	Q3 1997	Q4 1997	Summe
Nord	1.428 TDM	1.856 TDM	1.984 TDM	2.320 TDM	7.588 TDM
West	620 TDM	660 TDM	680 TDM	1.240 TDM	3.200 TDM
Mitte	996 TDM	1.110 TDM	1.218 TDM	1.282 TDM	4.606 TDM
Ost	1.294 TDM	1.382 TDM	1.436 TDM	2.214 TDM	6.326 TDM
Süd	410 TDM	362 TDM	420 TDM	240 TDM	1.432 TDM
Summe	4.748 TDM	5.370 TDM	5.738 TDM	7.296 TDM	23.152 TDM

Tabelle 2.10: Je eine Schicht für jeden Produktmanager durch »Slice« des Würfels

2.4 OLAP – das multidimensionale Modell

Produktgruppe = Computer

	Q1 1997	Q2 1997	Q3 1997	Q4 1997	Summe
Nord	20 TDM	780 TDM	684 TDM	1.009 TDM	2.493 TDM
West	540 TDM	1.030 TDM	892 TDM	848 TDM	3.310 TDM
Mitte	420 TDM	552 TDM	124 TDM	430 TDM	1.526 TDM
Ost	140 TDM	560 TDM	630 TDM	664 TDM	1.994 TDM
Süd	582 TDM	620 TDM	864 TDM	684 TDM	2.750 TDM
Summe	1.702 TDM	3.542 TDM	3.194 TDM	3.635 TDM	12.073 TDM

Produktgruppe = Audio/Video

	Q1 1997	Q2 1997	Q3 1997	Q4 1997	Summe
Nord	196 TDM	331 TDM	510 TDM	998 TDM	2.035 TDM
West	663 TDM	1.166 TDM	1.440 TDM	2.035 TDM	5.304 TDM
Mitte	306 TDM	780 TDM	1.238 TDM	1.958 TDM	4.282 TDM
Ost	186 TDM	508 TDM	824 TDM	1.012 TDM	2.530 TDM
Süd	948 TDM	1.798 TDM	1.506 TDM	2.196 TDM	6.448 TDM
Summe	2.299 TDM	4.583 TDM	5.518 TDM	8.199 TDM	20.599 TDM

Tabelle 2.10: Je eine Schicht für jeden Produktmanager durch »Slice« des Würfels (Fortsetzung)

Jeder Produktmanager erhält also seine Sicht, indem ein Wert in der Dimension Produktstruktur ausgewählt wird. Der Wert wird sozusagen »festgehalten«, und die übrigen Dimensionen bleiben frei veränderlich. Tabelle 2.10 zeigt die Inhalte der drei »Scheiben«. Betrachtet man jetzt beispielsweise einen Vertriebsmanager, der für eine Region zuständig ist, so ist dieser hauptsächlich an den Umsatzzahlen »seiner« Region für alle Produkte und alle Quartale interessiert. Für ihn ist also eine »waagerechte« Schicht des Würfels relevant, die genau die Daten seiner Region beinhaltet. Analog der Vorgehensweise für jeden Produktmanager würden sich jetzt fünf Schichten für jeden Vertriebsmanager ergeben, je eine für die Regionen Nord, West, Mitte, Ost und Süd.

Slice: Filtern in Dimensionen Unter dem Slice (dt. Schichtenbildung) wird im OLAP-Bereich eine Funktion verstanden, bei der in einer Dimension ein bestimmter Wert festgehalten und der Ausschnitt des Würfels gewählt wird, der die für diesen Wert relevanten Zahlen beinhaltet. Slice bedeutet somit Filtern in Dimensionen. In einer Dimension wird ein Wert als Filter für die weitere Analyse verwendet.

Beispiel Diese Vorgehensweise läßt sich auf beliebig viele Dimensionen übertragen. Wir hatten bereits eine vierte Dimension Kundenkategorie eingeführt. Für die Analyse kann jetzt beispielsweise analysiert werden, welche Umsätze in den verschiedenen Vertriebsregionen für Elektrogeräte mit Kunden der Kategorie A erzielt wurden. Damit würde sich beispielsweise eine Darstellung wie in Tabelle 2.11 ergeben, wobei Produktgruppe mit dem Wert Elektrogeräte und Kundenkategorie mit dem Wert A gefiltert wird.

Produktgruppe = Elektrogeräte					
Kundenkategorie = A					
	Q1 1997	Q2 1997	Q3 1997	Q4 1997	Summe
Nord	945 TDM	1.720 TDM	1.740 TDM	2.230 TDM	6.635 TDM
West	410 TDM	420 TDM	460 TDM	730 TDM	2.020 TDM
Mitte	620 TDM	710 TDM	810 TDM	780 TDM	2.920 TDM
Ost	450 TDM	672 TDM	820 TDM	1.436 TDM	3.378 TDM
Süd	360 TDM	520 TDM	278 TDM	124 TDM	1.282 TDM
Summe	2.785 TDM	4.042 TDM	4.108 TDM	5.300 TDM	16.235 TDM

Tabelle 2.11: Filterung nach zwei Dimensionen

Einige OLAP-Werkzeuge bieten außerdem die Möglichkeit, neben den beiden Dimensionen, die die Matrix bilden, in einer Analyse eine weitere Dimension gezielt für die Schichtenbildung zu verwenden oder mehrere Dimensionen in einer Richtung zu kombinieren. Die Werte dieser Schicht können dann direkt »durchgeblättert« werden. Dadurch kann der Filter in dieser Dimension schnell über alle verfügbaren Werte »laufengelassen« werden.[1]

Dice Neben dem Slice ist das Dice eine weitere wesentliche OLAP-Funktionalität. Dice bedeutet im Deutschen eigentlich »würfeln«. Anschaulich kann man dies mit dem Werfen eines Würfels vergleichen, bei dem die obenliegende Seite verändert wird. Während bei den meisten Würfelspielen (zumindest bei ehrlichen Spielern) die obenliegende Seite des Würfels eher zufällig bestimmt wird, geht es beim »Würfeln« mit einem OLAP-Würfel um das gezielte Drehen des Würfels, so daß die sichtbare zweidimensionale Matrix die gewünschten Dimensionen enthält.

---

1 Slice und Dice werden in der Literatur auch mit der gerade umgedrehten Bedeutung verwendet. Die hier gewählte Darstellung erlaubt jedoch nach Ansicht des Autors eine bessere Veranschaulichung der Begriffe.

2.4 OLAP – das multidimensionale Modell

Beispiel Betrachten wir dazu zunächst noch einmal den dreidimensionalen Würfel mit den Dimensionen `Vertriebsorganisation`, `Zeit` und `Produktstruktur`. Hier gibt es für die zweidimensionale Darstellung des Umsatzes grundsätzlich drei Möglichkeiten:

- Vertriebsorganisation und Zeit (wie in den obigen Abbildungen)
- Vertriebsorganisation und Produktstruktur (durch Drehen nach links oder rechts)
- Produktstruktur und Zeit (durch Kippen nach vorn oder hinten)

Kann man sich dies im dreidimensionalen Raum noch anschaulich vorstellen, so wird es ab vier Dimensionen wieder schwierig. Leichter fällt die Vorstellung, daß man die Dimensionen, die gerade für die Analyse dargestellt werden, gegeneinander austauschen kann. Das bedeutet letztlich, daß zu jedem Zeitpunkt der Analyse eine oder beide Dimensionen, die gerade zur Darstellung der Kennzahlen verwendet werden, durch beliebige andere Dimensionen des OLAP-Modells ersetzt werden können.

Die jeweils gerade nicht verwendeten Dimensionen können dann entweder als Filter verwendet werden, oder sie werden durch Roll-up auf die oberste Ebene für die aktuelle Analyse »ausgeschaltet«.

Drill-through

Eine weitere zentrale Ergänzung der OLAP-Funktionalität ist der Drill-through. Er beschreibt die Möglichkeit, aus einer OLAP-Analyse in eine Detaildarstellung überzugehen. Was dabei eine Detaildarstellung ist, wurde in vielen Fällen allerdings durch die Hersteller sehr unterschiedlich definiert. Oft ist es der Umstieg in eine relationale Tabelle, die erläuternde Daten enthält oder den Stammdatensatz eines analysierten Objekts zeigt, oder auch der Umstieg in ein detailliertes OLAP-Modell.

Problem Datenmenge Hintergrund der Drill-through-Thematik ist das Problem der Datenmenge in einem OLAP-Modell.

Dies hängt mit dem Problem der Granularität, also dem Detaillierungsgrad, zusammen, in dem die Informationen in einem OLAP-Modell vorliegen. Hinsichtlich der gewählten Granularität besteht häufig ein Zielkonflikt zwischen dem Wunsch des Anwenders nach einer möglichst detaillierten Analyse einerseits und den realen technischen Möglichkeiten andererseits. Jedes OLAP-Modell muß zu einem Zeitpunkt, der zwischen der Definition des Modells und der tatsächlichen Nutzung im Rahmen einer Analyse liegt und im wesentlichen von der Architektur des OLAP-Werkzeugs bestimmt wird, mit Daten versorgt werden (siehe hierzu auch die Unterscheidung insbesondere zwischen ROLAP und MOLAP). Hierzu sind oft erhebliche Datenmengen bereitzustellen und Verarbeitungsschritte auszuführen. Datenvolumen und/oder Zeitaufwand können durch die Hinzunahme einer einzigen weiteren Detaillierungsebene sprunghaft ansteigen. Ein weiteres Problem ist die Menge der Informationen, die in einer Zelle bzw. einer Dimension gespeichert werden.

Soll beispielsweise die Kundenstruktur nicht nur in den Kundengruppen A, B und C, sondern darunter auch nach einzelnen Kunden analysiert werden, so kommen zu den drei Werten A, B und C unter Umständen Hunderte oder Tausende von Einzelkunden hinzu, für die dann die Umsätze nach Zeit, Vertriebsorganisation und Produktstruktur getrennt bestimmt werden müssen. Dies kann technisch noch möglich sein, wenn jeweils nur Kundennummer und Name je Kunde benötigt werden. Was geschieht aber, wenn der Anwender dann auch noch Adresse, Telefon, Ansprechpartner, Bestandsgröße, Potential etc. von einem Kunden sehen möchte.

Dies kann sowohl den Speicherbedarf als auch die Zeiten für Bereitstellung und/oder Analyse inakzeptabel werden lassen.

Andererseits erhöht es den Wert der OLAP-Analyse für den Anwender, wenn er aus der Analyse heraus diese Detailinformationen erhält. Das Ziel der OLAP-Analyse ist die Beantwortung der Frage »Warum?«. Durch den Drill-down und das Slice und Dice kann der Punkt einer besonderen Entwicklung eingegrenzt werden. Der Anwender sieht, welche Kunden beispielsweise bei welchen Produktgruppen besonders zu einem guten Umsatz beigetragen haben. Ist der Anwender an diesem Punkt angekommen, so stellt sich die Frage, warum gerade diese Kunden zu einer besonders positiven oder negativen Entwicklung beigetragen und warum sie bestimmte Produkte verstärkt gekauft haben. Ist der Erfolg bei diesen Kunden auf andere Kunden unter Umständen übertragbar? Oder können diesen Kunden weitere Produkte verkauft werden, wenn man unter Umständen ganz einfache Rahmenbedingungen verändert?

Diese Fragen können nur »außerhalb« des OLAP-Modells beantwortet werden. Kennt der Anwender »seine« Kunden sehr genau, weiß er es unter Umständen unmittelbar, kennt er sie nicht so genau, so benötigt er weitere Informationen. Genau hier kann der Drill-through ansetzen, um beispielsweise die Stamm-

2.4 OLAP – das multidimensionale Modell

daten des Kunden aus einer relationalen Datenbank oder einem anderen System zu laden.

Wie funktioniert nun der Drill-through? Erinnern wir uns dazu zunächst noch einmal daran, daß ein OLAP-Modell stets zellenorientiert aufgebaut ist. Der Wert in einer bestimmten Zelle kann adressiert werden, wenn je Dimension festgelegt wird, für welche Kategorie der Wert gesucht wird. Durch die folgende Darstellung wird die Zelle adressiert, die den Umsatz für

Beispiel

Dimension	Kategorie
Vertriebsstruktur	Nord
Zeit	Q4 1997
Produktgruppe	Elektrogeräte
Kunde	Meier GmbH

enthält:

Umsatz (Nord, Q4 1997, Elektrogeräte, Meier GmbH) = 152 TDM.

Genau diese Kategoriewerte können als Schlüsselwerte verwendet werden, um damit einen Zugriff auf eine relationale oder eine andere Datenbank durchzuführen. Betrachten wir dazu wieder unser Beispiel, wobei wir annehmen, daß sich die Umsatzentwicklung für die Meier GmbH als besonders interessant herausgestellt hat. Der Anwender ist jetzt an den Daten der Meier GmbH interessiert. Er wählt die entsprechende Zeile in seiner OLAP-Analyse aus, wie in Tabelle 2.12 beschrieben.

Produktgruppe = Elektrogeräte					
Vertriebsregion = Nord					
	Q1 1997	Q2 1997	Q3 1997	Q4 1997	Summe
….	…	…	…	…	…
….	…	…	…	…	…
Meier GmbH	39 TDM	34 TDM	45 TDM	152 TDM	270 TDM
….	…	…	…	…	…
….	…	…	..	..	…
Summe	945 TDM	1.720 TDM	1.740 TDM	2.230 TDM	6.635 TDM

Tabelle 2.12: Auswahl der Daten für einen Drill-through

Jetzt kann der Anwender die Funktion Drill-through durchführen. Das OLAP-Werkzeug kann aus den Informationen der ausgewählten Kategorien einschließlich der Kennzahl Umsatz feststellen, welche Möglichkeiten für einen Drill-through zur Verfügung stehen. Nehmen wir an, daß dies zunächst nur eine Möglichkeit ist, kann beispielsweise ein Report aufgerufen werden, der aus einer Datenbank die Stammdaten holt. Dieser Report kann ein Ad-hoc-Report oder ein Standardreport sein, der bezüglich Inhalt und Layout bereits beim Design des OLAP-Modells festgelegt worden ist. Er enthält Filter, die es jetzt erlauben, aus der Information Kunde = Meier GmbH einen Filter zu belegen, der genau diesen Stammdatensatz selektiert. In diesem Fall würde also nur die Information über die Dimension Kunde benötigt werden.

Drill-through-Zugriff auf weitere Datenmengen

In vielen Fällen ist die Verwendung eines oder mehrerer vordefinierter Reports sinnvoll. Ein besonderer Fall des Drill-through ist die Verzweigung aus einem OLAP-Würfel in einen anderen OLAP-Würfel. Die Gründe für die Verwendung unterschiedlicher Würfel sind vielfältig. In einigen Fällen soll der Würfel eines anderen Bereichs, der bereits existiert, mitverwendet werden; in anderen Fällen würde die Kombination von weiteren Dimensionen in einem Würfel nur eine begrenzte Nutzung verschiedener Kennzahlen erlauben oder zu zu großen Mengen ungenutzter Zellen führen, da die Kombination der Dimensionskategorien für die Zellen einfach nicht benötigt wird.

Führen wir als Beispiel in unseren OLAP-Würfel eine weitere Kennzahl ein, die Kosten. Grundsätzlich können in jeder Zelle eines Würfels verschiedene Kennzahlen stehen. Während der Analyse wählt der Anwender, welche Kennzahl er gerade betrachten möchte.[1]

Beispiel

Für die neue Kennzahl Kosten sind insbesondere Kostenstellen und Kostenarten interessant. Dies sind neue Dimensionen im OLAP-Modell. Andererseits sind diese Dimensionen für eine Umsatzanalyse nicht relevant. Betrachtet man beispielsweise eine Kostenstelle 5832 und die Kostenart 500, so können die Kosten,

---

1 Grundsätzlich kann ein Modell mit mehreren Kennzahlen durch die Einführung einer Dimension »Kennzahltyp« mit den Namen der Kennzahlen als Kategorien wieder auf ein Modell mit einer Kennzahl zurückgeführt werden. In vielen Werkzeugen wird jedoch aus Übersichtlichkeitsgründen mit mehreren Kennzahlen gearbeitet, die dann selbst als »Dimension« verwendet werden können. Damit können alle oder eine Auswahl von Kennzahlen statt einer Dimension beispielsweise als Zeilen oder Spalten in einer Matrix verwendet werden.

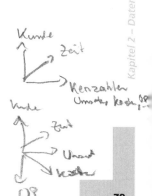

die die Zusammenarbeit mit der Meier GmbH für den Vertrieb der Elektrogeräte dieser Kostenstelle verursacht hat, als

Kosten (Nord, Q4 1997, Elektrogeräte, Meier GmbH, 5832, 500) = 12 TDM

beschrieben werden. Einen sinnvollen Umsatz hierzu gibt es nicht. Für den Umsatz ergibt sich lediglich wie gehabt:

Umsatz (Nord, Q4 1997, Elektrogeräte, Meier GmbH, alle Kostenstellen, alle Kostenarten) = 152 TDM.

Für jede Kostenstelle und Kostenart sowie Kombinationen ergibt sich stets:

Kosten (Nord, Q4 1997, Elektrogeräte, Meier GmbH, nnnn, nnn) = »nicht verfügbar«

Mehrere OLAP-Würfel Damit werden in den OLAP-Würfel große Mengen ungenutzter Zellen eingefügt. Je nach Aufgabenstellung kann es dann sinnvoll sein, einen zweiten OLAP-Würfel speziell für die Kostenanalyse einzuführen. Dieser Würfel verfügt zusätzlich über die Dimensionen Kostenstellen und Kostenarten. Er verwendet ausschließlich die Kennzahl Kosten.

Im ursprünglichen Würfel wird die Kennzahl Kosten zusätzlich eingeführt, aber nicht die Dimensionen Kostenstellen und Kostenarten. Statt dessen wird vorgesehen, daß für die Kennzahl Kosten ein Drill-through in den zweiten OLAP-Würfel möglich ist. Dieser Drill-through kann dann alle Koordinaten des ersten Würfels »mitnehmen« (die ersten vier Dimensionen sind in beiden Würfeln vorhanden). Damit kann im zweiten Würfel unmittelbar auf der richtigen Vertriebsstruktur, Zeit, Produktgruppe und Kunde positioniert werden. Dort können dann durch Slice und Dice zusätzlich die weiteren Dimensionen Kostenstellen und Kostenarten für die OLAP-Analyse verwendet werden.

Ein weiterer Grund kann in der stärkeren Detaillierung anderer Würfel liegen. So können beispielsweise die Übersichtsdaten für das Vertriebsmanagement in einem Würfel zusammengefaßt werden, der aber nur Informationen bis zur Niederlassungsebene und monatliche Daten beinhaltet, während die tieferen Teile der Vertriebsorganisation nicht erfaßt werden. Umgekehrt kann für jeden Niederlassungsleiter ein Würfel existieren, der eine detaillierte Analyse innerhalb der Niederlassung bis auf Einzelmitarbeiter und Tagesebene erlaubt. Tritt in einer Niederlassung eine besondere Entwicklung ein, können diese Detailinformationen auch aus Managementsicht relevant sein. In diesem Fall kann ein Drill-through aus der Übersicht in den entsprechenden Niederlassungswürfel erfolgen. Dies ist wesentlich effizienter, als Daten und Detailinformationen in einen Würfel zu packen und bereitzustellen.

Visualisierung

Sie kennen den berühmten Satz: »Ein Bild sagt mehr als tausend Worte«. Grafiken verdeutlichen Trends, geben einen optischen Überblick über die Größe von Anteilen und können typische Informationen und Strukturen viel schneller als eine Zahlentabelle verdeutlichen. Diese Vorteile grafischer Darstellung sind besonders wichtig im OLAP-Bereich, weil die Vielzahl der Analysemöglichkeiten durch Überblicksdarstellungen wesentlich vereinfacht wird.

Produktgruppe = Elektrogeräte					
	Q1 1997	Q2 1997	Q3 1997	Q4 1997	Summe
Nord	1.428 TDM	1.856 TDM	1.984 TDM	2.320 TDM	7.588 TDM
West	620 TDM	660 TDM	680 TDM	1.240 TDM	3.200 TDM
Mitte	996 TDM	1.110 TDM	1.218 TDM	1.282 TDM	4.606 TDM
Ost	1.294 TDM	1.382 TDM	1.436 TDM	2.214 TDM	6.326 TDM
Süd	410 TDM	362 TDM	420 TDM	240 TDM	1.432 TDM
Summe	4.748 TDM	5.370 TDM	5.738 TDM	7.296 TDM	23.152 TDM

Tabelle 2.13: Darstellung als Matrix

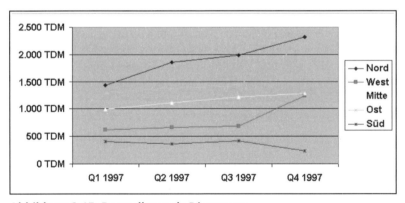

Abbildung 2.15: Darstellung als Diagramm

So zeigen Tabelle 2.13 und Abbildung 2.15 dieselben Basisinformationen. In dem Diagramm läßt sich der Trend für die einzelnen Regionen allerdings wesentlich schneller auf einen Blick er-

2.4 OLAP – das multidimensionale Modell

kennen. Der verstärkte Aufwärtstrend in den Regionen Nord, Ost und West gegenüber dem eher gleichmäßigen Verlauf im Bereich Mitte und den sogar rückläufigen Umsätzen im Süden wird ohne weitere Berechnung unmittelbar deutlich. Andererseits stehen hier nur grobe Informationen zur Verfügung. Sollen die Zahlen im einzelnen analysiert werden, bietet die Matrix die besseren Detailinformationen.

OLAP sollte die Möglichkeit bieten, dieselben Daten unmittelbar in verschiedenen Darstellungsformen wie

Darstellungsformen

- Matrix
- Tortendiagramm
- Balkendiagramm
- Liniendiagramm
- Histogramme
- Box-Plots
- Rankings
- Quadrantendiagramme
- Geographische Darstellungen
- etc.

zu erlauben. Dies ermöglicht die dynamische Umschaltung zwischen Trend- und Detailanalyse durch den Anwender. Ferner sollten für alle Darstellungsformen dieselben OLAP-Funktionalitäten hinsichtlich Drill-down, Roll-up, Slice und Dice möglich sein, wie sie bereits für die Matrixdarstellung geschildert wurden. So sollte in einem Tortendiagramm das gewünschte Segment gewählt werden können, beispielsweise wieder die Region Nord, und auch in dem Diagramm unmittelbar ein Drill-down auf die Niederlassungen erfolgen, die dann im nachfolgenden Tortendiagramm dargestellt werden.

Neben der Darstellung in verschiedenen Diagrammarten sind auch die weiteren Layoutgestaltungen, wie sie aus dem Bereich des Reportings und der MQE bekannt sind, im OLAP-Bereich relevant. Schließlich wird man ein OLAP-Werkzeug neben der schnellen Analyse der Daten auch zur Darstellung und Aufbereitung der Informationen in Standardberichten verwenden. Diese Berichte können neben den verschiedenen elektronischen Medien auch in herkömmlicher Papierform erfolgen. In vielen Fällen sollen die Informationen auch mit zusätzlichen Berichtsfunktionen ergänzt werden, um die Aussagekraft zu erhöhen. Daher gehören zur Visualisierung beispielsweise auch Funktionen wie:

- Sortierungen der Daten
- Berechnungen weiterer Kennzahlen
- Ein- und Ausblenden von Informationen (beispielsweise Unterdrücken leerer Zellen)
- Typische Windows-Formatierungen von Daten bzw. Texten mit Schriftarten, -größen, -farben etc.
- Ampelfunktionen
- Druckaufbereitung (Seitenformat, Kopf-/Fußzeilen etc.)

Funktionen zur Visualisierung

In vielen Fällen sollen die Ergebnisse auch mit anderen Analysewerkzeugen weiterverarbeitet werden. Daher ist ein Export in den Formaten typischer Tabellenkalkulationen wie Excel, aber auch in ASCII, HTML etc. inzwischen Pflicht. Einige OLAP-Werkzeuge verwenden auch unmittelbar Excel oder andere Tabellenkalkulationen als Benutzerschnittstelle.

Exportfunktionen

2.4.4 OLAP-Architekturen (MOLAP, ROLAP ...)

Die Informationen für die Nutzung der OLAP-Funktionalität werden aus der Data-Warehouse-Datenbank geholt. Diese Datenbank ist im Normalfall eine relationale Datenbank, so daß die Daten in flacher Tabellenform vorliegen. Für eine Nutzung mit OLAP-Funktionalität müssen sie daher zunächst von der Tabellenstruktur in die Zellenstruktur transformiert werden. Weg und Zeitpunkt des Vorgehens bestimmt die OLAP-Architektur. Grundsätzlich kann dabei zunächst danach unterschieden werden, ob die Daten erst während der Nutzung aus der relationalen Datenbank gelesen und von einer OLAP-Engine nur virtuell als Würfel zur Verfügung gestellt werden, was dann unter dem Begriff ROLAP (**R**elationales OLAP) zusammengefaßt wird. Die Alternative ist, die Daten bereits vor der Nutzung aus der relationalen Datenbank zu lesen und dann in einer multidimensionalen Datenbank in Zellenform abzulegen. In diesem Fall spricht man von MOLAP (**M**ultidimensionales OLAP). Schließlich gibt es hier noch verschiedene Varianten, insbesondere was die Verteilung der Speicherung und Verarbeitung auf dem Client oder dem Server betrifft. Im Falle einer Client-orientierten Lösung spricht man häufig auch von DOLAP (**D**esktop-OLAP). Diese Werkzeuge zeichnen sich im allgemeinen durch ihre einfache und schnelle Nutzbarkeit aus. Daneben sind der günstige Preis und die dezentrale Nutzung ein wesentliches Argument für diese

2.4 OLAP – das multidimensionale Modell

OLAP-Variante. Schließlich bieten einige Werkzeuge hier auch noch Zwischenlösungen an, die teilweise auch Wahlmöglichkeiten beinhalten. Dies ist insofern sinnvoll, als keine der Architekturen eindeutig überlegen ist. In diesem Fall spricht man dann auch von HOLAP (**H**ybrid OLAP). Abbildung 2.16 zeigt eine Übersicht über die verschiedenen OLAP-Architekturen.

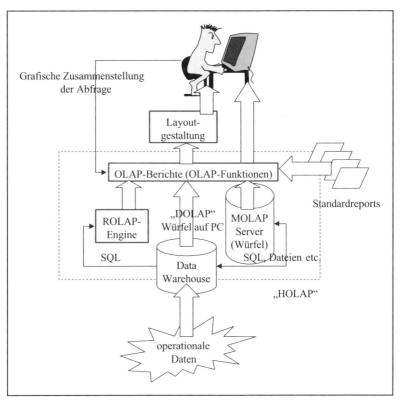

Abbildung 2.16: Übersicht verschiedene OLAP-Architekturen

ROLAP: Vorteile Die ROLAP-Architektur besitzt zunächst den Vorteil, daß für Datenspeicherung, Archivierung, Logging und Recovery usw. auf die bewährte relationale Technologie zurückgegriffen werden kann. Es ist keine zusätzliche Datenbank erforderlich, da die Speicherung ausschließlich im relationalen System erfolgt. Dies hat auch den Vorteil, daß vorhandene Erfahrungen bei den Mitarbeitern unmittelbar genutzt werden können und auch im Systemmanagement auf bewährte Prozeduren und Verfahren zurückgegriffen werden kann. Ein weiterer Vorteil ist, daß kein zusätzlicher Speicherbedarf entsteht. Schließlich kann mit dem

Bereitstellen der Daten im Data Warehouse schneller und ohne aufwendige weitere Prozesse auf die Daten zugegriffen werden.

Diesen Vorteilen steht allerdings auch eine Reihe von Nachteilen gegenüber. Bei einfach ausgeprägten Werkzeugen kommt der Anwender sehr schnell mit SQL in Berührung, was aus den genannten Gründen einer breiten Nutzung durch Fachanwender entgegensteht. Aber auch wenn das SQL von der ROLAP-Engine verborgen wird, so erfordert doch die Nutzung der OLAP-Funktionalität umfangreiche Zugriffe auf die Datenbank. Es ist klar, daß bei der Auswahl der Dimensionen, bei Drill-down, Slice und Dice die benötigten Daten jeweils aus der Datenbank zusammengestellt werden müssen (oder zwischengepuffert bereits vorliegen müssen). Da die genaue Vorgehensweise des Anwenders im vorhinein nicht feststeht, müssen dann immer wieder umfangreiche Datenbankzugriffe erfolgen. Das besondere Problem dieser Zugriffe liegt darin, daß performante Zugriffe die Nutzung von Indizes, Bitmaps und sonstigen Techniken erfordern, die für den Anwender nicht transparent sind. Bei einer unkontrollierten Nutzung können hier sehr schnell umfangreiche Joins, Suchläufe über komplette Tabellen (Tablescans) etc. erfolgen, deren Performance-Folgen hinreichend bekannt sind.

Nachteile

Daher geht man hier dazu über, diese Strukturen durch Administration der ROLAP-Engine vorzubereiten, die dann die geeigneten Zugriffe durchführen kann. Ein weiterer entscheidender Punkt ist natürlich, diese Operationen, wenn möglich, auf dem Server durchzuführen, um zum einen die zumeist höhere Rechenleistung zu nutzen und zum anderen nicht das Netz mit dem Transport nicht benötigter Daten zu belasten.

Schließlich ist auch noch das Problem der Administration der OLAP-Engine und der Koordination dieser Administration mit der Administration der Datenbank zu lösen.

Die logische Konsequenz aus diesen Problemen ist, die Funktion der OLAP-Engine auf den Server und, wenn möglich, direkt in die Datenbank zu verlagern.

In diesem Zusammenhang ist daher auch die Ankündigung eines multidimensionalen Zugriffs auf relationale Datenbanksysteme zu sehen. Hersteller wie IBM/DB2, ORACLE, Informix, NCR/Teradata, Sybase und natürlich nicht zuletzt Microsoft/SQL Server haben hier große Schritte unternommen, um diesen Zugriff in die Datenbank bzw. in die ihr vorgelagerte Middleware zu integrieren. OLE DB als Schnittstelle ist nicht erst seit Microsofts Ankündigung von Plato als multidimensionale Ergänzung zum SQL Server 7.0 ein zentrales Thema. Alle großen Hersteller

Multidimensionaler Zugriff auf relationale Datenbanken

2.4 OLAP – das multidimensionale Modell

von OLAP-Werkzeugen haben hier bereits ihre Unterstützung angekündigt.

Es bleibt allerdings abzuwarten, inwieweit diese Möglichkeiten wirklich den fundamentalen Anforderungen entsprechen. In jedem Fall ist die Möglichkeit der Nutzung relationaler Datenbanken durch OLAP-Systeme zu begrüßen, nicht nur für ROLAP-, sondern auch für MOLAP-Systeme. Grundsätzlich bestehen für den ROLAP-Einsatz Probleme und Konflikte zwischen relationaler und multidimensionaler Technologie, von denen hier einige genannt sind:

Konflikte zwischen relationaler und multidimensionaler Technologie

- OLAP erfordert ein freies Navigieren auf allen Strukuren. Dies bedeutet aber, daß die Indizierung der Datenbank weit über das in OLTP-Systemen notwendige Maß hinausgehen muß.

- Die Sperrmechanismen gängiger Datenbanken wirken bei den meist über viele Tabellen und große Datenmengen übergreifenden Abfragen als großes Hemmnis. Andererseits werden sie eigentlich nicht benötigt, da Einzel-Updates eher selten sind oder überhaupt nicht auftreten.

- Die Zugriffssprache SQL ist nicht anwenderorientiert und muß versteckt werden.

- Ein Transaktionskonzept im OLTP-Sinn wird praktisch überhaupt nicht benötigt.

- Häufig sind umfangreiche Aggregations- und Berechnungsformeln anzuwenden, bevor die Daten präsentiert werden. Diese können nur unzureichend in SQL definiert werden.

Hinzu kommen einige Probleme, die auch bei der Verfügbarkeit auf serverbasierten OLAP-Engines als Aufsatz auf relationalen Datenbanken zu lösen sind.

- Daten können praktisch nicht auf dem Desktop zur Verfügung gestellt werden, so daß dezentrale Lösungen auf Notebooks schwirig sind.

- Die Anbindung relationaler Datenbanken im Intranet steht noch am Anfang.

- Die Benutzerfreundlichkeit und die Performance sind kritische und gegenläufige Faktoren. Die Verbesserung des Verbergens relationaler Strukturen beeinträchtigt die Performance.

Die Performance dieser Systeme ist immer kritisch und letztlich erheblich von der relationalen Datenbank abhängig. Neben technischen Optimierungen der Datenbanken sind hier daher vor allem zunehmend Datenmodelle im Einsatz, die diese Performance im Hinblick auf die Bedürfnisse multidimensionaler Analysen optimieren. Auf entsprechende Konstrukte wie Starschema oder Snowflake-Schema wird in Kapitel 4 eingegangen.

Der wesentliche Vorteil von ROLAP ist die Nutzung bewährter Technologie und des vorhandenen Know-how, vereinfachte Prozesse und eine Unterstützung durch die großen Datenbankhersteller einschließlich Skalierbarkeit der Anwendung. Dem steht gegenüber, daß die Nutzung vieler Funktionen relationaler Datenbanksysteme im OLAP-Umfeld nicht möglich ist und umfangreiche Funktionalitäten geschaffen werden, um die relationalen Grundlagen vor dem Anwender zu verbergen. Schließlich sind auch noch spezielle Datenmodelle notwendig, um in vielen Fällen zu sinnvollen Antwortzeiten zu kommen. Codd selbst, der einmal die Grundprinzipien relationaler Systeme formuliert hat und als einer der Väter des relationalen Paradigmas gilt, war es, der die relationalen Datenbanksysteme als ungeeignet für derartige Anwendungen angesehen und seinerseits die Anforderungen an multidimensionale Systeme formuliert hat. **Bewertung**

Damit ist die Frage erlaubt, ob es nicht sinnvoll ist, gezielt auf Datenbanken zurückzugreifen, die direkt den multidimensionalen Ansatz unterstützen.

Diesen Ansatz verfolgt man beim MOLAP. Dabei werden die Informationen aus einem oder mehreren Vorsystemen (Data Warehouse oder andere Systeme) in die multidimensionale Datenbank geladen und dort physisch gespeichert. Die so geschaffene Datenbank dient dann als Grundlage für die Auswertungswerkzeuge. **MOLAP**

Da es sich hier um eine eigene Datenbank handelt, muß als Kernstück eine eigene Datenbankverwaltungskomponente vorhanden sein.

Um diese herum gruppieren sich dann

- Datenspeicherung,
- Datenimport,
- Datenbereitstellung (Query-Schnittstelle),
- Datenbankkatalog (Metadaten),
- Administrationskomponente.

Datenbankkomponenten

Die Datenspeicherung wird heute in den meisten Fällen von der multidimensionalen Datenbank selbst gehandhabt. Die Speicherung geschieht dabei datenbankintern und muß den Anwender **Datenspeicherung**

2.4 OLAP – das multidimensionale Modell

analog der Vorgehensweise bei relationalen Systemen nicht berühren. Hier liegen allerdings hinsichtlich Vorgehensweise, Speicherbedarf und Performance erhebliche Unterschiede vor. In einigen Fällen wird dazu übergegangen, die Speicherung selbst in relationalen Systemen durchzuführen, was allerdings eine direkte Kooperation beider Hersteller voraussetzt und nicht als transparent und über SQL normal auswertbare Speicherung gesehen werden darf. Vielmehr sollen dadurch vorhandene Datenbankmechanismen der SQL-Datenbank nutzbar gemacht werden. Im Grunde handelt es sich hier um den umgekehrten Weg wie beim ROLAP, wo man versucht, die relationale Datenbank über eine OLAP-Engine zu nutzen.

Datenimport Der Datenimport stellt die typische Form des Update der multidimensionalen Datenbank dar. Dabei handelt es sich prinzipiell um eine Datenpumpe, wie sie auch im Back-End des Data Warehouse zur Versorgung der zentralen Datenbank eingesetzt wird (siehe Kapitel 5).

Hier haben sich andererseits aber mit der zunehmenden Verbreitung dreistufiger Data-Warehouse-Architekturen neuere Entwicklungen ergeben. Durch die Verfügbarkeit von qualitativ besseren Informationen, vorstrukturierten Informationen und einer technischen Vereinheitlichung werden die technischen Anforderungen an den eigentlichen Datenzugriff geringer, während gleichzeitig die fachlichen Anforderungen hinsichtlich der Berechnung, Vorverdichtung usw. eher steigen. Damit wird es für die Anwender sinnvoll, die Beschreibung des Datenimports in das multidimensionale System zunehmend auf die fachliche Seite zu verlagern. Dem entsprechen auch die Hersteller.

Administrationskomponente Was für den Bereich des Datenimports erst in neueren Entwicklungen gilt, besteht im Bereich der Administrationskomponente bereits seit geraumer Zeit. Diese zumeist Windows-basierten Komponenten erlauben die Modellierung der Dimensionen und Kennzahlen einschließlich aller zusätzlichen Berechnungen, die später in der Auswertung zur Verfügung stehen sollen. In vielen Fällen werden hier bereits die Daten auch für die höheren Verdichtungsstufen vorberechnet, so daß das Abfragewerkzeug dann nur noch auf die bereits vorliegenden Daten zugreifen muß. Neben dieser Import-Möglichkeit bieten viele MDBMS zusätzlich die Möglichkeit eines gezielten Update beispielsweise für Simulationen.

Query-Schnittstelle Eine besondere Rolle spielt die Schnittstelle für das Abfragewerkzeug. Da hier nicht wie im Bereich der relationalen Systeme mit SQL ein De-facto-Standard existiert, haben sich viele Varianten und proprietäre Lösungen herausgebildet. Im wesentlichen lassen sich die Zugriffsmöglichkeiten beschreiben durch:

- Proprietäre OLAP-Werkzeuge des Herstellers
- API (Application Programming Interface), zumeist zumindest für C/C++ und Visual Basic
- ActiveX oder andere Komponenten
- Einbindung in Tabellenkalkulationen, zumeist Excel, aber auch andere mit VBA-Möglichkeit

Zugriffsmöglichkeiten

Kooperationen und direkte Schnittstellen mit Herstellern von Abfragewerkzeugen

Der vom OLAP-Council verabschiedete Standard [OLAP97] scheint zu komplex zu sein und dürfte in der Praxis durch Microsofts ersetzt werden. Hier muß die Zukunft die weitere Entwicklung dieser Standards zeigen.

Die Vorteile multidimensionaler Datenbankmanagementsysteme (MDBMS) liegen in der Performance, der am multidimensionalen Modell ausgerichteten Speicherung, der Möglichkeit einer Datenmanipulation und zusätzlicher Berechnung im Data Mart. Zusätzlich kann durch das Fehlen nicht benötigter Funktionen wie ausgefeilter Sperrkonzepte, Transaktionen, Query Optimizer, referentieller Integrität etc. eine deutliche Verschlankung der Systeme erreicht werden (thin databases im Gegensatz zu den OLTP-Allerskönnern). Ihr Nachteil liegt in der begrenzten Größe (man sollte diese heute bei etwa 20 Gbyte sehen), der Notwendigkeit einer eigenen Verwaltung und dem Schulungsaufwand für die Mitarbeiter. Ein weiterer Nachteil liegt in dem zusätzlichen Ladeprozeß, der andererseits aber auch wieder die Möglichkeit zusätzlicher Funktionen bietet.

Vor- und Nachteile

Die zum Teil vermutete geringere Stabilität dürfte eher an der kurzen Entwicklungsgeschichte liegen.

Aus heutiger Sicht ist nicht abzusehen, welche Technologie sich letztlich durchsetzen wird. Es scheint, daß letztlich die Vorteile beider Technologien benötigt werden. Sichtbar wird dies einerseits, indem in beiden Welten sozusagen auf die andere Seite hin entwickelt wird. Deutlich wird dies auch beispielsweise am Kauf von IRI durch Oracle und die Kooperation von IBM (DB2) und Hyperion (Essbase). Letztlich muß für die Verfügbarkeit von OLAP-Funktionalität ein Weg zurückgelegt werden, wie er etwa in Abbildung 2.17 dargestellt ist.

Zusammenwachsen beider Technologien

2.4 OLAP – das multidimensionale Modell

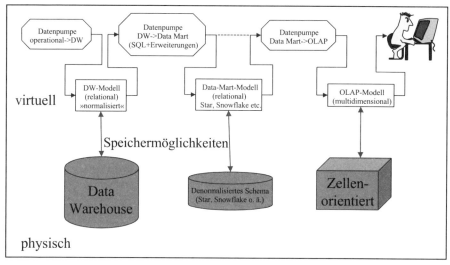

Abbildung 2.17: Logischer Weg vom Data Warehouse zur OLAP-Nutzung

An welchen Stellen eine physische Speicherung der Information erfolgt, und wo eine virtuelle Abbildung ausreicht, hängt letztlich sowohl von der Anwendung als auch der Infrastruktur eines Unternehmens ab. Es ist allerdings zu erwarten, daß die Werkzeughersteller zunehmend durch Kooperationen oder eigene Entwicklungen die Vorteile der verschiedenen Architekturen zusammenführen und den Anwendern die Kombination erleichtern werden.

Die Antwort lautet letztlich nicht ROLAP **oder** MOLAP, sondern ROLAP **und** MOLAP.

2.4.5 Intranet-/Internet-Nutzung

Das Internet ist ein Phänomen, das durch seine Einfachheit und seine weltweite Erreichbarkeit die Kommunikation in den letzten Jahren massiv verändert hat und weiter verändern wird. Für das Data Warehouse liegt seine Bedeutung neben der Nutzung als mögliche Quelle unternehmensexterner Informationen insbesondere in der Möglichkeit der Verteilung von Informationen.

Viele Unternehmen haben bereits ein Intranet, ein firmeninternes Netz auf der Basis von Internet-Technologie aufgebaut oder werden dies in nächster Zeit tun. Diese Intranets stellen die Basis für den sicheren Austausch von Informationen zwischen den verschiedenen Unternehmensbereichen und -standorten dar. Daher ist es naheliegend, auch die Informationen im Data Warehouse über das Intranet zur Verfügung zu stellen. Das Ziel ist dabei, auf einem Standard-Internet-Browser beispielsweise von Microsoft oder Netscape die Informationen des Data Warehouse bereitzustellen. Die größten Hindernisse sind hier neben der in vielen Fällen erst im Aufbau befindlichen Infrastruktur in der Funktionalität und dem Antwortzeitverhalten derartiger Lösungen zu sehen. Daher kann als Faustregel gelten: Je klarer die Vorstellung von der benötigten Information, je kleiner die benötigte Menge und je einfacher die Nutzung (Analyse) der Informationen ist, um so klarer kann ein Intranet seine Vorzüge zeigen.

Grundsätzlich lassen sich drei Technologien für die Nutzung des Intranets unterscheiden (siehe Abbildung 2.18):

- *HTML (und Nachfolger)* **Internet-**
Statische Seiten werden durch einen Webserver bereitgestellt **Technologie**
und können über einen handelsüblichen Browser betrachtet, geladen oder weiterverarbeitet werden. In diesem Fall müssen die fertigen Reports mit Daten durch das Data Warehouse auf dem Webserver bereitgestellt werden. Diese Variante ist klar begrenzt auf Standardreports, die periodisch und in Ausnahmefällen nach vorheriger Absprache bereitgestellt werden. In diesen Fällen stellt sie allerdings eine einfache, kostengünstige und schnelle Form des Datentransports insbesondere in Niederlassungen dar. Die Zielgruppe sind die oben beschriebenen Knopfdruckanwender.

- *CGI*
CGI-Skripte erlauben die interaktive Steuerung durch den Anwender. Der Anwender kann an seinem Browser durch Eingaben in der angezeigten HTML-Seite fertige CGI-Skripte parametrieren, die dann an den Webserver geschickt werden und dort beispielsweise an einen OLAP-Server weitergeleitet werden können. Daraus können dann dynamisch Reports erzeugt und als neue HTML-Seiten generiert werden, die wiederum im Browser angezeigt werden können. Die Funktionalität ist damit gegenüber einer Windows-Oberfläche zwar eingeschränkt, erlaubt aber neben den Knopfdruckanwendern auch Gelegenheitsanwendern und den meisten Fachanwendern eine sinnvolle Nutzung des Data Warehouse.

- *Java*
Java als Programmiersprache ermöglicht neben der Erstellung von Programmen die Erstellung von Objekten, Java-Applets, die auf einer sogenannten **J**ava **V**irtual **M**achine (JVM) interpretiert und somit ausgeführt werden können. In jedem Browser (insbesondere natürlich Microsoft Internet Explorer und Netscape Communicator) ist eine solche JVM integriert,

2.4 OLAP – das multidimensionale Modell

welche die Ausführung von Java-Applets im Browser erlaubt. Damit kann grundsätzlich die volle Funktionalität auch eines Windows-Programms erreicht werden. Es bleibt hier allerdings zu beachten, daß große Teile des OLAP-Werkzeugs vom Hersteller reimplementiert werden müssen, die Performance von Java noch nicht optimal ist, unterschiedliche Dialekte genutzt werden und zumindest außerhalb des Intranets Sicherheitslücken entstehen können.

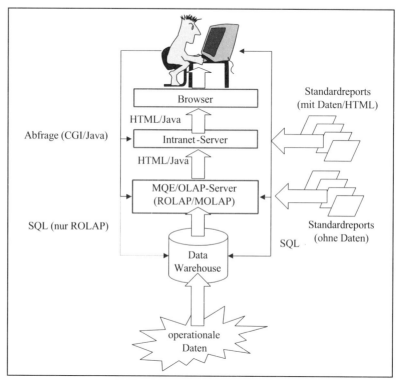

Abbildung 2.18: Grundsätzliche Architektur bei Nutzung des Intranets

Die heutigen Anforderungen laufen stark in Richtung auf die zweite Alternative. Diese serverorientierte Lösung bietet neben der zumeist einfach zu erlernenden Funktionalität zusätzliche Sicherheits- und Update-Vorteile. Die Änderung derartiger Anwendungen ist ausschließlich auf dem Server realisierbar und auch mit einfachsten Browserfunktionen zu nutzen. Dies entspricht der Möglichkeit, Browser aus Sicherheitsgründen in ihrer Funktionalität stark einzuschränken, wie es heute in vielen größeren Unternehmen üblich ist.

2.5 Data Mining – neue Zusammenhänge entdecken

2.5.1 Zielsetzung und Abgrenzung

Neben OLAP ist der Begriff des Data Mining in den letzten Jahren zu einem zentralen Schlagwort im Bereich der dispositiven Datenverarbeitung geworden. Alle bisher erläuterten Analyseverfahren (Reporting, MQE und OLAP) setzen stets konkretes Wissen um Zusammenhänge zwischen Strukturen voraus. Es werden konkrete Fragestellungen auf der Basis vorstrukturierter Daten gestellt. Man spricht hier auch von einem Top-down-Ansatz.

Wir haben im Zusammenhang mit OLAP davon gesprochen, daß die multidimensionale Analyse die Beantwortung von Fragen nach dem »Warum« erlaubt. Der Hintergrund ist der, daß beispielsweise bei unerwarteten Ausreißern durch Drill-down eine genauere Analyse der Herkunft einer Abweichung möglich ist. Durch Slice und Dice können andere Dimensionen in die Analyse einbezogen und es kann geprüft werden, inwieweit hier Ursachen für die Abweichungen liegen. Es gibt dabei allerdings drei ganz wesentliche Aspekte:

- Die Dimensionen müssen bereits in Form adäquater Datenstrukturen »vorgedacht« sein.
- Die Analyse erfolgt intuitiv und zumeist ohne konkrete Aussage über die Signifikanz des Einflusses.
- Die Analyse erfolgt weitgehend manuell.

Voraussetzungen für multidimensionale »Warum«-Analysen

Die genannten Punkte sind keineswegs als Nachteile zu werten. Es können viele betriebliche Fragestellungen beantwortet, Umsatztrends analysiert, Produkte verglichen und regionale Unterschiede aufgedeckt werden. Betrachten wir dazu ein Beispiel: Ein Unternehmen hat seine Kunden nach Einkommensklassen gegliedert. Die Klassen sind »bis 30000«, »über 30000 bis 50000«, »über 50000 bis 80000« und »über 80000« jährlich. Die Informationen liegen vor, und es erfolgt die Analyse des Umsatzes der einzelnen Produkte in diesen Einkommensklassen in den letzten drei Jahren. Wir haben also drei Dimensionen und eine Kennzahl Umsatz. Eine OLAP-Analyse kann jetzt zeigen, wie sich die Produktgruppen und Produkte in den letzten drei Jahren hinsichtlich der Einkommensklassen entwickelt haben. Drill-down erlaubt die Analyse von Unterschieden im saisonalen Verlauf oder in den Produktgruppen.

Beispiel

2.5 Data Mining – neue Zusammenhänge entdecken

OLAP erlaubt aber keine Aussage darüber,

- ob eine andere Klasseneinteilung bei den Einkommen signifikanter wäre
- ob nicht die Anzahl der Kinder signifikanter als das Einkommen wäre
- ob die Produkte sich nicht wegen ihres Preisniveaus unterschiedlich entwickeln
- ...

Dieses Beispiel zeigt, daß OLAP die Analysestrukturen vorgibt, innerhalb derer sich die Analyse bewegt, aber nicht erlaubt, neue Hypothesen unmittelbar in die Daten umzusetzen, auf ihre Signifikanz zu prüfen oder aus den Daten heraus Hypothesen über Zusammenhänge automatisch abzuleiten. Dieses ist das Feld des Data Mining. Von Data Mining wird übertriebenermaßen häufig behauptet, es diene dazu, Zusammenhänge automatisch zu entdecken, an die bisher keiner gedacht hat, und Fragen zu beantworten, die bisher noch nicht einmal jemand gestellt hat. Dahinter steckt der Wunsch und die betriebliche Notwendigkeit, die vorhandenen Daten zu nutzen, um neue Informationen freizulegen, die bisher darin verborgen sind. Die Fülle und die Heterogenität der heute vorhandenen Daten bietet ein unvergleichliches Potential für Kundenbindung, Cross-selling, Database-Marketing usw., um nur ein paar Schlagwörter zu nennen. Die Aufgabe des Data Mining in diesem Zusammenhang ist,

Aufgaben des Data Mining

- bisher unbekannte Zusammenhängen zu erkennen,
- bekannte Zusammenhänge für Zukunftsprognosen zu nutzen,
- Analysen und Klassifizierungen zu automatisieren.

Dieses umfaßt klassische statistische Verfahren (Clusteranalyse usw.) ebenso wie Ansätze aus dem Bereich der künstlichen Intelligenz (neuronale Netze usw.). Viele dieser Methoden sind nicht neu. Neu sind allerdings die Möglichkeiten, die sich durch die neue Qualität der Datenbereitstellung in einem Data Warehouse ergeben. Neu ist auch die Kombination dieser Methoden mit anderen Verfahren der Datenanalyse, insbesondere OLAP. Zwischen OLAP/MQE einerseits und Data Mining andererseits kann ein regelrechter Rückkopplungsprozeß entstehen [Martin97].

Insofern ist auch das Data Mining nicht als alternative oder konkurrierende Möglichkeit der Datennutzung in einem Data Warehouse zu sehen, sondern als Ergänzung der anderen Verfahren.

2.5.2 Der Prozeß

Data Mining ist selbst ein Prozeß, der in den Gesamtablauf der Data-Warehouse-Nutzung eingebettet ist[1]. Dabei sollte zwischen einem Makroprozeß und einem Mikroprozeß unterschieden werden. Der Mikroprozeß umfaßt das Data Mining im engeren Sinn, die Vorbereitung der Daten für die Analyse bis zur Prüfung des Ergebnisses. Der Makroprozeß beschreibt den Zyklus der relevanten Problemstellung bis zur Nutzung der Ergebnisse in betrieblichen Entscheidungen und beinhaltet die Durchführung des Mikroprozesses. Abbildung 2.19 zeigt den Ablauf des Data Mining als Makroprozeß.

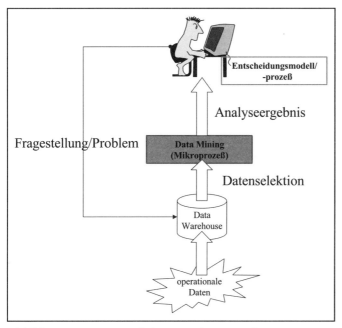

Abbildung 2.19: Data Mining – Makroprozeß

Ausgangspunkt des Data-Mining-Prozesses ist dabei zumeist eine Fragestellung oder ein Problem, das aus einem Entscheidungsprozeß heraus aktuell wird. Diese Probleme sind nicht zu verwechseln mit den Fragestellungen beispielsweise in OLAP-Analysen.

---

1 An dieser Stelle ist anzumerken, daß Data Mining natürlich auch ohne Data Warehouse möglich ist. In diesem Fall sind insbesondere für die Datenbeschaffung wesentlich größere Aufwendungen notwendig. Hier soll Data Mining daher im Kontext Data Warehouse betrachtet werden.

2.5 Data Mining – neue Zusammenhänge entdecken

Typische Fragestellungen des Data Mining sind:

- Die Stornoquote ist dieses Jahr zu hoch. Welche Merkmale eines Mitarbeiters oder Kunden führen zu besonders hohen Stornoquoten?

- Die Schäden in der Teilkasko sind so hoch, daß die Prämien stark unter Druck geraten. Welche Merkmale der Kunden führen zu niedrigeren Schäden und kommen für gezielte Prämiennachlässe in Frage?

- Ein Unternehmen ist mit einigen Marken im Markt etabliert (Cash-cow). Neue Produkte des Unternehmens sollen bevorzugt an die bestehenden Kunden verkauft werden. Daher sollen Proben der neuen Produkte den bestehenden Produkten angefügt werden. Welche Produkte werden bevorzugt von Kunden gekauft, die für ein neues Produkt gewonnen werden sollen?

- In einer Mailing-Aktion soll die bestehende Kundenbasis aktiviert und auf eine Sonderaktion aufmerksam gemacht werden. Dabei sollen aber aus Kostengründen nicht alle Kunden angeschrieben werden, sondern nur die Kunden, bei denen der Erfolg am wahrscheinlichsten erscheint. Welche Merkmale eines Kunden versprechen den größten Erfolg in einer Mailing-Aktion?

- Ein Unternehmen steht vor der Frage, an welchen Orten und in welchen Stadtteilen neue Filialen eröffnet werden sollen. Um im direkten Umfeld einen möglichst hohen potentiellen Käuferkreis ansprechen zu können, stellt sich die Frage, in welchem regionalen Umfeld die Eröffnung einer Filiale lohnt, weil dort besonders viele Kunden mit hoher Affinität zu dem Unternehmen wohnen.

- Ein Unternehmen wird durch einen neuen Konkurrenten bedrängt, der mit einem neuen Produkt die Umsätze der eigenen Marke beeinträchtigt. Welche Merkmale kennzeichnen Kunden, die zu einer bestimmten Konkurrenzmarke wechseln?

Basierend auf der fachlichen Problemstellung ist dann zu klären, welche Daten für den eigentlichen Data-Mining-Prozeß benötigt werden. Diese Auswahl bezieht sich auf die Variablen des Analyseprozesses, also die Felder, die minimal in die Analyse einfließen sollten. Hier müssen alle Felder ausgewählt werden, die in irgendeiner Form für die weitere Analyse relevante Fakten enthalten können, da hier der komplette Informationsgehalt für den eigentlichen Data-Mining-Prozeß festgelegt wird. Neben der

Auswahl der Felder ist auch eine Auswahl der Datensätze durchzuführen, also quasi eine zufällige Stichprobe der für die Analyse verwendeten Datensätze. Hintergrund ist hier, daß trotz wachsender Leistungsfähigkeit der Werkzeuge die Data-Mining-Methoden im allgemeinen nur auf relativ kleine Datenmengen anwendbar sind (Micro-Mining). Hinzu kommt, daß die meisten der heute genutzten Werkzeuge für den Mikroprozeß eine komplett abgeschlossene Umgebung bereitstellen, in welche die Daten vor Beginn des Mikroprozesses importiert werden müssen.

Daher steht während des eigentlichen Data-Mining-Prozesses nur ein Bruchteil der Informationen zur Verfügung, und es muß statt der Gesamtmenge eine repräsentative Untermenge der Datensätze verwendet werden.

Man unterscheidet heute auch zwischen Micro-Mining und Macro-Mining. Unter Macro-Mining wird dabei im allgemeinen verstanden, daß diese Vorauswahl in dieser Form nicht mehr notwendig wird, sondern daß die verwendeten Algorithmen skalieren, also auch auf große Datenmengen angewendet werden können, ohne exponentiell wachsende Antwortzeiten befürchten zu müssen.

Jetzt wird auf den eigentlichen Data-Mining-Prozeß (Mikroprozeß) eingegangen. Dieser ist häufig ebenfalls ein evolutionärer Prozeß, der in Zyklen abläuft und etwa dem Schema in Abbildung 2.20 folgt.

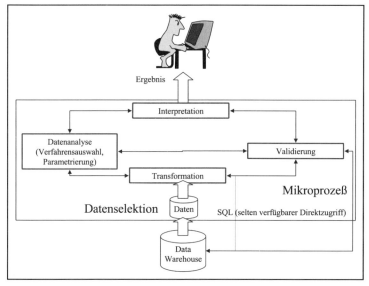

Abbildung 2.20: Data Mining (Mikroprozeß)

2.5 Data Mining – neue Zusammenhänge entdecken

Schritte des Data-Mining-Zyklus

- *Transformation*
  Die Transformation dient der Vorbereitung der eigentlichen Analyse. Hier wird mittels einer ersten Sichtung des Datenmaterials, der Bereinigung, Datentyptransformation usw. die Grundlage für die Analyse erstellt. Insbesondere sind hier die Probleme fehlender, fragwürdiger und widersprüchlicher Daten zu lösen. So tritt in realen Daten häufig der Fall ein, daß einzelne Felder schlecht gepflegt werden und keine Werte oder fragwürdige Werte aufweisen, die auf Fehler bei der Datenerfassung oder sonstigen Datenversorgung hinweisen. Typisch sind Ausreißer oder große Sprünge (Rauschen) der Daten. Solche Daten können durch Standardwerte, Mittelwerte, Zentralwerte usw. ersetzt werden oder die Datensätze können entfernt werden. Dabei ist jeweils zwischen der dann erleichterten Analyse und der möglichen Verfälschung oder dem möglichen Verlust wertvoller Informationen gerade durch Ausreißer abzuwägen. In vielen Fällen können hier die aus der Statistik bekannten Regeln für den Umgang mit Stichproben angewandt werden. Sollen hinterher Verfahren der künstlichen Intelligenz angewandt werden, kann in jedem Fall zunächst versucht werden, ohne Bereinigung das Verfahren anzuwenden. Einen besonderen Fall stellen widersprüchliche Daten dar, bei denen in Datensätzen trotz Gleichheit vieler Attribute die Zielvariable gegensätzliche Werte aufweist. Auch hier können fehlerhafte Dateneingaben bzw. Vorverarbeitungen (beispielsweise an den Rändern der Klassen bei einer Klassifizierung) zu derartigen Ergebnissen führen. Dieser Prozeß umfaßt zusammen mit der Datenselektion etwa 60% bis 80% des Gesamtaufwands für einen Data-Mining-Prozeß [Martin98].

- *Analyse*
  Die eigentliche Analyse beinhaltet die Wahl der Methode, die Parametrierung und Anwendung der Methode, also beispielsweise die Erarbeitung eines Entscheidungsbaums oder den Aufbau eines neuronalen Netzes. Häufig wird mehr als eine Methode angewendet (Hybridverfahren), um die Aussagekraft des Ergebnisses zu erhöhen bzw. die Ergebnisse anderer Methoden zu überprüfen. Die Werkzeuge tragen dem im allgemeinen dadurch Rechnung, daß Toolboxen mit mehreren Verfahren angeboten werden, die auf die transformierten Daten angewendet werden können.

- *Interpretation*
  Alle Ergebnisse und Zwischenergebnisse der Analyse sollten immer wieder einer kritischen Interpretation hinsichtlich ihrer

Aussagekraft und ihrer Nutzbarkeit bezüglich der ursprünglichen Problemstellung unterzogen werden. Insbesondere kann dies auch zu einer Detaillierung oder Abwandlung der Fragestellung selbst führen.

- *Validierung*
  Die Anwendung eines Verfahrens geschieht auf der Basis einer Stichprobe. Ist auf diese Weise ein Zusammenhang ermittelt oder ein Modell erstellt worden, so kann es notwendig sein, diesen Zusammenhang anhand der ursprünglichen Grundgesamtheit im Data Warehouse zu überprüfen. Je nach Komplexität der angewandten Transformation kann dies noch einmal einen erheblichen Aufwand für die Bereitstellung der Daten oder für die Übertragung des Modells erfordern.

2.5.3 Methoden des Data Mining

Die Klassifikation der Methoden des Data Mining erfolgt entweder nach Herkunft oder nach Nutzung. Die Quellen der verwendeten Methoden sind im wesentlichen:

- Statistik und Ökonometrie **Quellen**
- Künstliche Intelligenz
- Fuzzy-Logik
- Evolutionäre Algorithmen

Die Gliederung nach Verfahren läßt sich gemäß der gewünschten Nutzungsform durchführen. Klassische Nutzungen sind:

- Klassifikation (kontrolliertes Lernen eines Modells): Hierbei wird eine Klassifikation vorgegeben. Aufgabe des Modells ist es, vorhandene Daten jeweils einer der vorgegebenen Klassen zuzuordnen. Beispiele sind Risikoklassen für Kunden, Aktienempfehlung usw. Eingesetzte Verfahren sind Entscheidungsbäume (CART, CHAID, …), Regeln, neuronale Netze, Scoring, k-nearest neighbor. **Nutzungsarten**
- Regression: Parametrierung eines Zusammenhangs auf einer Regressionsfunktion; Beispiele sind Preisgestaltung, Trends und saisonale Schwankungen.
- Clustering/Mustererkennung: Bildung von Klassen ähnlicher Daten; Beispiele sind Bildung von Kundenklassen nach ihrer Profitabilität.

2.5 Data Mining – neue Zusammenhänge entdecken

- Beziehungen (Assoziationsanalyse): Aufdeckung existierender Beziehungen, Beispiele sind Zusammenhänge beim Einkauf unterschiedlicher Artikel, Bündelung von Artikeln, Cross-Selling Marketing.

- Zeitreihen/Reihenfolgen/Prognosen: Vorhersage von Kundenverhalten, Vorhersage des Verhaltens eines Kunden in zwei Jahren.

Entscheidungsbäume

Entscheidungsbäume entstammen klassischen statistischen Verfahren. Sie dienen der Ableitung eines Regelwerks zur Klassifikation von Daten hinsichtlich vorgegebener Klassen einer Zielvariablen. Soll beispielsweise die `Bonität` von Kunden bewertet werden, könnten die Klassen »gut« und »schlecht« hinsichtlich der Zielvariablen Bonität vorgegeben sein. Für die Bestimmung der Klasse werden die Variablen »Einkommen« und »Beschäftigungsdauer« verwendet. Im Rahmen des Entscheidungsbaums wird dann iterativ folgendes ermittelt:

- Welche Variable ist am besten dazu geeignet, die Datensätze den Klassen der Zielvariablen zuzuordnen, also welche Variable ist am »trennschärfsten«. Diese Variable bildet einen neuen Knoten im Entscheidungsbaum.

- Nach Auswahl einer Variablen: Welcher Schwellwert oder welche Schwellwerte der Variablen sind am besten dazu geeignet, die Datensätze den Klassen der Zielvariablen zuzuordnen, sind also am »trennschärfsten«. Die Schwellwerte bilden die Kanten zu den nachfolgenden Knoten im Entscheidungsbaum.

Für die Bestimmung der Trennschärfe existieren verschiedene Verfahren. Die bekanntesten sind die Trennung nach dem Informationsgehalt (CART-Bäume) beziehungsweise nach dem Chi-Quadrat-Unabhängigkeitstest (CHAID-Bäume).

CHAID-Bäume Bei CHAID-Bäumen (**Ch**i-Square **A**utomatic **I**nteraction **D**etectors) wird der bekannte Unabhängigkeitstest verwendet, um jeweils ein Abhängigkeitsmaß zwischen der Zielvariablen und den zur Verfügung stehenden Erklärungsvariablen zu berechnen. Das Abhängigkeitsmaß, der Chi-Quadrat-Abstand, wird genutzt, um die Variable auszuwählen, welche die größte Abhängigkeit zur Zielvariablen aufweist. Damit ist Schritt 1 in obigem Ablauf durchgeführt.

Schritt 2 erfordert dann die Bestimmung derjenigen Schwellwerte, die eine möglichst gute Trennschärfe aufweisen. Dazu werden erneut Chi-Quadrat-Unabhängigkeitstests für benachbarte Werte der ausgewählten Variablen durchgeführt[1]. Daraus werden die Schwellwerte mit der größten Trennschärfe bestimmt, und Schritt zwei ist abgeschlossen.

Anschließend werden die Schritte 1 und 2 für die nächste Variable durchgeführt, wobei die Schritte jeweils separat für die beiden Teilmengen aus dem ersten Durchgang abgearbeitet werden.

Beispiel

Nehmen wir an, im obigen Beispiel hätte sich im ersten Schritt die Variable Beschäftigungsdauer als trennschärfer als die Variable Einkommen herausgestellt. Damit wird die Beschäftigungsdauer zum ersten Knoten des Entscheidungsbaums in Abbildung 2.21. Anschließend sind die Werte der Variablen Beschäftigungsdauer gegeneinander geprüft worden, wobei jeweils ganze Jahre als Werte zugelassen wurden. Dabei hat sich als trennschärfster Schwellwert der Wert »5 Jahre« ergeben. Folglich sind zwei Äste »< 5 Jahre« und »>= 5 Jahre« entstanden.

Dann wurde das Verfahren wiederholt, wobei das Einkommen als einzige Variable verblieben ist. In der Menge der Daten mit einer Beschäftigungsdauer unter fünf Jahren hat sich dabei der Schwellwert von 30 TDM Jahreseinkommen als trennschärfster Wert erwiesen. Bei den Kunden mit einer Beschäftigungsdauer von mindestens fünf Jahren liegt der Schwellwert bei 25 TDM Jahreseinkommen.

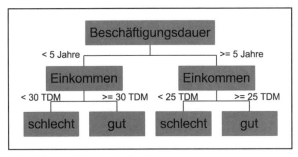

Abbildung 2.21: Entscheidungsbaum

---

1 Bei numerischen Variablen oder Variablen, die auch sonst sehr viele verschiedene Werte aufweisen, erfordert dies in der Regel eine Klassenbildung, bei numerischen Variablen häufig in Form einer Quantisierung, um die Menge der Werte zu verringern und die Anzahl der Daten in den Klassen zu erhöhen.

2.5 Data Mining – neue Zusammenhänge entdecken

Dieser Entscheidungsbaum liefert damit einen Satz von Entscheidungsregeln, die man etwa wie folgt formulieren kann:

- Wenn die Beschäftigungsdauer < 5 Jahre und das Einkommen unter 30 TDM, dann schlechte Bonität.

- Wenn die Beschäftigungsdauer < 5 Jahre und das Einkommen mindestens 30 TDM, dann gute Bonität.

- Wenn die Beschäftigungsdauer mindestens 5 Jahre und das Einkommen unter 25 TDM, dann schlechte Bonität.

- Wenn die Beschäftigungsdauer mindestens 5 Jahre und das Einkommen mindestens 25 TDM, dann gute Bonität.

Entscheidungsbäume sind einfach zu handhaben und liefern klare und nachvollziehbare Regeln. Sie haben sich daher einen festen Platz im Data-Mining-Repertoire erobert und sind in fast allen Werkzeugen verfügbar. Andererseits können sie sehr groß und unübersichtlich werden, wenn viele Erklärungsvariablen verwendet werden. Insbesondere ist neben einer Begrenzung der Tiefe der Bäume auch darauf zu achten, daß die Daten je Regel eine Mindestanzahl nicht unterschreiten, da sonst die Aussagekraft sehr von Zufälligkeiten abhängt. Man spricht in diesen Fällen auch von Übermodellierung.

Andere statistische Verfahren

Regressionsrechnung — Andere bewährte Methoden aus dem Repertoire der Statistik sind die k-nächste-Nachbarn-Analyse und die Regressionsrechnung. Dient die k-nächste-Nachbarn-Analyse der Festellung von Ähnlichkeiten, so kann die Regressionsrechnung insbesondere für die Trendanalyse verwendet werden. Sie erlaubt die Bestimmung eines funktionalen Zusammenhangs zwischen einer Zielvariablen und einer oder mehreren (multiple Regression) erklärenden Variablen. Das Vorgehen wird dabei beschrieben durch die Wahl des Regressionsfunktionstyps (linear, quadratisch, logarithmisch usw.) und die anschließende Berechnung der Parameter der Regressionsfunktion. Im einfachsten Fall einer linearen Regressionsfunktion mit einer erklärenden Variablen erhalten wir

$$y = a x + b$$

wobei x die erklärenden Variable und y die Zielvariable darstellt. Die Parameter a und b werden dann so bestimmt, daß die vorliegenden Werte für x und y optimal durch die Funktion beschrieben werden. Abweichungen von der Funktion werden pauschal einer unbekannten und nicht näher definierten Störvariablen zugerechnet, die den angenommenen funktionalen Zusammenhang zwischen *x* und *y* überlagert. Üblich ist dann beispielsweise die Bestimmung der Parameter a und b in der Weise, daß die Störvariable minimiert wird. Diese Berechnung erfolgt häufig durch Minimierung der Abweichung in Form der kleinsten quadratischen Abweichung der Datensätze von der angenommenen funktionalen Beziehung.

Der Vorteil der Regressionsrechnung liegt in der ausgefeilten ökonometrischen Grundlage, die beispielsweise auch Möglichkeiten des Umgangs mit fehlerhaften und fehlenden Werten beinhaltet [Schneeweiß78]. Nachteile sind die umfangreichen statistischen Voraussetzungen, die Komplexität bei mehreren Erklärungsvariablen und die Wahl des Regressionsfunktionstyps vor Beginn des Verfahrens.

Verwandte Verfahren der Regressionsanalyse sind unter anderem die Varianzanalyse, Korrelationsrechnung, Clusteranalyse, Faktorenanalyse, Diskriminanzanalyse und Kontingenztafelanalyse. Die Voraussetzungen an Verteilungen, Skalierung (metrisch, ordinal, nominal), Anzahl und Eigenschaften der Variablen sind dabei jeweils genau zu beachten. Bei der Diskriminanzanalyse beispielsweise wird die Zielvariable als binär angenommen, es wird also nur zwischen erfüllt und nicht erfüllt unterschieden. Die Diskriminanzfunktion trennt die beiden Wertebereiche voneinander. Je nach Anzahl der Erklärungsvariablen spricht man von einfacher oder von multivariater Diskriminanzanalyse.

Eine interessante Kombination beider Methoden findet man bei [Krahl98]. Die Grundidee ist der Einsatz der Regressionsrechnung zur Bestimmung einer Diskriminanzfunktion, deren Bestimmung sonst sehr aufwendig und verschiedenen statistischen Restriktionen unterworfen ist. Das Vorgehen hierbei ist:

- Klassifikation der Eingangsvariablen nach möglichst unabhängigen Klassen (damit ist hinsichtlich jeder Klasse jeder Datensatz ebenfalls binär, er gehört zur Klasse oder nicht). Jede Klasse stellt somit eine eigene Binärvariable dar, die als Erklärungsvariable verwendet wird.

- Berechnung einer linearen Regression zwischen jeder binären Erklärungsvariablen und der ebenfalls binären Zielvariablen. Die Steigung der linearen Regressionsfunktion (der Parameter a der linearen Regressionsfunktion) kann jetzt als Maß des positiven oder negativen Erklärungszusammenhangs zwischen der Erklärungsvariablen und der Zielvariablen verwendet werden.

2.5 Data Mining – neue Zusammenhänge entdecken

- Aufbau der Diskriminanzfunktion als Summe der binären Erklärungsvariablen mit ihren Steigungen (einschließlich Vorzeichen) als Gewichten.

Beispiel So könnte beispielsweise eine solche Bewertungsfunktion wie folgt aussehen:

Bonität =
+ 20 * Beschäftigungsdauer mindestens 5 Jahre
– 40 * Beschäftigungsdauer unter 5 Jahre
– 10 * Einkommen unter 25 TDM
+ 10 * Einkommen mindestens 25 TDM bis unter 75 TDM
+ 40 * Einkommen mindestens 75 TDM
– 30 * Unter_25 Jahre

wobei 20, –40, –10, 10, 40 und –30 die Parameter a der jeweiligen linearen Regressionsfunktion für die binären Erklärungsvaribalen »Beschäftigungsdauer mindestens 5 Jahre«, »Beschäftigungsdauer unter 5 Jahre«, »Einkommen unter 25 TDM«, »Einkommen mindestens 25 TDM bis unter 75 TDM«, »Einkommen mindestens 75 TDM« und »Unter 25 Jahre« sind. Diese binären Erklärungsvariablen sind ihrerseits durch Klassenbildung aus den Variablen Beschäftigungsdauer, Einkommen und Alter entstanden.

Neuronale Netze

Neuronale Netze sind in der Informatik dem Bereich der künstlichen Intelligenz (KI) zuzuordnen und werden bereits seit etwa 1940 untersucht. Ihren Ursprung haben sie in der Biologie, ihre Grundstruktur wird von der bekannten bzw. vermuteten Struktur biologischer Gehirne abgeleitet. Ein neuronales Netz besteht dabei aus einer großen Anzahl unabhängiger kleiner Einheiten, den Neuronen, die (theoretisch) alle miteinander verbunden sind. Jedes Neuron reagiert dabei gemäß seiner internen Aktivierungsfunktion auf die eingehenden Signale anderer Neuronen und erzeugt selbst ein Ausgangssignal, das wiederum theoretisch an alle anderen Neuronen verschickt wird.

Vorwärtsbetriebene Netze In der Praxis des Data Mining kommen allerdings fast ausschließlich sogenannte vorwärtsbetriebene Netze (feed-forward) zum Einsatz. Dabei werden die Neuronen in Schichten (Layer) angeordnet, und die Verbindungen laufen ausschließlich von einer Schicht zur darauffolgenden Schicht. Ein solches Netz verfügt dann über eine Eingangsschicht, gegebenenfalls mehrere interne Schichten und eine Ausgangsschicht (siehe Abbildung 2.22).

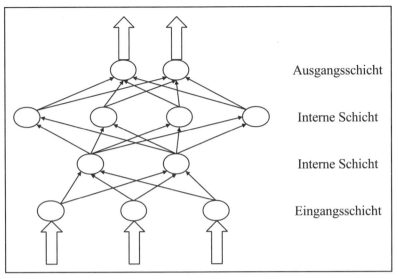

Abbildung 2.22: Beispiel eines vorwärtsgetriebenen neuronalen Netzes

Jedes Neuron verfügt über eine sogenannte Aktivierungsfunktion, die in Abhängigkeit der Eingabe einen Ausgangswert des Neurons ermittelt, der an die nachfolgenden Neuronen weitergeleitet wird. Die Eingabe besteht bei den Neuronen der Eingangsschicht aus der externen Eingabe (den Werten der Erklärungsvariablen), bei allen anderen Neuronen aus den Ausgangswerten aller Neuronen der vorherigen Schicht. Die Aktivierungsfunktion beschreibt die Umsetzung der Eingabesignale in das Ausgangssignal eines Neurons in der Form

$y = g_1 {}^* x_1 + g_2 {}^* x_2 + \ldots + g_n {}^* x_n$

wobei y das Ausgangssignal (zwischen 0 und 1) und die x_i die Eingangssignale (zwischen 0 und 1) beschreiben. Die g_i sind die Gewichte der Eingangssignale und ergeben in der Summe für jedes Neuron immer den Wert 1. Diese Gewichte stellen Parameter dar, die während der Trainingsphase des Netzes festgelegt werden. Die Anzahl der Schichten, der Neuronen sowie die Aktivierungsfunktion werden im allgemeinen vor Beginn der Trainingsphase festgelegt und nur bei Schwierigkeiten im Training selbst verändert.

Als Aktivierungsfunktion kommt im Grunde jede Funktion in Frage. Die Ausgabe wird häufig auf den Bereich 0 bis 1 normiert. Typische Funktionstypen sind in Abbildung 2.23 dargestellt. Weitere Möglichkeiten stellen stochastische Funktionen dar, bei denen statt eines Ausgangswertes Wahrscheinlichkeiten für bestimmte Ausgangswerte angegeben werden. Der eigentliche Ausgangswert wird dann mittels dieser Wahrscheinlichkeiten mit einem Zufallsgenerator ermittelt. Schwellwertfunktionen, RBF (**R**adiale-**B**asis-**F**unktionen) und Sigmoide-Funktionen sind dabei die am häufigsten verwendeten Funktionen. Die Parameter dieser Funktionen, also der Schwellwert, die Basis oder die Steigung stellen wiederum Parameter dar, die neben den Gewichten während der Trainingsphase so angepaßt werden, daß das System die gewünschten Ausgaben liefert.

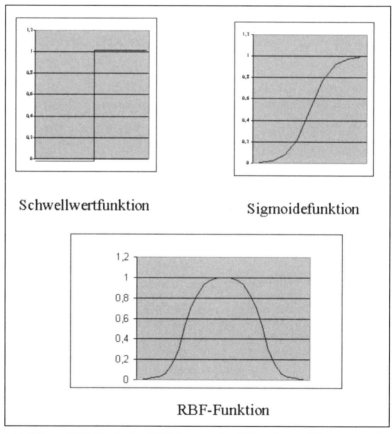

Abbildung 2.23: Typische Aktivierungsfunktionstypen für neuronale Netze

Jedem neuronalen Netz muß sein Wissen und damit seine Reaktion antrainiert werden. Im Rahmen des Trainings wird Trainingsmaterial verwendet, das neben den Werten der Eingangsvariablen auch die gewünschten Werte der Zielvariablen enthält.

Diese Werte werden zur Bestimmung der Abweichung von den tatsächlichen vom Netz gelieferten Werten verwendet, um so den Fehler feststellen zu können. Dieser Fehler wird zunächst für die Neuronen der Ausgabeschicht berechnet. Ausgehend von der Ausgabeschicht kann dann jeweils ein Fehlersignal ermittelt werden, das im Rahmen einer sogenannten Backpropagation, ausgehend von der Ausgabeschicht durch die inneren Schichten, als Fehlersignal zurückgeschickt wird. Jedes innere Neuron kann dabei aus seinem Ausgabesignal und dem bei ihm ankommenden Fehlersignal seinen eigenen Fehler bestimmen.

Andere Mechanismen sind beispielsweise der Hebbsche Ansatz, Wettbewerbslernen usw. [Brause91].

Basierend auf dieser Fehlerbestimmung werden die Gewichte und die Parameter der Aktivierungsfunktionen so lange angepaßt, bis das Netz den gewünschten Zustand erreicht hat oder grundsätzliche Änderungen in der Topologie vorgenommen werden. Abschließend sollte eine Validierung mit »frischem Prüfungsmaterial« vorgenommen werden, um sicherzustellen, daß das Netz auch auf neue Eingaben zufriedenstellend reagiert. Dieser Ablauf ist in Abbildung 2.24 dargestellt.

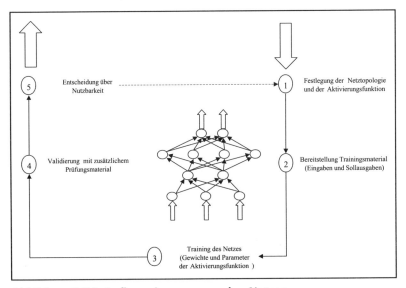

Abbildung 2.24: Aufbau eines neuronalen Netzes

Von den vielfältigen Anwendungsmöglichkeiten neuronaler Netze sind im Rahmen des Data Mining zwei von besonderer Bedeutung:

2.5 Data Mining – neue Zusammenhänge entdecken

Anwendungsmöglichkeiten

- Mustererkennung: Hierbei sind die möglichen Klassen/Werte der Zielvariablen vorgegeben. Das Netz wird so trainiert, daß es für gegebene Werte der Erklärungsgrößen die zugehörige Klasse der Zielvariablen ermitteln kann.

- Ähnlichkeitserkennung: Das Netz lernt, aus einer Menge von Eingangswerten Regeln abzuleiten, die die Ähnlichkeit bestimmter Eingabedateneigenschaften beschreiben.

Bewertung Die Vorteile neuronaler Netze sind in der großen modellbedingten Flexibilität und Freiheit der Modellbildung zu sehen. Es sind keine festen Regeln vorgegeben, und es wird auch kein hohes Vorwissen vorausgesetzt. Auch fehlende oder gar widersprüchliche Daten können verarbeitet werden. Umgekehrt bringt diese Freiheit auch die Probleme zahlreicher möglicher Fehlerquellen und einen recht aufwendigen Konstruktions-, Trainings- und Validierungsprozeß mit sich.

Schließlich muß noch auf ein zentrales Problem neuronaler Netze hingewiesen werden. Dadurch, daß das Wissen um die Zusammenhänge und die Bedeutung der Neuronen nicht bekannt sind, wird Wissen nur implizit dargestellt. Man spricht hier auch von subsymbolischer Darstellung. Im Endeffekt bedeutet dies, daß ein Netz funktionieren kann, aber niemand sagen kann, warum das so ist. Das Netz ist eine Black-Box, deren Regeln nirgendwo dokumentiert sind. Diesem Nachteil versucht man durch die Kombination von neuronalen Netzen mit anderen Methoden in Hybridansätzen zu begegnen. Eine besondere Rolle spielt hier die Fuzzy-Logik.

Fuzzy-Logik

Die Fuzzy-Logik wurde bereits 1965 von Zadeh entwickelt. Während sich die Mathematik sonst mit exakten Werten beschäftigt, ist das Ziel der Fuzzy-Logik gerade die Beschreibung unscharfer Informationen, wie sie täglich auftreten. Ein Beispiel aus dem täglichen Leben sind Aussagen wie »Das Wetter ist *kalt*«, »Das Auto ist *schnell*« usw. Aus derartigen Aussagen werden Fuzzy-Regeln abgeleitet wie:

»Wenn das Wetter *kalt* und das Auto *schnell* ist, dann *vorsichtig* bremsen.«

Man spricht in solchen Fällen von Fuzzy-Regeln. Die Bewertung der Begriffe *kalt*, *schnell* und *vorsichtig* erfolgt durch einen Experten, in diesem Fall einen erfahrenen Autofahrer. Die Nutzung derartigen Expertenwissens (auch als Wissensbasis bezeichnet) ist in den letzten Jahren vorwiegend unter dem Begriff *Fuzzy-*

Control ein zentraler Bestandteil der Regeltechnik geworden. Dabei wird Expertenwissen, das in unscharfen Aussagen der obigen Form vorhanden ist, so umgesetzt, daß damit Regelungsprozesse automatisierbar werden.

Der Kern der Fuzzy-Logik ist die Umsetzung des Expertenwissens in die Bestimmung einer Zugehörigkeitsfunktion für eine unscharfe Eigenschaft. Die Zugehörigkeitsfunktion gibt für jeden Wert der Eingangsvariablen einen Grad der Zugehörigkeit an.

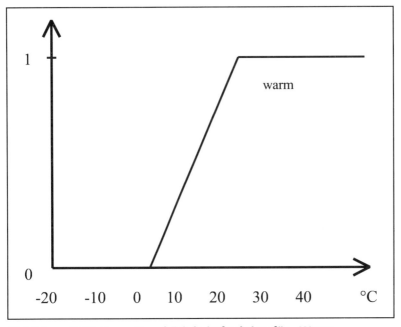

Abbildung 2.25: Fuzzy-Zugehörigkeitsfunktion für »Warm«

Diese Zugehörigkeitsfunktion wird also aus einer »Wissensbasis« ermittelt. Im allgemeinen wird mehr als eine Funktion verwendet, beispielsweise könnten oben noch sich überlagernde Funktionen für »sehr kalt«, »kalt« (aus unserer obigen Regel) und »mild« hinzugefügt werden. Soll eine solche Menge von Funktionen beispielsweise für die Regelung einer Heizung verwendet werden, so muß ein Gesamtsystem aufgebaut werden. Die Meßwerte verschiedener Sensoren werden aufgenommen. Diese werden dann »fuzzyfiziert«, d.h. zu Eingangswerten für die Zugehörigkeitsfunktion transformiert. Dann wird mittels der Zugehörigkeitsfunktionen ermittelt, welche Zugehörigkeitsgrade für die Werte von »sehr kalt« bis »warm« vorliegen. Aus diesen Werten kann dann mittels »Defuzzyfizierung« eine Stellgröße für den

2.5 Data Mining – neue Zusammenhänge entdecken

Heizungsregler ermittelt werden. Im einfachsten Fall ergibt sich dieser aus einer vordefinierten Größe für die Fuzzy-Zugehörigkeitsfunktion mit dem höchsten Zugehörigkeitsgrad.

Abbildung 2.26 gibt einen Überblick über die Komponenten eines Fuzzy-Systems. Im Zusammenhang mit Fuzzy-Control dient die Fuzzy-Logik vorwiegend der Automatisierung von Prozessen, basierend auf vorhandenem Wissen in Form unscharfer Regeln (Wissensbasis). Das gleiche System läßt sich aber auch im Bereich des Data Mining anwenden.

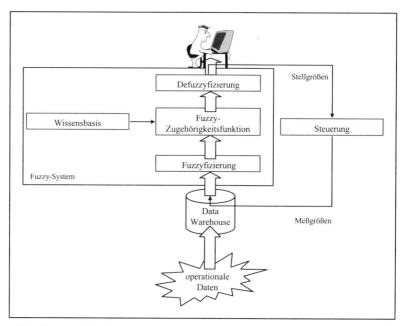

Abbildung 2.26: Komponenten eines Fuzzy-Systems

Im Rahmen des Data Mining ergeben sich eine Reihe von Anwendungmöglichkeiten der Fuzzy Logic insbesondere im Zusammenspiel mit anderen Methoden. Hierzu zählen:

Anwendungsmöglichkeiten

- Automation der Entscheidungen basierend auf ermittelten unscharfen Regeln (Zusammenhängen).

- Training eines neuronalen Netzes, indem vorhandenes Expertenwissen in ein Fuzzy-System übertragen wird. Das System wird anschließend parallel mit einem neuronalen Netz geschaltet, und die Ergebnisse des Fuzzy-Systems dienen als Richtgröße für die Fehlerermittlung des neuronalen Netzes.

- Die Fuzzy-Regeln werden vorgegeben. Ein neuronales Netz dient durch Training zur Ermittlung der geeigneten Zugehörigkeitsfunktion eines Fuzzy-Reglers.

- Ein neuronales Netz dient der Ermittlung der Fuzzy-Regeln (durch Ähnlichkeitsanalyse). Die so ermittelten Regeln werden dann mittels Expertenwissen in eine Zugehörigkeitsfunktion umgesetzt.

Weitere Anwendungen sind hier denkbar. Letztlich ergänzen sich die Vor- und Nachteile insbesondere von neuronalen Netzen und Fuzzy-Systemen. Fuzzy-Systeme erfordern eine direkte Wissensbasis, aus der heraus die Fuzzy-Regeln erstellt und/oder die Zugehörigkeitsfunktionen festgelegt werden. Sie bieten dafür eine vollkommen transparente Entscheidungslogik.

Evolutionäre Algorithmen

Eine weitere Quelle von Verfahren für das Data Mining beruht ebenfalls auf Prinzipien, die aus der Biologie übernommen wurden. In der Biologie wird die Evolution als ein Verfahren verstanden, bei dem eine Population von Individuen einen kollektiven Lernprozeß durchläuft, in dem von Generation zu Generation jeweils die tendentiell gut angepaßten Individuen ihre Eigenschaften weitervererben, während die Eigenschaften anderer Individuen vergessen werden.

Im wesentlichen kann hier zwischen den genetischen Algorithmen, den Evolutionsstrategien und dem Evolutionary Programming unterschieden werden [Grauel95].

Die größte Bedeutung für das Data Mining kommt dabei den genetischen Algorithmen zu.

Bei genetischen Algorithmen werden die möglichen Werte der Erklärungsvariablen binär kodiert. Alle Möglichkeiten zusammen ergeben die Länge der Informationen, die jeweils in einem Individuum einer Population vorhanden sind. Dann wird immer mit einer Menge möglicher Individuen (Population) begonnen. Jedes Mitglied einer Population besitzt also eine Menge von Eigenschaften, die binär kodiert sind. Dann wird mittels einer Menge von zufallsbestimmten Verfahren die Nachfolgegeneration aus dieser Population bestimmt.

Die wesentlichen Verfahren hierbei sind:

- *Crossover:* Die binären Eigenschaften zweier Individuen der Elternpopulation werden an einer zufällig ermittelten Stelle getrennt und miteinander vertauscht. Die vertauschten Teile

Verfahren

2.5 Data Mining – neue Zusammenhänge entdecken

beschreiben die Eigenschaften zweier Individuen der Nachfolgegeneration.

- *Mutation:* Eine zufällig ausgewählte Eigenschaft (ein Bit) wird in dem Individuum der Nachfolgegeneration gekippt (invertiert).

- *Inversion:* Eine zufällig ausgewählte Kette von Informationen (Bits) wird in sich vertauscht (erstes Bit wird letztes Bit, zweites wird vorletztes usw.)

Welche Individuen aus einer Elternpopulation ausgewählt werden, hängt natürlich im wesentlichen von ihrer jeweiligen Eignung hinsichtlich des angestrebten Ziels ab, also von ihrer Fähigkeit, die gewünschte Eigenschaft der Zielvariablen zu liefern. Diese Tests werden auch in jeder Generation für die gesamte Population durchgeführt, bis man zu einem zufriedenstellenden Ergebnis innerhalb der Population kommt.

Genetische Algorithmen sind unter anderem vielversprechend gerade zur Optimierung und Fehlerkorrektur in neuronalen Netzen, dürften in Zukunft aber auch darüber hinaus eine wachsende Bedeutung erlangen.

Schließlich soll abschließend erwähnt werden, daß zunehmend auch sogenannte intelligente Agenten in Werkzeuge integriert werden, die »selbständig« nach Zusammenhängen oder Änderungen suchen sollen. Diese Thematik würde aber den Rahmen dieser Darstellung mit Sicherheit sprengen.

Modellierung von OLAP-Lösungen

3

In Kapitel 3 wurde auf die verschiedenen Arten der Nutzung von Informationen in einer Data-Warehouse-Umgebung eingegangen. Der Einsatz von OLAP-Werkzeugen stellt dabei einen deutlichen Schwerpunkt dieser Anwendungen dar. Die Grundlage für eine sinnvolle Nutzung der Möglichkeiten von OLAP ist der Aufbau eines geeigneten OLAP-Modells, das auf den Benutzeranforderungen und den verfügbaren Daten basiert. Ein solches Modell sollte **vor dem Entwurf des Datenbankmodells** als fachliche Spezifikation erfolgen. Daher soll jetzt vertieft auf die Grundlagen des multidimensionalen Modells aus Anwendungssicht eingegangen werden.

3.1 Aufbau des OLAP-Grundmodells

3.1.1 Dimensionen

Der Schlüssel zu jeder OLAP-Analyse ist die Auswahl der richtigen Kennzahlen und der richtigen Dimensionen. Die Dimensionen sind dabei die grundlegenden Analysekriterien für die Untersuchung von Kennzahlen. Sie enthalten das fachliche Wissen über Struktur und Zusammenhang der Analyseaspekte in vorstrukturierter Form. Sie stellen die fachliche Wissensbasis für den grundlegenden Aufbau des analysierten Bereichs und die fachlichen Zusammenhänge in diesem Bereich dar. Die Auswahl der Dimensionen für ein OLAP-Modell bestimmt gleichzeitig, welche Aspekte aus der Menge aller fachlichen Informationen für die späteren Nutzer des Modells relevant sind, und somit, welche Drill-down-Möglichkeiten vorgesehen werden.

3.1 Aufbau des OLAP-Grundmodells

Auswahl der Dimensionen Ihre Auswahl sollte daher stets in enger Zusammenarbeit mit den späteren Nutzern und unter Einbeziehung möglichst vielfältiger unterschiedlicher Perspektiven erfolgen. Unglücklicherweise hat sich bisher weder eine einheitliche Nomenklatur noch eine einheitliche Darstellung eingebürgert. In vielen Fällen erfolgt nicht einmal eine Analyse, bevor zum Datenmodell übergegangen wird. Dies gilt sowohl für die Dimension selbst als auch für ihre Bestandteile. Dimensionen werden auch als Hierarchien, Analysestrukturen, Analysehierarchien, Datenkonsolidierungspfade usw. bezeichnet.

Beispiel Betrachten wir zunächst das Beispiel aus Tabelle 2.4. Hier sind als Dimensionen die Vertriebsorganisation und die Zeit verwendet worden. Die Vertriebsorganisation enthält zumindest Vertriebsregionen und Niederlassungen. Tatsächlich könnten bei einer internationalen Organisation die Regionen noch zu Ländern zusammengefaßt werden, wovon wir hier absehen wollen. Außerdem können unterhalb der Niederlassungen Filialen existieren, und in diesen arbeiten Vertriebsmitarbeiter. Die Struktur der Dimension läßt sich also nach »unten« und »oben« erweitern. Die beschriebene Dimension läßt sich nach Ebenen oder Stufen gliedern, innerhalb derer ähnliche Granularität herrscht. Diese Stufen oder Ebenen sollen hier als *Dimensionsebenen* bezeichnet werden.[1]

Eine Dimension besteht also anschaulich aus Ebenen. Die Ebenen der Dimension »Vertriebsorganisation« ließen sich etwa wie folgt darstellen:

Dimensionsebenen
- alle
- Region
- Niederlassung
- Filiale
- Mitarbeiter

---

[1] Tatsächlich ist eine solche Strukturierung nicht zwingend. Viele OLAP-Werkzeuge beschränken sich auf die Darstellung der Abhängigkeiten zwischen Einzelkategorien, wie sie hier später beispielsweise für die »Region Nord« dargestellt werden. Die Gliederung in Ebenen ist aber oft implizit vorhanden. Darüber hinaus hat sie für die Analyse den Vorteil, daß die Darstellung wesentlich vereinfacht werden kann und übersichtlicher wird. Individuelle Abweichungen können dann für einzelne Kategorien getrennt dokumentiert werden.

Dabei nimmt die Granularität von oben nach unten zu. Eine Filiale umfaßt mehrere Mitarbeiter, eine Niederlassung mehrere Ebenen usw. Die niedrigste Ebene einer Dimension entspricht der feinsten verfügbaren Granularität von Informationen hinsichtlich einer Analyse von Kennzahlen in dieser Dimension. Unterhalb dieser Ebene sind keine Analysen möglich. Im obigen Beispiel kann prinzipiell eine Analyse bis auf die Ebene eines Mitarbeiters durchgeführt werden. So könnte beispielsweise eine Kennzahl »Umsatz« bis hinunter zum Umsatz eines einzelnen Mitarbeiters bestimmt werden. Je feiner die Granularität ist, desto detaillierter können Analysen vorgenommen, desto genauer Ursachen analysiert und desto mehr kann innerhalb eines OLAP-Modells verblieben werden, ohne einen Drill-through oder eine Analyse in operativen Daten vornehmen zu müssen.

Granularität

Andererseits gilt aber auch: Je feiner die Granularität hinsichtlich einer Dimension ist, desto mehr Daten müssen beschafft, transformiert und abgelegt werden. Je feiner die Granularität ist, desto größer werden die OLAP-Würfel und um so mehr Aggregationen müssen vorgenommen werden. Schließlich ist auch zu beachten, daß der Datenschutz einer weiteren Granularität entgegenstehen kann beziehungsweise daß erhöhte Anforderungen an die Sicherheit von Zugriff, Transport und Speicherung der Daten gestellt werden.

Somit stellt die Wahl der Granularität letztlich immer eine Gratwanderung zwischen dem von der Analyse her Gewünschten und dem technisch und rechtlich Machbaren dar.

Daher wird im allgemeinen bei der Planung eines OLAP-Modells zunächst eine Planung der Dimensionen und der Dimensionsebenen und somit der Granularität vorgenommen. Eine solche Planung bildet die Grundlage des OLAP-Modells. Die Darstellung kann auf verschiedene Weise erfolgen. Eine kurze Übersicht beispielsweise zum **D**imensional **F**act **M**odeling oder zum **A**pplication **D**esign for **A**nalytical **P**rocessing **T**echnologies (ADAPT) findet man in [Gabriel98]. In unserer Praxis hat sich die von uns verwendete **D**imensions-**K**ennzahlen-**A**nalyse (DKA) als sehr übersichtlich erwiesen, deren Grundstruktur in Abbildung 3.1 dargestellt ist.

3.1 Aufbau des OLAP-Grundmodells

DKA	Dimensions 1	Dimensions 2	- - -	Dimensions n
Ebene n				
Ebene n-1				
- - -				
Ebene 2				
Ebene 1				
Ebene 0				
Gruppe	Kennzahlen			Max.Dimensionslinie
Gruppe 1				
Gruppe 2				
- - -				
Gruppe n				

Abbildung 3.1: Grundstruktur der Dimensions-Kennzahl-Analyse (DKA)

Dimensions-Kennzahlen-Analyse (DKA) Die Bedeutung dieser Darstellung soll in diesem Kapitel schrittweise im Zusammenhang mit dem Aufbau von OLAP-Modellen erläutert werden.

Der obere Teil der Darstellung wird genutzt, um die Dimensionen mit ihren Ebenen zu beschreiben. Die Numerierung der Ebenen beginnt bei Null auf dem feinsten Granularitätslevel. In der Praxis findet man sowohl diese Numerierung, bei der man dann von Ebenennummern spricht, als auch die umgekehrte Numerierung, wobei man dann von Generationsnummern spricht. Nach dem hier angegebenen Schema kann beispielsweise die Dimension Vertrieb mit ihren fünf Ebenen in einem DKA-Diagramm wie in Abbildung 3.2 dargestellt werden.

DKA	Vertriebsregion			
Ebene 4	alle			
Ebene 3	Region ①			
Ebene 2	Niederlassung			
Ebene 1	Filiale			
Ebene 0	Mitarbeiter			

(handschriftlich: Dimension)

Abbildung 3.2: Eine Dimension mit fünf Ebenen in der DKA-Darstellung

Die Dimension »Vertrieb« besteht also aus den Dimensionsebenen »alle«, »Region«, »Niederlassung«, »Filiale« und »Mitarbeiter«. Die in Abschnitt 2.4.3 beschriebene Drill-down- bzw. Roll-

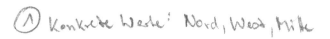

① Konkrete Werte: Nord, West, Mitte

up-Funktionalität, also das Detaillieren und Verfeinern in der Analyse, kann man sich als das Wechseln in eine niedrigere bzw. höhere Ebene vorstellen. Die Ebenen geben so den Rahmen für die möglichen Verfeinerungen vor. Tatsächlich wird im konkreten Fall aber natürlich nicht eine Ebene »Region« verfeinert, sondern normalerweise ein konkreter Wert, beispielsweise die »Region Nord«. Daher muß auch der Wert »Nord« im OLAP-Modell vorhanden sein. Der nächste wichtige Begriff hier ist der Begriff **Kategorie** für diese einzelnen Werte. In der Praxis werden auch die Begriffe Merkmal, Wert, Ausprägung, Member und andere verwendet. Die Kategorie bezeichnet ein Mitglied einer Ebene, einen konkreten fachlichen Begriff oder Wert. So hat beispielsweise die Ebene »Region« folgende Kategorien:

- Nord
- West
- Mitte
- Ost
- Süd

Kategorien stellen für den Anwender die eigentlich vertrauten Begriffe der Unternehmenswelt dar. Es »gibt« die Region »Nord«, die Filiale »Hannover«, die Produktgruppe »Elektrogeräte«, den Kunden »Meier GmbH«, das »vierte Quartal 1997« usw. Damit werden die abstrakteren Begriffe der Dimension und Dimensionsebene in der konkreten Anwendung greifbar.

Die Kategorien dienen der Beschriftung der Zeilen, Spalten, Diagrammachsen usw. in der OLAP-Analyse. Ihre grundsätzliche Zugehörigkeit zu einer Ebene regelt, wann sie in einer OLAP-Analyse verwendet werden müssen. Sie stellen somit die Grundlage für einen Drill-down dar. Die Ebenen und die Zuordnung der Kategorien zu den Ebenen ist für einen Drill-down aber noch nicht hinreichend. Woher soll das OLAP-Werkzeug wissen, daß bei einem Drill-down in der Region Nord gerade die Niederlassungen Hamburg, Hannover und Bremen gemeint sind?

Hierfür ist eine zusätzliche Struktur zwischen den Kategorien notwendig, die diese Detaillierungen beschreibt. Diese Struktur wird im Normalfall in Form von Hierarchien beschrieben. Abbildung 3.3 zeigt die Hierarchie für die Region »Nord« mit den untergeordneten Kategorien »Hamburg«, »Hannover« und »Bremen« auf der Ebene Niederlassung.

3.1 Aufbau des OLAP-Grundmodells

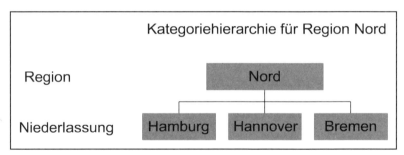

Abbildung 3.3: Hierarchie für die Kategorie »Nord« in der Ebene Region

Führt man die Beschreibung dieser Hierarchie für alle Kategorien einer Dimension fort, kommt man zu einer baumartigen Darstellung, die alle Kategorien beinhaltet und vollständig beschreibt, welche Kategorie welche anderen Kategorien beinhaltet. Dieser »Kategoriebaum« beschreibt letztlich die Struktur der Dimension und macht sie für einen Drill-down in einer OLAP-Analyse nutzbar. In Abbildung 3.4 ist ein solcher Baum beispielhaft für die Vertriebsorganisation dargestellt. Es sind aus Platzgründen nicht alle Merkmale aufgeführt, die fehlenden Merkmale und ihre »Nachfolger« sind jeweils durch »…« markiert.

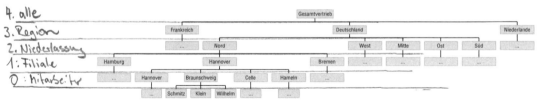

Abbildung 3.4: Hierarchie der Dimension Vertrieb

Auf Besonderheiten und Strukturierungen von Dimensionen soll später noch eingegangen werden. Bis hierhin sollte diese Darstellung zunächst einen Überblick über den Aufbau von Dimensionen geben. Die Hierarchiebäume stellen eine Verfeinerung der DKA-Darstellung je Dimension dar.

3.1.2 Kennzahlen

Der zweite essentielle Bestandteil einer OLAP-Analyse sind die Kennzahlen. Häufig spricht man hier auch von Variablen, Fakten oder Faktdaten (abgeleitet aus dem englischen Begriff *facts*). Es handelt sich dabei im allgemeinen um quantitative Werte, also Zahlenwerte.

Bei der Auswahl der richtigen Kennzahlen ist die entscheidende Frage die nach der Relevanz der Kennzahlen für die Anwender des OLAP-Modells, also die Nutzer des OLAP-Würfels. Sie sollten sich möglichst stark an den kritischen Erfolgsfaktoren der späteren Anwender orientieren, da sie die Basis für die gesamte Nutzbarkeit des Modells bilden. In einer umsatzorientierten Vertriebsorganisation ist der Umsatz wesentlich wichtiger als detaillierte Kostenanalysen. Ist der Erfolg der Vertriebsorganisation dagegen mehr ergebnisorientiert, so werden auch die Kosten von wachsender Bedeutung sein. Entsprechend können weitere erfolgsrelevante Größen wie Kundenstruktur, Bestandssicherung, Aufbau der Organisation etc. eine Rolle spielen, die dann weitere Kennzahlen erfordern.

Die Kennzahlen erscheinen in einem OLAP-Würfel als Inhalt der Zellen des Würfels. Im einfachsten Fall besitzt ein OLAP-Modell eine einzige Kennzahl »Umsatz« oder »Kosten« etc. Die volle Semantik der Werte ergibt sich dann erst durch die Kombination mit den Dimensionen. Diese Kombination beschreibt die Menge der möglichen Aussagen, die ein OLAP-Modell für unterschiedliche Problemstellungen unterschiedlicher Nutzer liefern kann.

Beispiel

Betrachten wir die im obigen Beispiel verwendeten Dimensionen »Vertriebsorganisation«, »Zeit«, »Produktstruktur« und »Kundenstruktur«, so kann ein OLAP-Modell beispielsweise folgende Aussagen liefern:

- Umsatz nach Vertriebsorganisationseinheit
- Umsatz nach Zeitraum
- Umsatz nach Produktgruppe
- Umsatz nach Kundenstruktur

Durch Kombinationen von Dimensionen ergibt sich beispielsweise ein

Umsatz nach Vertriebsorganisationseinheit und nach Zeitraum und nach Produktgruppe und nach Kundenstruktur!

Im konkreten Fall kann so die Frage beantwortet werden: »Welchen Umsatz hat die Region Nord im vierten Quartal 1997 mit Elektrogeräten bei der Meier GmbH gemacht?« Die Antwort lautet in unserer bekannten Schreibweise:

Umsatz (Nord, Q4 1997, Elektrogeräte, Meier GmbH, alle Kostenstellen, alle Kostenarten) = 152 TDM.

3.1 Aufbau des OLAP-Grundmodells

Entsprechend können durch Drill-down bzw. Roll-up in den einzelnen Dimensionen Fragen beantwortet werden wie:

- Welchen Umsatz hat die Region Nord überhaupt 1997 erzielt?
- Welcher Umsatz wurde insgesamt 1997 mit Elektrogeräten erzielt?
- Welcher Umsatz wurde im zweiten Quartal erzielt?
- Welcher Umsatz wurde im zweiten Quartal mit Elektrogeräten erzielt?
- Welcher Umsatz wurde im zweiten Quartal in der Region Nord erzielt?
- Welcher Umsatz wurde 1997 mit der Meier GmbH erzielt?

Anzahl der möglichen Fragestellungen und Reports

Allgemein läßt sich die Anzahl der möglichen Fragestellungen und damit der möglichen Reports, die mit einem OLAP-Würfel mindestens erstellt werden können, beschreiben als

$$N = n_1 * n_2 * \ldots * n_m$$

wobei m die Anzahl der Dimensionen im OLAP-Modell und n1 die Anzahl der Kategorien in der ersten Dimension, n2 die Anzahl der Kategorien in der zweiten Dimension usw. angibt. Die Anzahl der Kategorien ergibt sich aus der Summe der Kategorien über alle Ebenen plus eine Kategorie für die Zusammenfassung (alle Vertriebsorganisationen usw.).

Beispiel

Berechnet man dies für obiges Beispiel (erweitert auf drei Länder), so erhält man beispielsweise folgendes:

Vertriebsorganisation: 2740		
Ebene	Berechnung	Anzahl
Alle		1
Land	Drei Länder: USA, UK und Deutschland	3
Region	Acht Regionen in USA, drei in UK und fünf in Deutschland	16
Niederlassung	32 in USA, 14 in UK und 18 in Deutschland	64
Filiale	124 in USA, 48 in UK und 64 in Deutschland	236
Mitarbeiter	1120 in USA, 520 in UK und 780 in Deutschland	2420

Zeit: 35		
Ebene	**Berechnung**	**Anzahl**
Alle		1
Jahr	Betrachtungszeitraum zwei Jahre	2
Quartal	Vier Quartale im Jahr	8
Monat	Drei Monate je Quartal	24

Produktgruppen: 624		
Ebene	**Berechnung**	**Anzahl**
Alle		1
Produktgruppe	Elektrogeräte, Computer und Video/Audio	3
Produkte	Je Artikelnummer eines	620

Kundenstruktur: 1430		
Ebene	**Berechnung**	**Anzahl**
Alle		1
Kundengruppe	Drei Kategorien: A, B und C	3
Kunde	Je Einzelkunde eine Kategorie	1426

Damit ergeben sich theoretisch:

$N = 2740 * 35 * 624 * 1430 = 85.573.488.000$

verschiedene Einzelauswertungen. Das sind immerhin mehr als 85 Milliarden mögliche Einzelauswertungen. Setzt man voraus, daß in konventionellen Reports eine Parametrierung beispielsweise mit dem Kundennamen möglich ist, reduziert sich die Anzahl entsprechend, da dann nicht mehr jede Kategorie, sondern nur noch jede Ebene zu betrachten ist, und man kommt in unserem Beispiel auf

$N = 6 * 4 * 3 * 3 = 216$

verschiedene parametrierbare Reports, die mindestens potentiell durch ein einziges OLAP-Modell ersetzt werden können. Diese Zahl läßt sich sicherlich durch weitere Funktionen und Berechnungen erweitern. Andererseits wird sie normalerweise nicht erreicht, da nicht alle Kombinationen wirklich erstellt werden. Tatsächlich bietet ein OLAP-Modell aber einem Anwender die Möglichkeit, jeden dieser Reports per Mausklick selbst zu erstellen.

3.1 Aufbau des OLAP-Grundmodells

Damit können sehr viele im Vorfeld unbekannte Wünsche der Anwender leicht über ein Modell abgedeckt und umgesetzt werden.

Die Zahl sollte nur einen Eindruck von der großen Menge an Möglichkeiten geben, die in einem OLAP-Modell zur Verfügung stehen.

Hinzu kommt eine große Anzahl zusätzlicher Reports, die durch die vorhandenen Selektions- und Kombinationsmöglichkeiten in OLAP-Werkzeugen leicht realisiert werden können. So können aus den vorhandenen Kennzahlen mühelos weitere Kennzahlen berechnet werden, wenn die zumeist vorhandenen mathematischen Funktionen genutzt werden.

In unserem Beispiel wollen wir davon ausgehen, daß als Kennzahlen der Umsatz, einmal in Stück und einmal in DM, die Kosten sowie die Potentialausschöpfung verwendet werden sollen. Diese sind in Abbildung 3.5 aufgenommen worden. Während die ersten Zahlen weitgehend selbsterklärend sind, soll die Potentialausschöpfung definiert werden als:

Potentialausschöpfung = eigener Umsatz / (eigener Umsatz + Umsatz der Mitbewerber)

Diese Berechnungsvorschriften sind typisch für viele Kennzahlen. Während ein Teil der Werte zumeist unmittelbar aus den im Data Warehouse oder operativen Bestand vorhandenen Zahlen gewonnen werden kann, geht es gerade bei der Analyse verdichteter Zahlen häufig um die Berechnung zusätzlicher Größen.

DKA	Vertriebsregion		
Ebene 4	alle		
Ebene 3	Region		
Ebene 2	Niederlassung		
Ebene 1	Filiale		
Ebene 0	Mitarbeiter		
Gruppe	Kennzahlen		Min.Dimensionslinie
Gruppe 1	Umsatz(Stück), Umsatz(DM), Kosten, Potentialausschöpfung		
Gruppe 2			
...			
Gruppe n			

Abbildung 3.5: DKA-Darstellung mit vier Kennzahlen, zunächst als eine Gruppe

Art und Umfang der Kennzahlen sind dabei natürlich anwendungsabhängig. Hier können typische betriebswirtschaftliche Größen wie Umsatz, Kosten, Erfolg, Wirtschaftlichkeit, Rentabilität verwendet werden. Gerade in vertriebsnahen Anwendungen spielen beispielsweise Auftragseingang, Bestandsentwicklung, Potentialausschöpfung, Marktanteile, Deckungsbeitrag, Kundenstruktur, Cross-selling-Anteile, Bruttoerträge, Vertriebskosten, Qualität der Vertriebsorganisation, Anzahl der Kundenkontakte, Dauer des Verkaufszyklus usw. eine wichtige Rolle. Im Service könnten diese Kundenzufriedenheit, Servicegrad, Erreichbarkeit usw. sein, in der Qualitätssicherung beispielsweise Ausfallraten, Lebensdauer, Ausschußquoten usw.

Die zentralen Fragen, die es bei der Definition von Kennzahlen zu beantworten gilt, sind:

- Wer benötigt welche Kennzahl?
- Wie ist die Kennzahl **exakt** definiert?
- Wie können die Daten für die Kennzahl bereitgestellt werden?

Die Beantwortung dieser drei Fragen bildet die Grundlage für die Aufnahme einer Kennzahl in ein OLAP-Modell. Auch hier gilt in vielen Fällen, daß weniger mehr ist. Ein Modell mit nicht klar definierten und gegeneinander abgegrenzten Kennzahlen oder Kennzahlen mit unzuverlässigen Werten wird weniger Akzeptanz finden als ein kleineres Modell mit klaren Kennzahlen und korrekten Werten. Dies soll an dieser Stelle betont werden, da leider häufig folgender Schluß gezogen wird: Die Daten sind im Data Warehouse schon vorhanden, dann nehmen wir sie doch mit in das OLAP-Modell auf. Hier sollte sehr genau geprüft werden, ob es sich wirklich um dieselben Daten handelt, wer diese schon verwendet, wie oft sie aktualisiert werden, welche Qualitätsprüfungen durchgeführt wurden usw. Sind sie erst einmal im OLAP-Modell, erwartet der Anwender, daß sie auch zuverlässig und korrekt gepflegt werden.

Schließlich sei hier noch betont, daß gerade Kennzahlen, die unternehmensexterne Daten beinhalten, eine besondere Betrachtung erfahren sollten. Im obigen Beispiel ist die Potentialausschöpfung angesprochen worden, die auch die Umsätze der Mitbewerber enthält. Natürlich sind solche Kennzahlen besonders schwierig zu berechnen, da diese Zahlen entweder geschätzt oder in einigen Fällen (beispielsweise Branchenschlüssel usw.) von Informationsdiensten gekauft werden müssen. Andererseits können sie einen nicht unerheblichen Mehrwert bieten, da derartige Zahlen häufig bisher überhaupt nicht verfügbar waren. Stellen sie auch nicht den ersten Schritt bei der Entwicklung eines OLAP-Modells dar, so sollten sie doch ab der ersten Erweiterung in jedem Fall mit betrachtet werden.

3.1.3 Dimension Kennzahltyp

Die bisher verwendete Trennung zwischen Kennzahlen und Dimensionen stellt die Basisstruktur des OLAP-Modells dar. Ist festgelegt, welche Informationen in einem OLAP-Modell verwendet werden sollen, so bleiben bei der Modellierung der Kennzahlen noch Gestaltungsspielräume. Gruppen von Kennzahlen können durch die Einführung zusätzlicher Dimensionen zusammengefaßt werden, welche die Differenzierung zwischen den Kennzahlen vornehmen. Tatsächlich kann jedes OLAP-Modell mit mehreren Kennzahlen auch als ein Modell mit einer Kennzahl realisiert werden. Sollen beispielsweise die Kennzahlen tatsächlicher Umsatz (IST-Umsatz), geplanter Umsatz (PLAN-Umsatz), tatsächliche Kosten (IST-Kosten) und »geplante« Kosten (Budget) in einem OLAP-Modell verfügbar sein, so ist es eine Möglichkeit, diese vier Kennzahlen einfach als Kennzahlen in das Modell zu integrieren und in jeder Zelle des Modells vier verschiedene Werte zu hinterlegen (für jede Kennzahl einen).

Eine andere Gestaltungsmöglichkeit besteht darin, eine zusätzliche Dimension einzuführen, die nur eine Ebene besitzt und die Kategorien IST und PLAN beinhaltet. Als Kennzahlen werden dann nur die beiden Kennzahlen Kosten und Umsatz in das OLAP-Modell aufgenommen. Durch Nutzung der neuen Dimension beispielsweise als Filter kann in der OLAP-Analyse dann zwischen PLAN und IST umgeschaltet, und die Werte für die Kosten bzw. Umsätze können entsprechend interpretiert werden.

Dieselben Auswertungsmöglichkeiten können sich schließlich auch durch Wahl einer einzigen Kennzahl »Betrag« und die Einführung einer Dimension »Kennzahltyp« erzielen lassen. Die verschiedenen Kennzahlen werden dann als Kategorien dieser Dimension hinterlegt. Die Dimension könnte beispielsweise zwei Ebenen enthalten. In der ersten Ebene existieren die Kategorien »Kosten« und »Umsatz«, in der zweiten Ebene die Kategorien »Plan und Ist« bzw. »Ist« und »Budget«. Die Kombination einer Kategorie dieser Dimension mit der Kennzahl »Betrag« liefert dann die Bedeutung des Betrags. Die Reduzierung auf eine

Kennzahl läßt sich also durch Nutzung der Dimension `Kennzahltyp` als Filter erreichen.[1]

Dies zeigt deutlich, wie die Bedeutung eines Wertes in einem OLAP-Würfel erst durch die Kombination mit den Kategorien der Dimensionen entsteht. Die Grenze zwischen Kennzahl und Dimension wird damit fließend. Dies ist gleichzeitig ein Beispiel für die Flexibilität, mit der Dimensionen verwendet werden können. Dimensionen können zu Analysezwecken in fast beliebiger Form, Verwendungszweck, Herkunft, Datenversorgung und Struktur in OLAP-Modelle eingeführt werden.

Die Dimension »Kennzahltyp«, also eine Dimension, die der Differenzierung von gleichartigen Kennzahlen dient, ist einer der kritischsten Typen, da er im allgemeinen die Funktionalität und somit den Auswertungsumfang eines OLAP-Modells im Zusammenhang mit der Funktionalität eines OLAP-Tools beeinflussen kann.

So sollte in jedem Fall geklärt werden, ob die eine oder andere Modellierung Einschränkungen in der späteren Analyse der Daten im OLAP-Werkzeug herbeiführt. Es sollte auch geklärt werden, ob beispielsweise bestimmte Kennzahlen nur in wenigen Dimensionen, Dimensionsebenen oder Kategorien vorhanden sind usw. In jedem Fall ist für das Verständnis des OLAP-Modells (also die logische Sicht) die Verwendung von Kennzahlen als Kennzahlen und nicht die Verwendung einer Dimension »Kennzahltyp« übersichtlicher. Dies ist auch der Grund der Trennung in der Darstellung der DKA-Analyse.

3.2 Klassifikation von Dimensionen

Dimensionen sind nicht gleich Dimensionen. Dimensionen stellen Hilfsmittel für die Analyse der Kennzahlen dar. Sie spiegeln daher die Sicht und Strukturen der Anwender darüber wider, welche Merkmale sie für die Differenzierung der Kennzahlen für interessant und aussagekräftig halten. Entsprechend lassen sich Dimensionen klassifizieren, beispielsweise hinsichtlich All-

---

1 Ob es sich wirklich um dieselben Auswertungsmöglichkeiten handelt, wird stark von der Funktionalität des OLAP-Tools beeinflußt. Erlaubt dieses beispielsweise nicht die Gegenüberstellung ausgewählter Kategorien aus Dimensionen, sondern nur die gleichzeitige Darstellung aller Kategorien einer Dimensionsebene, so ergeben sich erhebliche Einschränkungen bei Verwendung einer Dimension »Kennzahltyp« statt der Verwendung mehrerer Kennzahlen.

gemeingültigkeit, Herkunft, Inhalt, Struktur oder Zeitabhängigkeit.

3.2.1 Dimensionen nach ihrer Allgemeingültigkeit (Dimensionstypen)

Eine Gliederung von Dimensionen kann nach deren voraussichtlichem Einsatzbereich bzw. ihrer Allgemeingültigkeit im Unternehmen erfolgen. Tatsächlich gibt es so etwas wie Rahmen für Dimensionen oder parametrisierbare Dimensionen, die in konkreten OLAP-Modellen mit konkreten Ebenen und Kategorien belegt werden. Das beste Beispiel hierfür ist die wahrscheinlich auch zugleich wichtigste Dimension überhaupt, die Zeit. Zeit ist in fast jedem OLAP-Modell zu finden, ist unmittelbar einsichtig und fast universell verwendbar.

Zeit als Dimensionstyp

Gleichzeitig ist bei näherer Betrachtung Zeit aber nicht viel mehr als ein Rahmen für viele verschiedene Dimensionen mit ähnlicher Struktur und ähnlichem Verhalten. In der objektorientierten Welt könnte man jetzt von einer *Dimensionsklasse* sprechen, in der Modellierung von einem *Dimensionstyp*.

Hier seien nur einige Beispiele für Unterschiede in der Betrachtung zeitlicher Aspekte genannt:

- Zeitraumorientierung vs. Zeitpunktorientierung
- Gliederung eines Jahres in Quartale und Monate vs. Gliederung in Wochen
- Aufteilung von Wochen auf die Monate eines Quartals 4-4-5 vs. 4-5-4 vs. 5-4-4
- Kalenderjahr vs. Geschäftsjahr (Beginn des Geschäftsjahres, Rumpfgeschäftsjahre)
- Zeitkalender vs. Betriebskalender

Abweichende Jahresgliederungen wie im arabischen Raum, im jüdischen Raum oder etwa in einigen asiatischen Ländern sind weitere Beispiele für andere Zeitdimensionen.

Die Zeit ist also strenggenommen nicht eine Dimension, sondern ein Dimensionstyp. Die Dimensionen des Dimensionstyps Zeit zeichnen sich neben dem ähnlichen inhaltlichen Bezug auch dadurch aus, daß auf sie zumindest weitgehend eine gewisse Menge von Operatoren anwendbar ist. Beispielsweise lassen sich Begriffe wie

- Heute
- Jetzt
- Aktueller Monat
- Aktuelles Jahr
- Vormonat
- Vorjahr
- Voriges Quartal
- Vergleichsmonat im Vorjahr
- usw.

zumindest auf viele Zeitdimensionen sinnvoll anwenden. Solche Operationen können dann im OLAP-Modell hinterlegt werden.

Andere Beispiele möglicher Dimensionstypen sind Maßeinheiten, räumliche (geographische) Betrachtungen, Währungen und in gewisser Weise der Kennzahltyp.

Dimensionsklassen oder Dimensionstypen bieten OLAP-Werkzeugen die Möglichkeit, Standardfunktionen bereitzustellen, die dann unmittelbar auf alle einem bestimmten Typ entsprechende Dimensionen anwendbar sind.

3.2.2 Dimensionen nach ihrem Inhalt

Die zweite wichtige Charakterisierung für Dimensionen läßt sich aus der Bewertung ableiten, wie fundamental eine Dimension für ein Unternehmen ist. Generell orientiert sich das Data Warehouse wie der Data Mart an den Subjekten des Unternehmens. Für die Bildung einer Dimension wird ein »Attribut« einer Eigenschaft herausgegriffen, die als analyserelevant betrachtet wird.

In unserem obigen Beispiel haben wir das Subjekt »Organisationseinheit« betrachtet und dann hinsichtlich der Eigenschaft »Vertriebszuständigkeit« eine Gliederung in Region, Niederlassung, Filiale und Mitarbeiter vorgenommen.[1] Danach wurde die Dimension Vertriebsstruktur aufgebaut, die eine hierarchische Analyse nach der Region zuläßt. Tatsächlich existieren viele derartige »natürliche« Dimensionen, welche die im Unternehmensalltag »normale« Gliederung eines Subjekts widerspiegeln.

---

[1] Daß dabei auf vertriebsbezogene Organisationseinheiten gefiltert wird, wird hier vorausgesetzt.

3.2 Klassifikation von Dimensionen

So sind die Organisationseinheiten gemäß dem Organigramm gegliedert. Die Produkte werden in der Produktstruktur definiert. Die Zusammensetzung in der Fertigung ist in der Teileliste beschrieben. Der Kontenrahmen sieht die Zuordnung nach Kostenarten vor, und die Kostenstellenstruktur beschreibt die Grundlage für die Zuordnung der Kosten. Kunden werden entsprechend ihrer Zuordnung in Einzelpersonen, Unternehmen und Konzerne gegliedert. Auch die Zeit und geographische Zuordnungen folgen einer »natürlichen« Hierarchie.

Die Ermittlung der relevanten »natürlichen« Dimensionen für ein Modell aus der Menge dieser Dimensionen läßt sich häufig mit den klassischen Fragen »Wer?«, »Wann?«, »Wo?«, »Was?« mit Erweiterungen wie »An wen?« »Von wem?«, »Durch wen?« usw. erreichen.

Standarddimensionen

Wir haben diese Dimensionen als »natürliche« Dimensionen bezeichnet, weil sie sich sozusagen natürlich aus der Unternehmensumwelt ergeben. In solchen Fällen kann man auch zur besseren Abgrenzung von Standarddimensionen sprechen. Standarddimensionen stellen so etwas wie die natürliche Struktur der unternehmensrelevanten Subjekte dar. Diese Standarddimensionen sind somit zumeist unternehmensweit etabliert und können in verschiedenen Data Marts verwendet werden.[1] Im Normalfall wird man im Rahmen des Aufbaus eines Data Warehouse versuchen, solche Dimensionen möglichst allgemeingültig zu erfassen und im Data Warehouse für alle Data Marts zentral zur Verfügung zu stellen.

Jedes einzelne Subjekt hat aber weitere Eigenschaften, die nicht nur als erläuterndes Detail in Reports erscheinen sollen, sondern die unter Umständen in bestimmten Situationen für die Analyse relevant sind. Nehmen wir beispielsweise den Preis eines Produkts, der für eine Analyse nach Preisklassen und Durchschnittseinkommen der Kunden verwendet werden soll. Sollen solche zusätzlichen Analysekriterien eingesetzt werden, so müssen hierfür eigene Dimensionen geschaffen werden. Die Auswahl dieser Dimensionen sowie die Strukturierung beispielsweise in Form von Klassen sind dabei jedoch zumeist nicht unternehmensweit einheitlich, sondern hängen vom konkreten Einsatzbereich und somit vom Data Mart ab.

---

1 Aus Sicht der Data-Warehouse-Architektur haben sie somit einen potentiell hohen Wiederverwendungsgrad und sollten als zentrale Informationen im Data Warehouse vorgehalten und den einzelnen Data Marts zur Verfügung gestellt werden.

Sie sollen daher nicht als Standarddimensionen bezeichnet werden. Auswahl und Anzahl dieser Dimensionen sind anwendungsabhängig und können sich mit dem weiteren Ausbau des Data Warehouse durch Aufbau zusätzlicher Data Marts oder Integration bestehender Data Marts verändern.

Anwendungsabhängige Dimensionen

Grundsätzlich sind diese Dimensionen von den Standarddimensionen und von anderen Dimensionen auf demselbem Subjekt im Rahmen eines Analysemodells unabhängig. Durch Kombination theoretisch beliebiger Dimensionen eines Subjekts in der OLAP-Analyse können immer neue Dimensionen erzeugt und in der Analyse auch verwendet werden. So kann beispielsweise eine Analyse von Umsätzen einerseits nach der Produktstruktur und andererseits nach dem durchschnittlichen Preis von Produkten erfolgen. So können in einer Matrix die Abhängigkeiten von Produktgruppen und Preisklassen analysiert werden. Ein Drilldown kann sowohl hinsichtlich der Produktgruppen (beispielsweise in Produktlinien) als auch hinsichtlich der Preisklassen in ein feineres Raster erfolgen. Bestehen Abhängigkeiten zwischen den Dimensionen, beispielsweise weil die Preisklasse nur für Produktgruppen, aber nicht für Produktlinien bekannt ist, so kann dies über Dimensionskombinationen analysiert werden. Bulos spricht bei solchen Abhängigkeiten auch von »Property Dimension« [Bulo96]. Die Existenz von Kategorien einer Dimension hängt dabei von einer anderen Dimension ab. Eine solche Abhängigkeit widerspricht im Grunde den Regeln von Codd für OLAP-Modelle. Inhaltlich besteht auch keine Notwendigkeit, diese Abhängigkeit im Bereich der Dimensionen zu modellieren. Vielmehr stellt dies ein Problem der Bereitstellung der Kennzahlen für das OLAP-Modell dar. Hier existieren Kombinationen zwischen den Dimensionen, die keine sinnvolle Ermittlung von bestimmten Kennzahlen ermöglichen. Darauf soll später noch eingegangen werden.

In der Praxis werden in solchen Fällen zum Teil die verfügbaren Dimensionskombinationen beschrieben und die Bereitstellung der Kennzahlen für diese Kombinationen sichergestellt, während das Werkzeug dann dafür sorgt, daß ungültige Dimensionskombinationen vermieden oder »Nullwerte« dargestellt werden.

Dimensionskombinationen

Dies stellt allerdings einen nicht zu unterschätzenden Aufwand dar.

In vielen Fällen kann dieser Aufwand dann umgangen werden, wenn der Anwender des Data Warehouse gar nicht an einer beliebigen freien Kombination zweier Dimensionen interessiert ist, sondern lediglich einen Drill-down durchführen möchte, der von

3.2 Klassifikation von Dimensionen

einer Dimension in eine andere führt. Dabei handelt es sich dann um die Kombination zweier Dimensionen zum Zweck einer neuen Art von Analyse. Grafisch kann man den Sprung zwischen den Dimensionen auch als eigene neue Dimension darstellen.

DKA	Vertrieb	Kostenstelle		
Ebene 4	alle			
Ebene 3	Region			
Ebene 2	Niederlassung	Hauptkostenstelle		
Ebene 1	Filiale	Abteilungskostenstelle		
Ebene 0	Mitarbeiter	Kostenstelle		

Abbildung 3.6: Kombination zweier Dimensionen im Drill-down

Solche Kombinationen von Dimensionen sollen hier auch als Dimensionskombinationen bezeichnet werden, während die ursprünglich auf einem Attribut beruhenden Dimensionen demgegenüber als Basisdimensionen bezeichnet werden. Dimensionskombinationen beruhen also immer auf der Verwendung von Basisdimensionen und der Kombination von Ebenen verschiedener Dimensionen. Basisdimensionen können natürliche Dimensionen sein, müssen es aber nicht.

Ausschnittsdimensionen Schließlich kann noch eine weitere Art von Dimensionen unterschieden werden, die ebenfalls auf Basisdimensionen beruhen, aber lediglich Teile einer Basisdimension nutzen. Sie entstehen, wenn von einer Basisdimension unten oder oben Ebenen nicht verwendet oder auch Zwischenebenen ausgelassen werden. In diesem Fall kann man ebenso von Ausschnittsdimensionen sprechen.

DKA	Vertrieb	Kostenstelle		
Ebene 4	alle			
Ebene 3	Region			
Ebene 2	Niederlassung	Hauptkostenstelle		
Ebene 1	Filiale	Abteilungskostenstelle		
Ebene 0	Mitarbeiter	Kostenstelle		

Abbildung 3.7: Ausschnitt aus einer Dimension: Analyse einer Region bis zu ihren Filialen

3.2.3 Dimensionen nach ihrer Herkunft

Eine weitere Gliederung der Dimensionen ergibt sich aus der Art der Datenherkunft. Grundsätzlich können die Kategorien einer Dimension aus bestehenden operationalen Strukturen gewonnen werden. So liegen beispielsweise Organisationsstrukturen, Teilelisten, Produktgruppen etc. häufig bereits im operationalen System vor. Die Kategorien und ihre Zuordnung in der Hierarchie werden dort auch gepflegt. Findet beispielsweise eine Umstrukturierung statt, so wird die Organisationsstruktur im operationalen System verändert. Diese veränderte Struktur wird dann in das dispositive System übernommen, um die Dimensionsstruktur entsprechend anzupassen. Dies kann so automatisiert werden, daß die Strukturen ohne größeren Pflegeaufwand im Rahmen der Akquisition von operationalen Daten direkt in die dispositiven Strukturen übernommen werden. Die Daten werden dabei im Rahmen des regulären Ladeprozesses übernommen und zumeist in eigenen Dimensionstabellen im relationalen Data Warehouse hinterlegt. Da hierbei der Aspekt der Versorgung der Dimensionsstruktur aus vorhandenen operationalen Daten im Vordergrund steht, kann man auch von *datengetriebenen Dimensionen* sprechen.

Datengetriebene Dimensionen

Demgegenüber können Dimensionen betrachtet werden, deren Kategorien bzw. Zusammenhänge zwischen ihren Kategorien erst im dispositiven Bereich, also im Data Warehouse, entstehen. Diese Strukturen entstehen aus den zusätzlichen Analysewünschen der Anwender. Häufig ist dabei die unterste Ebene aus den Datenbeständen gegeben, und darauf aufbauend wird eine eigene Struktur errichtet. Diese Struktur ist etwas Neues im Data Warehouse und muß entsprechend dort gepflegt werden. Wir sprechen daher auch von *strukturgetriebenen Dimensionen*. Strukturgetriebene Dimensionen müssen im Data Warehouse (manuell) gepflegt werden. Da oft die unterste Ebene doch aus operationalen Daten versorgt wird, können beim erneuten Laden von Daten in das Data Warehouse neue Kategorien hinzukommen. Hier ist dann die Zuordnung in die Struktur der Dimension bzw. die Erweiterung der Dimension durchzuführen. Für nicht zuordbare Werte sollten Standardkategorien (»Sonstige«) eingeführt werden, in die diese Werte zunächst eingefügt werden können. Auch strukturgetriebene Dimensionen können in relationalen Umgebungen in Dimensionstabellen geführt werden.

Strukturgetriebene Dimensionen

Die dritte Art von Dimensionen stellen diejenigen dar, deren Kategorien sich algorithmisch bestimmen lassen. In vielen Fällen handelt es sich um Dimensionstypen (Dimensionsklassen; siehe

Algorithmusgetriebene Dimensionen

3.2 Klassifikation von Dimensionen

Dimensionen nach ihrer Allgemeingültigkeit), deren bekanntester Vertreter wiederum die Zeit ist.

Bei diesen *algorithmusgetriebenen Dimensionen* können die Kategorien im OLAP-Werkzeug selbst berechnet und müssen nicht in der Datenbank abgelegt werden. So hat es beispielsweise wenig Sinn, in der Datenbank in einer Dimensionstabelle zu hinterlegen, daß das Jahr 1997 aus den Quartalen 1. Quartal 1997, 2. Quartal 1997, 3. Quartal 1997 und 4. Quartal 1997 und das 1. Quartal 1997 aus den Monaten Januar 1997, Februar 1997, März 1997 und diese wiederum aus den Tagen ... bestehen. Entsprechendes dann für jedes Quartal und für jedes Jahr zu wiederholen, ist ebenfalls nicht besonders spannend angesichts der Tatsache, daß sich dies über wenige Parameter einer Dimensionsklasse Zeit beschreiben läßt. Eine algorithmische Beschreibung hat dann zudem den Vorteil, daß auch Kategorien wie »Vormonat«, »Vorjahr«, »Vergleichszeitraum letztes Jahr« usw. durch ein OLAP-Werkzeug eingerichtet und gesteuert werden, wenn diesem nur der Algorithmus für die Dimension bekannt ist.

Algorithmusgetriebene Dimensionen stellen somit ein großes Potential dar, Dimensionen in einem OLAP-Werkzeug »intelligent« steuern zu können.

3.2.4 Dimensionslinie

Wir haben jetzt Kennzahlen und Dimensionen kennengelernt. Kennzeichnend für die OLAP-Analyse ist gerade die Analyse von Kennzahlen nach Dimensionen. Eine Kennzahl wird also normalerweise im Hinblick auf mehrere Dimensionen in einem OLAP-Würfel analysiert. Zusätzlich ist je Dimension die Ebene von Interesse, in der die Kennzahl analysiert wird. Die Kombination einer Kennzahl (oder einer Gruppe von Kennzahlen) mit einer Ebene jeder Dimension eines OLAP-Modells wollen wir als Dimensionslinie bezeichnen. Dieser Begriff ist aus der grafischen Darstellung (siehe Abbildung 3.8) abgeleitet worden.

DKA	Vertrieb	Zeit	Produkt
Ebene 4	alle		
Ebene 3	Region	alle	
Ebene 2	Niederlassung	Jahr	alle
Ebene 1	Filiale	Quartal	Produktgruppe
Ebene 0	● Mitarbeiter	● Monat	● Produkt

Abbildung 3.8: Dimensionslinie Mitarbeiter – Monat – Produkt

Im allgemeinen werden sich Kennzahlen nicht nur in einer, sondern in vielen Kombinationen von Ebenen darstellen lassen. So zeigt Abbildung 3.9 beispielsweise vier Dimensionslinien. Die Dimensionslinien »Mitarbeiter – Monat – Produkt«, »Mitarbeiter – Monat – Produktgruppe«, »Mitarbeiter – Monat – alle« zeigen gerade die Möglichkeiten, die sich durch einen Drill-down, Rollup in der Dimension Produkt ergeben. In vielen Fällen sind alle diese Kombinationen von Ebenen der Dimensionen möglich. In einigen Fällen können aber nur bestimmte Kombinationen von Dimensionsebenen zulässig sein, die sich dann durch ganz eigene Dimensionslinien zeigen. Als Beispiel ist die vierte Linie »Region – alle – alle« eingefügt. Es ist allerdings nur in den seltensten Fällen so, daß eine Analyse von Kennzahlen in feinerer Granularität möglich, in höheren Verdichtungsstufen aber nicht möglich ist. Daher wird man in vielen Fällen für eine Kennzahl nur festlegen, daß sie in einer bestimmten feinsten Granularität (tiefsten Ebene) je Dimension analysierbar ist.

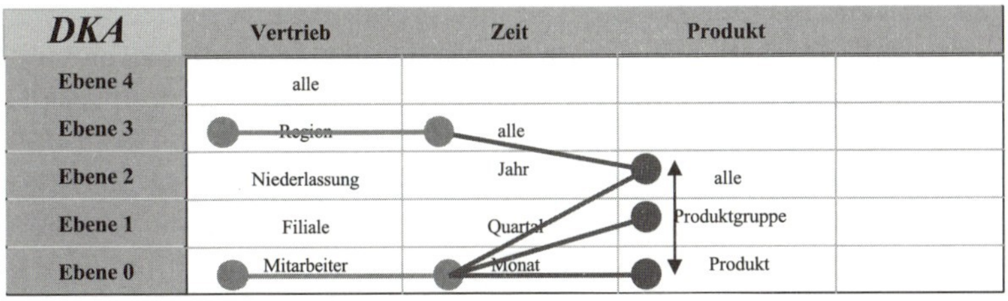

DKA	Vertrieb	Zeit	Produkt	
Ebene 4	alle			
Ebene 3	Region	alle		
Ebene 2	Niederlassung	Jahr		alle
Ebene 1	Filiale	Quartal		Produktgruppe
Ebene 0	Mitarbeiter	Monat		Produkt

Abbildung 3.9: Drei Dimensionslinien

Verbindet man die Ebenen der jeweils feinsten Granularität je Dimension in einem DKA-Diagramm miteinander, ergibt sich eine Dimensionslinie, die wir als die maximale Dimensionslinie einer Kennzahl bezeichnen wollen. Die maximale Dimensionslinie gibt gerade an, bis zu welcher Detaillierung eine Kennzahl hinsichtlich aller Dimensionen eines OLAP-Modells für Analysen zur Verfügung gestellt wird. Abbildung 3.8 zeigt die ideale maximale Dimensionslinie einer Kennzahl in einem OLAP-Modell. In diesem Fall ist die Kennzahl in allen Dimensionen bis zur granularsten Ebene analysierbar.

Das Gegenteil ist die gröbste Granularität, die sich daraus ergibt, daß jeweils die Dimensionsebenen »alle« aller Dimensionen miteinander verbunden werden. Diese minimale Dimensionslinie stellt die höchste Verdichtung einer Kennzahl hinsichtlich aller Dimensionen dar.

3.2 Klassifikation von Dimensionen

Drill-down und Roll-up sind normalerweise im gesamten Bereich oberhalb der maximalen Dimensionslinie und unterhalb der minimalen Dimensionslinie möglich.

Dies kann man veranschaulichen, wenn man den Bereich oberhalb der maximalen Dimensionslinie durch entsprechende senkrechte Markierungen darstellt (siehe Abbildung 3.10).

DKA	Vertrieb	Zeit	Produkt
Ebene 4	alle		
Ebene 3	Region	alle	
Ebene 2	Niederlassung	Jahr	alle
Ebene 1	Filiale	Quartal	Produktgruppe
Ebene 0	Mitarbeiter	Monat	Produkt

Abbildung 3.10: Maximale Dimensionslinie und Bereich mit Markierung aller Ebenen bis zur minimalen Linie

Die maximale Dimensionslinie in Abbildung 3.10 zeigt eine Kennzahl, die sich bis zur untersten Ebene in jeder Dimension analysieren läßt. Dies ist zwar ideal, in der Praxis aber keinesfalls in allen Fällen so. Insbesondere wenn in einem OLAP-Modell mehrere Kennzahlen analysiert werden sollen, kommt es oft zu Abweichungen zwischen den einzelnen Kennzahlen. So kann beispielsweise ein Umsatz als IST-Umsatz bis auf den einzelnen Mitarbeiter verfügbar sein, während der PLAN-Umsatz nur bis zur Ebene der Niederlassungen verfügbar ist. Kosten können in einer Dimension Kostenstellen bis zur einzelnene Kostenstelle aufgeschlüsselt werden, während die Kennzahl Umsatz nichts mit der Kostenstellenstruktur zu tun hat und sich daher hinsichtlich dieser Dimension auf der Ebene »alle« bewegt.

Bedeutung der Dimensionslinien

Dimensionslinien, insbesondere die maximale Dimensionslinie, können dann einen schnellen Überblick über die Struktur, insbesondere die Homogenität eines OLAP-Modells, geben. Dazu werden die Kennzahlen in der DKA in Gruppen unterteilt. In einer Gruppe werden dabei die Kennzahlen zusammengefaßt, die dieselbe maximale Dimensionslinie haben. In Abbildung 3.12 sind drei Kennzahlgruppen mit ihren maximalen Dimensionslinien dargestellt. Die Linien haben jeweils unterschiedliche Grauschattierungen. Man sieht beispielsweise die stark abweichende Analysierbarkeit der Kennzahl Kosten durch die Aufnahme der Dimension Kostenstellen. Diese Abweichungen sind in vielen Fällen ursächlich für große Modelle und teilweise schwach besetzte Zellenbereiche in den resultierenden OLAP-Würfeln. Außerdem können sie zur Abstimmung mit den Anwenderwünschen und als Grundlage für die Datenmodellierung der OLAP-Datenbank (Datenbank des Data Mart) verwendet werden.

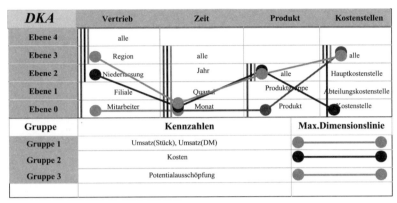

Abbildung 3.11: DKA-Diagramm mit Dimensionslinien für drei Kennzahlgruppen

Die Analyse in der DKA läßt sich jetzt noch verfeinern. Dies würde aber den hier gesetzten Rahmen überschreiten. Die bisherige Darstellung sollte einen kleinen Einblick in die von uns verwendete DKA-Diagrammtechnik geben und grundsätzliche Möglichkeiten einer Visualisierung aufzeigen. Weitere Ausbaustufen dienen zum einen dazu, weitere Aspekte des OLAP-Modells zu visualisieren, und zum anderen dazu, die Entwicklung des Datenmodells vorzubereiten.

Was für die Entwicklung eines Data Mart hinsichtlich des Datenmodells zu tun ist, hängt stark von der verwendeten Technologie ab. Im allgemeinen wird jedoch als Basis auf eine relationale Datenbank zugegriffen, sei es unmittelbar zur Laufzeit der Analyse oder im Vorfeld zur Generierung des OLAP-Würfels. Hierfür werden dann häufig bestimmte Strukturen, wie beispielsweise das Sternschema (star schema), aufgebaut, die sich genau an der Struktur des OLAP-Modells orientieren und auf die in Kapitel 4 eingegangen wird.

3.3 Verdichtung von Kennzahlen

Die Dimensionen stellen die Grundlage für die Verdichtung der Kennzahlen dar. Unter Verdichtung wird dabei verstanden, daß die Werte einer Kennzahl von mehreren Kategorien einer unteren Ebene zu den entsprechenden Werten einer Kategorie der oberen Ebene »zusammengestellt« werden. Sollen beispielsweise die Umsätze einer Region berechnet werden, so addiert man die

Umsätze der zugeordneten Niederlassungen. Entsprechend können beispielsweise die Kosten der Niederlassungen aus den Kosten der Filialen addiert werden. Dies entspricht dem Roll-up in einer OLAP-Anwendung. Dabei wird vorausgesetzt, daß die Werte der untersten Ebene in das OLAP-Modell einfließen und daraus die Werte für alle anderen Ebenen durch die Hierachie innerhalb der Dimension und den Verdichtungsalgorithmus festgelegt werden.

Verdichtungspfad Die Struktur der Dimension bestimmt dabei, welche Kategorien zu einer übergeordneten Kategorie verdichtet werden. Entsprechend der Zuordnung von untergeordneten Kategorien werden die Werte zur übergeordneten Kategorie verdichtet. So werden die Umsätze der Niederlassungen »Hamburg«, »Hannover« und »Bremen« zur übergeordneten Kategorie »Region Nord« verdichtet. Man spricht daher auch von einem Konsolidierungs- oder Verdichtungspfad. Solche Verdichtungspfade können entweder für komplette Ebenen oder für einzelne Kategorien festgelegt werden. Gilt beispielsweise, daß grundsätzlich immer die Kategorien der Ebene »Niederlassung« zu den übergeordneten Kategorien der Ebene »Region« verdichtet werden sollen, so kann dies einmalig für die Ebene festgelegt werden. In anderen Fällen ist es sinnvoll, dies gezielt für bestimmte Kategorien zu tun. Konsolidierungspfade legen zwar fest, was konsolidiert wird, nicht aber nach welchem Verfahren. Es ist noch nicht klar, wie die Werte konsolidiert werden. Wie die Werte zusammengefaßt werden, beschreibt der Verdichtungsalgorithmus.

3.3.1 Verdichtungsalgorithmus

Der Verdichtungsalgorithmus oder die Verdichtungsfunktion legt fest, wie die Werte von Kategorien zum Wert der übergeordneten Kategorie verdichtet werden. Beim Verdichtungsalgorithmus kann es sich um eine einfache statistische Funktion bis hin zu komplexen Programmen handeln.

Summation Der gebräuchlichste Verdichtungsalgorithmus ist mit Sicherheit die Summation, also die einfache Addition der Werte der untergeordneten Kategorien. Die Summe der Umsätze einer Region ist die Summe der Umsätze ihrer Niederlassungen, die Summe der Umsätze eines Quartals ist die Summe der Monatsumsätze und die Summe der Umsätze einer Produktgruppe die Summe der Umsätze der Einzelprodukte. Es gibt aber natürlich auch viele Fälle, in denen eine solche einfache Summenbildung die Realität nicht wiedergibt.

Ist die Summe der Umsatzzuwächse einer Produktgruppe die Summe der Umsatzzuwächse der Einzelprodukte? Ist die Summe der Zielerreichungsquoten von Niederlassungen die Zielerreichungsquote einer Region? Oder der kumulierte Umsatz des dritten Quartals die Summe der kumulierten Umsätze der Monate Juli, August und September?

Man sieht, daß der Algorithmus für die Berechnung der Verdichtung von der Art der Kennzahlen und der Art der Dimension abhängt, also keineswegs immer eine einfache Summation ist. Gibt die Kategoriehierarchie vor, welche Werte welcher Kategorien herangezogen werden müssen, so muß zusätzlich noch ein Algorithmus je Kennzahl (und unter Umständen je Dimension) vorgeben, wie diese Werte berechnet werden sollen.

Daher soll hier betrachtet werden, welche Funktionen in Frage kommen. Allgemein kann davon ausgegangen werden, daß Kennzahlen numerische Werte, also auf einer metrischen Skala meßbar sind. Damit können die Werte der Kennzahlen untergeordneter Kategorien mittels klassischer mathematischer Funktionen zu Werten für die übergeordnete Kategorie verdichtet werden.

Andere Verdichtungsalgorithmen

Die wichtigsten Verdichtungsalgorithmen sind daher einfache statistische Funktionen. Dies sind:

- Summe
- Mittelwert (arithmetisch)
- Mittelwert (geometrisch)
- Gewichteter Mittelwert

Hinzu kommen Funktionen, die auch auf ordinal (und teilweise nominal) meßbaren Werten berechenbar sind:

- Minimum
- Maximum
- Anzahl Werte
- Anzahl unterschiedlicher Werte
- Existiert (mindestens ein Wert)
- Median (Zentralwert)
- Modalwert (häufigster Wert)

In anderen Fällen kann die Verdichtung von Kennzahlen für verschiedene Dimensionen in Abhängigkeit der Dimension unter-

Dimension Zeit

3.3 Verdichtung von Kennzahlen

schiedlich sein. Ein typisches Beispiel hierfür ist wieder die Dimension `Zeit`. Betrachtet man beispielsweise die Kennzahl »kumulierter Jahresumsatz«, so läßt sich dieser beispielsweise hinsichtlich der Dimension `Vertrieb` mittels der Verdichtungsfunktion `Summe` berechnen. Der kumulierte Umsatz einer Region läßt sich als die Summe der kumulierten Umsätze der Niederlassungen berechnen. Die Summe der kumulierten Umsätze einer Niederlassung ergibt sich aus der Summe der kumulierten Umsätze der Filialen.

Hinsichtlich der Dimension `Zeit` stellt sich die Situation aber anders dar. Die Summe der kalkulierten Umsätze der Monate Juli, August und September ergibt genau *nicht* den kumulierten Umsatz des dritten Quartals.

Waren beispielsweise die kumulierten Umsätze in der Region Nord im Januar 1997 548 TDM, im Februar 1997 1246 TDM und im März 1997 1644 TDM, so ist der kumulierte Umsatz in Q1 1997 nicht

548 TDM + 1246 TDM + 1644 TDM = 3438 TDM,

sondern trotzdem leider nur 1644 TDM. Die Verdichtungsfunktion muß dann lauten: »Wert des letzten Zeitraums«, in diesem Fall also des letzten Quartalsmonats als Wert für das Quartal.

Hier können Verdichtungsfunktionen wie

- Wert des letzten Zeitraums
- Wert des ersten Zeitraums

sinnvoll sein. Dies sind typische Verdichtungsfunktionen, wie sie im Zusammenhang mit der Dimension `Zeit` verwendet werden. Derartige Spezialfunktionen lassen sich immer dann verallgemeinern, wenn eine Klasse von Dimensionen vorliegt, die allgemein verwendet wird (siehe Abschnitt 3.2.1). In solchen Fällen kann ein OLAP-Werkzeug solche Funktionen bereits zur Verfügung stellen.

Hinzu kommen Situationen, in denen die Werte einzelner Kategorien bzw. einzelner Zellen als Kombination von Kategorien gesondert zu berechnen sind, sei es, weil bestimmte Anomalien in den Basisdaten ausgeglichen werden müssen, sei es, weil beispielsweise für eine Kategorie »sonstige« Werte aus einer vorberechneten Summe abzüglich der anderen bekannten Einzelwerte zu bilden sind.

Oft kommen in solchen Fällen auch komplizierte und firmenspezifische Verdichtungsfunktionen zum Einsatz. Diese können von dem OLAP-Werkzeug nicht standardisiert bereitgestellt werden. Betrachten wir dazu unser Beispiel und nehmen an, daß in den Filialen nicht nur Verkäufe stattfinden, sondern unglücklicherweise auch Kunden bereits gekaufte Waren reklamieren. Nehmen wir weiter an, daß sie dies in vielen Fällen zu Recht tun und unser Unternehmen aus Kulanz den Kaufpreis zurückerstattet. Nehmen wir weiter an, daß die Werte für die zurückgegebenen Waren aus Transparenzgründen nicht mit dem Umsatz verrechnet werden, sondern als »Retouren« eine eigene Kennzahl darstellen. Wenn jetzt beispielsweise im Januar die Beschenkten oder Schenkenden ihre defekten Geschenke zur Rückgabe bringen, so ergibt sich in jeder Filiale ein Wert der Retouren, der dem Umsatz gegenübersteht. Dieser Wert läßt sich dann wieder über die Filialen zu den Retourwerten der Niederlassungen summieren, über die Niederlassungen zu den Regionen usw.

Was passiert jetzt aber, wenn mit dem Jahreswechsel 1997/1998 eine Umstrukturierung der Vertriebsorganisation erfolgt ist und die Filiale Celle beispielsweise 1997 noch zur Niederlassung Hamburg gehörte, 1998 aber nach Hannover umgeordnet wurde. Die neue Niederlassung Hannover wird sich jetzt weigern, die Umtausche und Rückgaben für Umsätze zu tragen, die in Celle noch im letzten Jahr getätigt wurden und deren Umsatz Hamburg zugerechnet wurde. Folglich wird man wohl den tatsächlichen Retourenwert für Celle im Januar 1998 berechnen und ausweisen; der Retourwert für die Niederlassung Hannover wird aber nicht einfach die Werte der Filiale Celle übernehmen, sondern man wird die Retourwerte für Umsätze aus 1997 auf die Niederlassung Hamburg umschlüsseln wollen. Damit werden weder für Hamburg noch für Hannover die Retourwerte im Januar 1998 die Summe der Retourwerte der zugehörigen Filialen darstellen. Die Zuordnung der Retourwerte muß nach einem eigenen Verdichtungsalgorithmus geschehen, der je nach Verhandlungsgeschick der Niederlassungsleiter unterschiedlich kompliziert gestaltet sein kann.

Derartige Algorithmen werden oft notwendig, wenn Sonderregelungen auf Grund geänderter Dimensionsstrukturen entstehen oder gesonderte Vereinbarungen für Mitarbeiter, Produktverantwortliche, Kunden usw. gelten. Die notwendigen Programme für die Verdichtung sind im allgemeinen recht aufwendig und sollten sorgfältig dokumentiert werden. Insbesondere sollten diese Algorithmen durch entsprechende Metadaten den betroffenen Benutzern transparent gemacht werden.

Aus OLAP-Sicht können diese Verdichtungsprogramme als spezielle Verdichtungsfunktionen aufgefaßt werden. In der Praxis

Vorverdichtung

3.3 Verdichtung von Kennzahlen

können sie entweder über einen entsprechenden »User-Exit« des OLAP-Werkzeugs oder durch Vorverdichtung der Informationen in der vorgelagerten Datenbank realisiert werden. Unter Vorverdichtung versteht man dabei, daß die Kennzahlen auf höhren Ebenen bereits beim Aufbau des OLAP-Würfels berechnet werden, im Gegensatz zur Berechnung beim Aufbau des Würfels im OLAP-Werkzeug oder zur dynamischen Berechnung während der Analyse mit dem OLAP-Werkzeug.

Wechselspiel von Berechnung und Verdichtung

Ein weiterer wichtiger Aspekt des Verdichtungsalgorithmus ist das Wechselspiel von Berechnung und Verdichtung von Kennzahlen. Unter Berechnung von Kennzahlen sind dabei alle Funktionen, zumeist Rechenarten, zu verstehen, die zur Berechnung von Kennzahlen – basierend auf anderen Kennzahlen – von Bedeutung sind. Insbesondere die Berechnung von Prozentwerten, Anteilen usw. spielt hier in der Praxis eine große Rolle. Bei der Definition von Verdichtungsfunktionen kann es dann darauf ankommen, ob die Berechnung der Kennzahl vor oder nach der Verdichtung ausgeführt wird.

Das Ergebnis ist in beiden Fällen durchaus unterschiedlich. In diesen Fällen gilt

Verdichtung (Berechnung (Kennzahlen)) ≠ Berechnung (Verdichtung (Kennzahlen))

Betrachten wir dazu beispielsweise die Gewinnspanne in %. Die Berechnung erfolgt gemäß der Formel

Gewinnspanne in % = (Preis – Kosten) / Preis

Nehmen wir an, daß unser Unternehmen die Zahlen aus Tabelle 3.1 vorzuweisen hat.

Produkt	Preis	Kosten	Gewinn	Spanne	Menge	Umsatz	Anteil	Spanne		
Kühlschrank Froststar	1.200,00 DM	600,00 DM	600,00 DM	50,00%	250	300.000,00 DM	49,50%	24,75%		
Herd Backfit	600,00 DM	450,00 DM	150,00 DM	25,00%	20	12.000,00 DM	1,98%	0,50%		
Mikrowelle Wave	150,00 DM	120,00 DM	30,00 DM	20,00%	40	6.000,00 DM	0,99%	0,20%		
Kaffeeautomat Java	80,00 DM	20,00 DM	60,00 DM	75,00%	3600	288.000,00 DM	47,52%	35,64%		
Summe Elektrogeräte					3910	606.000,00 DM		61,09%		

Produkt	Preis	Kosten	Gewinn	Spanne	Menge	Umsatz	Anteil	gew. Kosten	gew. Preis	Spanne
Kühlschrank Froststar	1.200,00 DM	600,00 DM	600,00 DM	50,00%	250	300.000,00 DM	49,50%	297,03 DM	594,06 DM	
Herd Backfit	600,00 DM	450,00 DM	150,00 DM	25,00%	20	12.000,00 DM	1,98%	8,91 DM	11,88 DM	
Mikrowelle Wave	150,00 DM	120,00 DM	30,00 DM	20,00%	40	6.000,00 DM	0,99%	1,19 DM	1,49 DM	
Kaffeeautomat Java	80,00 DM	20,00 DM	60,00 DM	75,00%	3600	288.000,00 DM	47,52%	9,50 DM	38,02 DM	
Summe Elektrogeräte					3910	606.000,00 DM		316,63 DM	645,45 DM	50,94%

Tabelle 3.1: Ausgangspunkt für die Berechnung von Gewinnspannen

Wird die Gewinnspanne in % jetzt entsprechend der Dimension »Produktstruktur« zur Gewinnspanne für Elektrogeräte verdichtet, so wird hierfür ein gewichtetes arithmetisches Mittel als Verdichtungsfunktion verwendet, bei dem die Umsatzanteile als Gewicht verwendet werden. In Tabelle 3.1 ist im oberen Teil das Vorgehen beschrieben, zunächst die Gewinnspannen auf der unteren Ebene (Produkte) zu berechnen und dann diese Gewinnspannen mit den Umsatzanteilen gewichtet in einem arithmetischen Mittel zu verdichten. Zunächst wird also die Kennzahl berechnet und dann die berechnete Kennzahl verdichtet.

Im zweiten Teil der Tabelle wurde der andere Weg gewählt, nämlich zunächst die Einzelkennzahlen Preis und Kosten zu verdichten (arithmetisches Mittel gewichtet mit den Umsatzanteilen). Aus diesen verdichteten Kennzahlen wird dann die Gewinnspanne auf der Ebene der Produktgruppe berechnet. Man sieht unmittelbar den Unterschied zwischen 61,09% und 50,94%. Die fachlich korrekte Berechnung erfordert die Festlegung der richtigen Reihenfolge von Berechnung und Verdichtung. Man sieht auch, daß unsinnige Berechnungen nicht unbedingt zu stark abweichenden und völlig irrealen Werten führen müssen. Hier ist also stets Vorsicht bei der richtigen Berechnung geboten.

3.3.2 Weitere Eigenschaften der Verdichtung

Ein weiterer Punkt ist das Mitziehen von Eigenschaften von unteren Ebenen in obere Ebenen. Ein typisches Beispiel sind hier wiederum die Ampelfunktionen, also die unmittelbare Markierung von besonders auffälligen Werten. So könnten beispielsweise alle Gewinnspannen unter 25% gesondert markiert werden, beispielsweise mit rotem Hintergrund hinterlegt sein. Wenn diese Funktion dann auf der Ebene der Produkte angewendet wird, wird beispielsweise die Mikrowelle Wave markiert.

In der darüberliegenden Ebene der Produktgruppen ergibt sich für die Gesamtproduktgruppe Elektrogeräte aber eine wesentlich höhere Gewinnspanne. Fraglich ist jetzt, ob auf dieser Ebene ebenfalls eine Markierung mittels der Ampelfunktion stattfinden soll. Formal ist die Gewinnspanne hoch genug, so daß eine solche Markierung nicht notwendig ist. Tatsächlich ist der Sinn der Ampelfunktion allerdings, kritische Bereiche schnell und direkt zu verdeutlichen. Dies spricht dafür, die Ampelfunktion so zu definieren, daß eine Markierung auf einer Ebene stattfindet, wenn die Ausnahme dort oder für eine untergeordnete Ebene erfüllt ist. In diesem Fall kann der Anwender beispielsweise unmittelbar erkennen, daß es in der Produktgruppe Elektrogeräte ein Problem hinsichtlich der Gewinnspanne gibt. Durch einen Drilldown in diese Produktgruppe kann er dann feststellen, daß das Problem aus dem Produkt »Mikrowelle Wave« resultiert. Würde eine solche Markierung nicht erfolgen, müßte er in allen Ebenen und allen Kategorien jeweils bis auf die unterste Ebene gehen, um festzustellen, ob hier Ausnahmesituationen vorliegen.

Das Beispiel zeigt, daß sinnvollerweise an die Verdichtung über den eigentlichen Verdichtungsalgorithmus hinaus weitere Eigenschaften geknüpft werden können.

3.4 Besondere Strukturen

Über die Standardgliederung von Dimensionen in Ebenen hinaus gibt es eine Reihe von Besonderheiten in der Struktur von Dimensionen, die in der Praxis auftreten.

Strukturen mit gemeinsamer Ebene

Eine Variante ist die Möglichkeit, mehrere Strukturen basierend auf einer gemeinsamen Ebene aufzubauen. Wollen Sie beispielsweise die geographische Struktur Ihrer Kunden analysieren, so können Sie eine Hierarchie mit Bundesland, Landkreis, Ort aufbauen. Parallel könnten Sie die ersten zwei, drei, vier oder fünf Stellen einer Postleitzahl analysieren. Analog könnten beispielsweise die Monate eines Jahres einmal nach der Gliederung des gregorianischen Kalenders und einmal nach der Gliederung eines Geschäftsjahres erfolgen, das beispielsweise am 1.3. eines Jahres beginnt.

In der Strukturierung nach dem gregorianischen Kalender enthält dann die Ebene Quartal für jedes Jahr vier Kategorien mit den Werten 1. Quartal, 2. Quartal, 3. Quartal und 4. Quartal. Zu der Kategorie 1. Quartal werden die drei Monate Januar, Februar und März, zum 2. Quartal die Monate April, Mai und Juni, zum 3. Quartal die Monate Juli, August und September und zum 4. Quartal die Monate Oktober, November und Dezember zusammengefaßt. In der Gliederung nach Geschäftsquartalen könnten die vier Kategorien 1. Geschäftsquartal, 2. Geschäftsquartal, 3. Geschäftsquartal und 4. Geschäftsquartal je Jahr aufgenommen werden. Zum 1. Geschäftsquartal gehören die Monate März, April und Mai, zum zweiten Geschäftsquartal die Monate Juni, Juli und August, zum 3. Geschäftsquartal die Monate September, Oktober und November und zum 4. Geschäftsquartal schließlich Dezember, Januar und Februar.

Dabei ist zu beachten, daß die Kategorien auf der Ebene Monate in beiden Fällen dieselben sind, sie werden nur unterschiedlich zusammengefaßt. Die Analysestruktur in den darüberliegenden Ebenen ist also eine andere. In solchen Fällen ist es sinnvoll, alternative Detaillierungen in einer Dimension zu verwenden, statt mehrere Dimensionen anzulegen. Dies erleichtert die Analyse für den Anwender und kann bei vielen Werkzeugen die Größe der zu verwendenden Würfel reduzieren.

Eine andere Besonderheit ist die Verwendung von Dimensionen, die in den oberen Ebenen übereinstimmen, aber im unteren Teil des Hierarchiebaums variieren. Wird beispielsweise die Organisationsstruktur eines internationalen Unternehmens abgelegt, so kann diese, in der Konzernführung beginnend, weltweit gelten. Ab einer bestimmten Ebene wird jedoch für jedes Land eine eigene Struktur in den Baum aufgenommen. Dann wird ab dieser Ebene eine neue Teilstruktur begonnen, die in den einzelnen Ländern eigene Ebenen enthält, die sich sowohl hinsichtlich ihrer Benennung als auch hinsichtlich ihrer Anzahl unterscheiden können. In einem solchen Fall sollte die Möglichkeit bestehen, innerhalb einer Dimension Unter- bzw. Teildimensionen anzulegen, die eine eigene Struktur aufweisen können.

Teildimensionen

Schließlich können Besonderheiten in der Struktur auch auf der Ebene der Kategorien auftreten. Nehmen wir an, ein Unternehmen hat eine Reihe wichtiger Großkunden, die in der Analyse einzeln betrachtet werden sollen. Neben diesen Großkunden existiert eine Vielzahl kleinerer Kunden, die nur summarisch betrachtet werden sollen. Alle Kunden werden beispielsweise nach geographischen Gesichtspunkten gegliedert. Es werden in einer Dimension die Ebenen »alle Kunden«, »Land«, »Bundesland«, »Kunde« angelegt. Dann werden zwar für alle Kunden alle Ebenen versorgt, statt aber für jeden Einzelkunden eine Kategorie auf der Ebene Kunde anzulegen, werden dort nur für die Großkunden Kategorien und je Bundesland eine Sammelkategorie »weitere Kunden« angelegt, in der alle anderen Kunden innerhalb des Bundeslandes zusammengefaßt werden.

Kategorien

Eine weitere Besonderheit stellen unbalancierte Dimensionen dar. Dabei fehlen Teiläste in der Dimensionsstruktur oder auch einzelne Kategorien auf mittleren Ebenen. So kann beispielsweise in der Dimension »Produkt« eine Kategorie für ein Produkt »Heizung AB400« existieren, das aber keiner Produktgruppe zugeordnet ist. Heizungen sollen keine eigene Produktgruppe werden, und die vorhandene Heizung weicht so stark von anderen Produkten ab, daß sie auch keiner Gruppe zugeordnet werden soll. In diesem Fall könnte auf der Ebene »Produktgruppe« entweder eine »Dummy«-Kategorie eingerichtet werden, oder die Kategorie »Heizung AB400« wird direkt mit einer Kategorie oberhalb der Produktebene verbunden. Schließlich tritt häufiger der Fall auf, daß auf einer Ebene die weitere Detaillierung nur für bestimmte Kategorien erfolgen soll, während für andere Kategorien nicht weiter differenziert wird.

Unbalancierte Dimensionen

Beispielsweise könnten in der Dimension »Zeit« nur die letzten zwei oder drei Jahre bis auf Monatsebene differenziert analysiert werden, während die davor liegenden Jahre nur auf Quartalsebene oder nur auf Jahresebene verwendet werden.

Die hier beschriebenen Spezialfälle sollten vor der Modellierung des multidimensionalen Modells im Hinblick auf die Möglichkeiten einer Umsetzung in dem verwendeten OLAP-Werkzeug überprüft und gegebenenfalls ummodelliert werden. Bietet das OLAP-Werkzeug keine Möglichkeit der Modellierung der entsprechenden Sachverhalte, müssen diese bereits im Rahmen der Versorgung des OLAP-Werkzeugs aus dem Data Warehouse berücksichtigt werden.

3.5 Zeitabhängigkeit von Dimensionsstrukturen

Bisher haben wir die Dimensionsstrukturen weitgehend voneinander isoliert betrachtet. Dies entspricht auch den Coddschen Regeln für OLAP, die alle Abhängigkeiten zwischen Dimensionsstrukturen verbieten. In der Praxis zeigt sich aber, daß zumindest die Dimension »Zeit« Einfluß auf andere Dimensionen hat. Einfach ausgedrückt sagt dies nichts anderes aus, als daß sich die Dimensionsstrukturen im Lauf der Zeit verändern. Eine Unternehmensorganisation wird umstrukturiert, Kunden werden anders klassifiziert, Produkte ändern sich usw. Betrachten wir beispielsweise einmal eine Vertriebsorganisation. Diese ist in den Ebenen

Vertriebs-
organisation
- Region
- Niederlassung
- Agentur

Beispiel organisiert. Greifen wir die beiden Kategorien »Niederlassung Magdeburg« und »Niederlassung Braunschweig« heraus und nehmen an, daß Magdeburg 1997 einen Umsatz von 1400 und Braunschweig einen Umsatz von 1800 zu verbuchen hatte. Nehmen wir an, daß die Agentur X 1997 der Niederlassung Magdeburg zugeordnet war, ab 1998 gehört sie zur Niederlassung Braunschweig. Die Agentur X war 1997 recht erfolgreich und hat einen Umsatz von 600. Umgekehrt kommt die Agentur Y, die 1997 zu Braunschweig gehörte, 1998 zu Magdeburg. Hier war man nicht ganz so erfolgreich und hat einen Umsatz von 200 im Jahr 1997 zu Buche stehen.

1998 macht Magdeburg jetzt einen Umsatz von 1600 und Braunschweig einen Umsatz von 2100. Wer war jetzt erfolgreicher?

Umsätze	Magdeburg	Braunschweig	Summe
Orgastruktur im jeweiligen Zeitraum			
unbereinigte Werte			
Umsatz 1997	1400	1800	3200
Umsatz 1998	1600	2100	3700
Differenz	200	300	500
Orgastruktur 1998			
auf neue Orgastruktur bereinigt			
Umsatz 1997 bereinigt (neu)	1000	2200	3200
Umsatz 1998 bereinigt (neu)	1600	2100	3700
Differenz	600	-100	500
Orgastruktur 1997			
auf alte Orgastuktur bereinigt			
Umsatz 1997 bereinigt (alt)	1400	1800	3200
Umsatz 1998 bereinigt (alt)	2000	1700	3700
Differenz	600	-100	500

Abbildung 3.12: Gegenüberstellung der Auswirkungen der Nutzung in der Zeit geänderter Strukturen

Abbildung 3.12 zeigt drei unterschiedliche Ergebnisse für den Umsatz in Abhängigkeit davon, welcher Zeitpunkt für die Dimension »Vertrieb« verwendet wird. Das erste Ergebnis zeigt die »unbereinigten« Ergebnisse. Hierbei wird im Jahr 1997 die Organisationsstruktur zugrunde gelegt, wie sie damals gegolten hat, also mit Agentur X bei Magdeburg und Agentur Y bei Braunschweig. Für 1998 wird die 1998 gültige Struktur zugrunde gelegt, also Agentur X bei Braunschweig und Agentur Y bei Magdeburg.

Im zweiten Teil des Beispiels wird die durch den Tausch der Agenturen verursachte Verschiebung berücksichtigt. Es wird die Vertriebsstruktur verwendet, wie sie 1998 gültig ist, und rückwirkend auf 1997 übertragen. Die 1997 im Saldo um 400 voneinander abweichenden Umsätze der Agenturen X und Y werden in die Werte für 1997 eingerechnet. Der Wert für Magdeburg wird also um 400 verringert, der für Braunschweig um 400 erhöht. Es wird also so getan, als habe bereits 1997 die Struktur von 1998 gegolten.

Im dritten Beispiel schließlich wird für beide Jahre die Organisationsstruktur des Jahres 1997 zugrunde gelegt. Entsprechend werden die Werte für 1998 so korrigiert, als ob die Agentur X noch zu Magdeburg und die Agentur Y noch zu Braunschweig gehören würde. Die Umsatzzahlen für Magdeburg werden also

3.5 Zeitabhängigkeit von Dimensionsstrukturen

1998 um 400 nach oben, die für Braunschweig um 400 nach unten korrigiert.

Welches Ergebnis ist nun richtig?

Wie nicht anders zu erwarten, lautet die Antwort: »Es kommt darauf an.« Es kommt darauf an, welche Ergebnisse man analysieren möchte, welche Fragestellung der Anwender hat.

Fragestellung	Lösung 1	Lösung 2	Lösung 3
Wie sehen die absoluten Umsatzzahlen aus ?	X		
Wie haben sich die Umsatzzahlen operativ absolut verändert ?		X	X
Wie haben sich die Umsatzzahlen operativ relativ verändert ?		X	
Was wäre gewesen, wenn keine Umstrukturierung stattgefunden hätte ?			X
Welcher Umsatz geht in die Vergütung des Niederlassungsleiters ein ?	X?		
Welche Bedeutung haben die Niederlassungen anteilig am Gesamtumsatz ?	X		

Abbildung 3.13: Verschiedene fachliche Fragestellungen, die unterschiedliche Strukturen erfordern

Abbildung 3.13 zeigt eine Übersicht, welches Modell für welche Fragestellung die richtigen Lösungen liefert. Man sieht, daß es kein Modell gibt, daß immer die richtige Lösung liefert.

Dieses Problem der zeitabhängigen Dimensionen[1] ist ein generelles Problem, daß vor allem beim Aufbau von Data Marts entschieden werden muß. Im Data Warehouse selbst sollten daher Dimensionstabellen wie alle anderen auch einen Gültigkeitsstempel beinhalten und für alle relevanten Zeiträume gespeichert werden. Damit stehen sie für jede Art der weiteren Analyse zur Verfügung. Beim Aufbau von Data Marts kann dann jeweils entschieden werden, welche Dimensionsstruktur verwendet werden soll. Wesentlich ist dabei, daß die verwendete Struktur mit den fachlichen Benutzern abgestimmt wird und diesen die Auswirkungen und Bedeutung transparent sind.

---

[1] Die Abhängigkeit einer Dimension von der Dimension Zeit ist die häufigste Abhängigkeit, die man in der Praxis findet. Tatsächlich sind aber auch andere Abhängigkeiten vorhanden, beispielsweise von der räumlichen Dimension.

Datenmodelle

4

Datenmodelle stellen häufig das Kernstück eines Data Mart und der gesamten Data-Warehouse-Umgebung dar. Tatsächlich sind sie auch ein zentraler Punkt bei der Gestaltung dieser Systeme. Die Differenzen entstehen aber in der Praxis insbesondere aus der Frage, welche Modelle und welche Modellierungskriterien richtig sind. Die Erfahrung zeigt hier, daß die Antwort auf diese Frage wesentlich vom Verwendungszweck eines Datenmodells im Data-Warehouse-Umfeld abhängt. Daher sollen hier getrennt die Kriterien für operative Systeme, das zentrale Data Warehouse und die Data Marts beschrieben werden.

4.1 Datenbanken für operative Systeme

Datenbankentwurf und der vorgelagerte Datenmodellentwurf sind seit vielen Jahren feste Bestandteile der Software-Entwicklung. Inzwischen hat sich die ursprünglich von Peter Chen 1976 erstmals vorgestellte, Entity-Relationship-Modellierung [Chen 76] in verschiedenen Formen der Weiterentwicklung durchgesetzt. Erweiterte inhaltliche Darstellungsmöglichkeiten und stärkere Formalisierung haben die ER-Modellierung zu einem wesentlichen Teil des Software-Entwurfs gemacht. Neben der Nutzung in Einzelprojekten sind insbesondere die Versuche erwähnenswert, ER-Modelle als Basis für die Beschreibung des gesamten unternehmensrelevanten Datenhaushalts zu verwenden. Sind diese Versuche mit wechselndem Erfolg durchgeführt worden, so ist in jedem Fall die ER-Modellierung in Projekten gängige Praxis des Entwurfs von Datenmodellen geworden. Die ER-Modellierung ist wahrscheinlich der wirklich erfolgreiche Teil der CASE-Ansätze in den achtziger Jahren. Aus den Entity-Relationship-Modellen werden bei operationalen Systemen im allgemeinen

ER-Modellierung

4.1 Datenbanken für operative Systeme

durch Normalisierung die Strukturen für relationale Datenbanken abgeleitet. Diese Methode wird häufig global als Normalisierung bezeichnet. Das Ergebnis sind Datenbankstrukturen, die je nach Grad der Normalisierung in erster Normalform, (1NF), zweiter Normalform (2NF), dritter Normalform (3NF), Boyce-Codd-Normalform (BCNF), vierter Normalform (4NF) oder fünfter Normalform (5NF) vorliegen. Jede der <n>NF-Normalformen schließt die niedrigeren automatisch ein, also bedeutet beispielsweise 3NF automatisch auch 2NF und 1NF.

Normalisierung Normalerweise wird bis zur 3NF oder BCNF normalisiert. Hintergrund der Normalisierung in dritter Normalform (3NF), Boyce-Codd-Normalform (BCNF) oder höheren Normalformen ist das Ziel, Redundanz bei den typischen die Datenbank verändernden Operationen zu verhindern (Insert, Update, Delete). Zusätzlich können hier Regeln für die Sicherstellung von Beziehungen (referentielle Integrität oder RI genannt) ergänzt werden.

Bei der Normalisierung wird im allgemeinen eine Reihe zusätzlicher Tabellen geschaffen, die jeweils eine in sich abgeschlossene Teilinformation beinhalten. Redundante Abspeicherung von Information wird vermieden. Damit können die schreibenden Operationen sehr schnell ausgeführt werden. Zusätzlich verhindert die fehlende Redundanz, daß durch Änderung an nur einer Stelle und Beibehaltung der ursprünglichen Information an anderer Stelle eine in sich widersprüchliche Datenbank entsteht.

Problem Abfragegeschwindigkeit Der Preis für diese Vorteile bei der Pflege der Datenbank ist, daß bei lesenden Zugriffen (Select) auf diese dann häufig über mehrere Tabellen verstreuten Daten zugegriffen werden muß, um alle für eine Fragestellung relevanten Informationen zu erhalten. Dieses Verbinden von Datenbanktabellen zur Laufzeit wird auch als Join bezeichnet. Das Problem bei Joins ist, daß diese gerade bei großen Tabellen in vielen Fällen laufzeitintensiv sind und die Abfragen auf die Datenbank somit stark verlangsamen. Technisch sind hier daher verschiedene Mechanismen geschaffen worden, die diese Operationen, hauptsächlich unter dem Stichwort des Index oder der Indizierung einer Datenbank zusammengefaßt, wiederum beschleunigen. Neben der eigentlichen Indizierung bieten relationale Datenbanken im allgemeinen eine ganze Reihe zusätzlicher Verfahren, um mittels Einflußnahme auf die physische Datenspeicherung die Performance zu verbessern.

Sind alle diese technischen Maßnahmen nicht ausreichend, um bestimmte Abfragen mit einer akzeptablen Laufzeit durchzuführen, wird dann zumeist im relationalen Datenmodell korrigierend eingegriffen. Die Lösung besteht dann darin, häufig im Zusammenhang verwendete Tabellen gegenüber dem Zustand nach der Normalisierung wieder zusammenzufassen oder Felder zusätzlich in weitere Tabellen aufzunehmen, in denen sie unter Auswertungsaspekten benötigt werden, um so einen Join zu vermeiden. Tatsächlich entsteht auf diese Weise wieder Redundanz, die aber gewollt und gezielt in die Datenbank aufgenommen wird, um die Performance zu verbessern. In diesen Fällen spricht man dann von *Denormalisierung der Datenbankstruktur*.

Die Datenbankstruktur eines relationalen operativen Systems ist also im allgemeinen als Kompromiß aus der Forderung nach Redundanzfreiheit und der damit verbundenen Normalisierung und der Forderung nach performanten Auswertungen und der dafür geforderten Denormalisierung zu verstehen.

Entstanden sind diese Anforderungen aus den Anforderungen operativer Systeme, die häufig eine große Anzahl von ändernden Transaktionen vieler paralleler Anwender mit den Anforderungen an Auswertungen und Statistiken verbinden. Ausbalanciert wird der Kompromiß häufig aufgrund einer Analyse der auf die Datenbank zugreifenden Programme, in denen die benötigten SQL-Befehle enthalten sind bzw. deren Umfang abgeleitet werden kann. Abgerundet werden diese Datenbankmodelle, indem zumeist auf technischer Ebene zusätzliche Felder aufgenommen werden, um die Verarbeitung besser steuern zu können. Ein typisches Beispiel sind sogenannte Statusfelder.

4.2 Von der operativen zur Data-Warehouse-Datenbank

4.2.1 Anforderungen an eine Data-Warehouse-Datenbank

Informationssysteme, wie sie in einer Data-Warehouse-Umgebung benötigt werden, sollen Anwendern eine einfache und schnelle Möglichkeit des Zugriffs auf ihre Daten bieten. Diese Zugriffe können teilweise standardisiert sein, sind aber in vielen Fällen auch spontan als Ad-hoc-Analyse notwendig. Ein Informationssystem soll es einem fachlichen Anwender ermöglichen, die Situation in bestimmten Ausschnitten des Unternehmens oder des Marktes zu erkennen und basierend auf einer Reihe von Fakten Trends und Zusammenhänge zu analysieren. MQE, OLAP und teilweise Data Mining stellen damit Anforderungen an die Datenbankstruktur, die von den klassischen operativen Anforderungen stark abweichen. Gemäß der von Inmon gefor-

4.2 Von der operativen zur Data-Warehouse-Datenbank

derten Non-Volatilität ist sogar überhaupt keine Insert-, Update- oder Delete-Operation für einzelne Sätze wie in operativen Anwendungen notwendig. Vielmehr steht der SELECT im Vordergrund. Hinzu kommen Ladeoperationen und Archivierungsoperationen.

Anforderungen Für das Datenmodell einer Datenbank ergeben sich aus dieser Form der Nutzung in einer Data-Warehouse-Umgebung eine Reihe von praktischen Anforderungen, die z.T. nicht nur von denen an operative Datenbankmodelle abweichen, sondern zu diesen vollkommen konträr sind. Neben dem bereits angesprochenen wichtigsten Unterschied, der Betonung des lesenden Zugriffs, gehören hierzu:

- Verständlichkeit der Strukturen aus fachlicher Sicht
- Integration der Strukturen
- Komplexe SQL-Befehle zur Kombination unterschiedlichster Informationen einfach nutzbar
- Nichtvorhersagbare SQL-Befehle
- Notwendigkeit der Kombination mehrerer SQL-Befehle
- Komplexe Berechnungen für betriebswirtschaftliche oder technische Kennzahlen
- Ladevorgänge größerer Datenmengen, keine Einzelsatzänderung
- Führung von Historien auch für Stammdaten
- Archivierung und Wiederherstellung sehr großer Datenbestände
- Archivierung der Strukturänderungen in den Daten über die Zeit

Viele dieser Anforderungen beruhen darauf, daß das Ziel eines Data Warehouse der Zugriff durch Endbenutzer sein sollte. Dies gilt für Data-Mart-Modelle ebenso wie für das zentrale Data-Warehouse-Modell. Dabei ist nicht so sehr der tatsächliche auswertende Zugriff zu sehen (der erfolgt in Data Marts), als daß das Data Warehouse beim Aufbau der Data Marts, der Beschreibung der abzuziehenden Daten und der Vorbereitung von Daten in Data Marts verständlich sein soll. Auch die Versorgung der Data Marts wird zunehmend mit Werkzeugen angestrebt, die von erfahrenen »Endanwendern«, zumindest aber nicht nur von DV-Spezialisten bedient werden können. Somit muß die Struktur der Daten für den Benutzer einsichtig sein; er muß in die Lage versetzt werden, die gesuchten Informationen vollständig zu finden und fehlerfrei in der gewünschten Form miteinander kombinieren zu können. Auch komplexe, unter Umständen von Werkzeugen generierte Abfragen müssen möglich sein. Insbesondere kann nicht davon ausgegangen werden, daß auf das Data Warehouse nur mit klassischen Programmen zugegriffen wird.

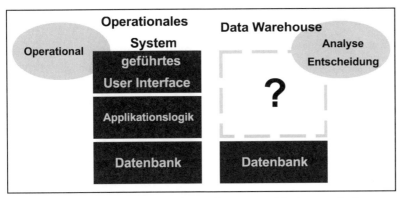

Abbildung 4.1: Unterschied in der Software-Architektur zwischen operativen und dispositiven Systemen

Verdeutlichen wir uns dazu die bei operativen Systemen übliche Strukturierung in die drei Schichten Benutzeroberfläche, Verarbeitungslogik und Datenzugriff (Abbildung 4.1). Der Anwender wird von der Oberfläche durch die Transaktion geführt. Der Datenzugriff erfolgt in einem weit von der Oberfläche entfernten Modul; die Verarbeitung stellt die Daten in der gewünschten Form bereit, und die Oberfläche visualisiert die Daten zumeist in Form von Masken. Diese Masken enthalten die einzelnen Datenfelder. Der Anwender kennt diese Masken, hat eine Hilfefunktion zur Verfügung, zumeist eine Schulung hinter sich und nutzt die Masken häufig. Er muß sich also im allgemeinen keine Gedanken darüber machen, aus welchen Datenbankstrukturen die Daten in den Feldern seiner Maske stammen. In ihren Grundzügen kann diese Logik auch auf Windows-Applikationen übertragen werden, wobei die Steuerung natürlich anders aussieht.

Unterschiede zwischen operativen Systemen und Data-Warehouse-Umgebung

In einer Data-Warehouse-Umgebung muß der Anwender aber die Struktur und die Felder seiner Daten genau kennen, um die richtigen Informationen zu erhalten. In einem Data Warehouse müssen einige Anwender die Strukturen verstehen, um die Data Marts aufzubauen. In den Data Marts gilt dies um so mehr, als daß hier unmittelbar vom Endanwender auf die Daten zugegriffen wird. Auch wenn ihm heute in **M**anaged **Q**uery Environments (MQE) die Arbeit dadurch erleichtert wird, daß eine Schicht zwischen Datenbank und Endbenutzer gelegt wird, bleiben doch erhebliche Anforderungen an das Modell der Datenbank. Zum einen muß es zumindest dem Administrator der Zwischenschicht verständlich sein, damit er die Sicht auf die Datenbank entsprechend umsetzen kann. Zum anderen nutzt eine solche Sicht dem Anwender nur dann wirklich etwas, wenn sie nicht zu so komplexen Joins zwingt, daß die Performance massiv beeinträchtigt wird.

Dies erfordert, daß das Datenmodell entsprechend den Denk- und Arbeitsweisen der Anwender strukturiert aufgebaut wird.

4.2.2 Unternehmensweites Datenmodell?

Das Datenmodell eines Data Warehouse ist die zentrale Grundlage für die gesamte Umgebung. Nutzen, Akzeptanz und Wartbarkeit eines Data Warehouse werden mit Sicherheit stärker durch das Datenmodell (UDM) als durch die technische Infrastruktur beeinflußt.

Es ist auch weitgehend unumstritten, daß die Modellierung eines Datenmodells nicht direkt auf der technischen Plattform, sondern vielmehr auf der Grundlage der Entity-Relationship-Modellierung erfolgen sollte. Dies ist zwar kein Dogma und beeinflußt auch nicht die sonstigen hier getroffenen Aussagen. Es erleichtert aber die Kommunikation mit den Fachleuten und verbessert die Konzentration auf wesentliche Strukturen statt auf technische Details.

Entity-Relationship-Modellierung ist also als Methode akzeptiert. Woher aber sollte das Modell selbst stammen? Viele Unternehmen haben in den letzten Jahren viel Zeit und Aufwand in den Aufbau von Entity-Relationship-Modellen gesteckt. Ermutigt von den zumeist guten Ergebnissen auf Projektebene wurden in vielen Organisationen Modelle für das gesamte Unternehmen oder zumindest Unternehmensbereiche angestrebt: Einige der Anforderungen an diese Modelle sind mit denen an ein Data-Warehouse-Modell deckungsgleich; insbesondere hat man eine integrierte Sicht auf das Unternehmen im Auge.

Bewertung Die reale Situation ist hinsichtlich unternehmensweiter Datenmodelle aber in vielen Fällen vom angestrebten Ziel weit entfernt. Dazu ist natürlich als Ausgangspunkt die Situation der operativen Datenverarbeitung zu berücksichtigen. Die meisten im Einsatz befindlichen Programme sind als »Insellösungen« entwickelt worden, die ihre eigenen Datenstrukturen besitzen.

Diese Strukturen sind den Ablauferfordernissen der einzelnen Anwendung angepaßt, aber keineswegs auf andere Strukturen im Unternehmen abgestimmt. Der Austausch mit anderen Anwendungen erfolgt dann zumeist über entwicklungs- und laufzeitintensive Schnittstellenprogramme.

In dieser Situation war das Ziel unternehmensweiter Datenmodelle der Aufbau einer integrierten Datensicht auf das Gesamtunternehmen, um ein Informationsmanagement beginnen zu können, Neuentwicklungen besser aufeinander abzustimmen, einen Leitfaden bei der Einführung von Standardsoftware zu haben oder auch nur künftige Schnittstellen zwischen Programmen einfacher realisieren zu können. In einigen Fällen wurde dies durch eine eigene Modellierung, in anderen Fällen durch den Kauf von Standardmodellen und individuelle Anpassungen angestrebt.

So nachvollziehbar die Ziele waren, so spärlich war doch in vielen Fällen der Erfolg mit diesen als unternehmensweite Datenmodelle bezeichneten Ansätzen. Die Projekte erwiesen sich als zu aufwendig, die Abstimmung mit den einzelnen Fachbereichen als widersprüchlich, insbesondere aber die praktische Umsetzung als wenig realistisch.

Hinzu kamen sicherlich in vielen Fällen weitere Probleme wie die Überlagerung der Datenmodelle durch Prozeßmodelle, die ungenügende Abgrenzung zwischen beiden Modellen, die Unverständlichkeit der häufig abstrakten Modelle für den Anwender, die mühsame Pflege des Zusammenhangs mit den oft stark abweichenden, ablauforientierten technischen Modellen usw. Viele dieser Schwierigkeiten sind sicherlich lösbar; tatsächlich ist das Problem die Menge an existierender Software, die nicht auf diese Modelle abgestimmt ist.

Hohe Aufwände und kaum sichtbarer praktischer Nutzen haben dazu geführt, daß heute der Begriff »unternehmensweites Datenmodell« schon fast diskreditiert und als theoretisches Phantasiegebilde angesehen ist.

Tatsächlich sollte am Anfang eines Data-Warehouse-Projekts natürlich nicht die Entwicklung eines unternehmensweiten Datenmodells stehen. Dies wird mit ziemlicher Sicherheit keinen Erfolg haben.

Data-Warehouse-Datenmodell

Aber: Wenn Sie bereits eines haben, nutzen Sie es! Ein unternehmensweites Datenmodell ist ein hervorragender Ausgangspunkt für ein Data-Warehouse-Datenmodell. Gerade die Tatsache, daß es sich nicht an einer bestimmten Anwendung orientiert, daß es keinen Prozeßbezug hat, daß es keine technische Umsetzung ist, prädestiniert es für die Nutzung als Data-Warehouse-Modell. Wenn Sie kein Modell haben, versuchen Sie eines der verfügbaren Referenzmodelle zu nutzen. Ein solches Modell kann aber immer nur ein Leitfaden für die Umsetzung sein. Keinesfalls sollte versucht werden, ein solches Modell komplett in einem Schritt zu verwirklichen.

Der Zweck eines Data Warehouse kann nicht sein, daß die Informatik alle Datenstrukturen eines Unternehmens erarbeitet, die vielleicht erst in Jahren genutzt werden, wenn die Anwender noch nicht einmal die ersten Analysen durchführen können. Entsprechend kann der Zweck eines unternehmensweiten Modells für ein Data Warehouse nicht darin bestehen, die vollständigen Strukturen für alle denkbaren Data Marts detailliert zu kennen, bevor der erste überhaupt funktioniert.

Aber andererseits gilt auch: Ein Data Warehouse sollte einen Orientierungsrahmen für die einzelnen Data Marts bilden. Denn nur dann, wenn es gelingt, die dispositiven Informationen in einheitlichen Strukturen zu entwickeln, kann eine integrierte Nutzung derselben Informationen durch verschiedene Data Marts gelingen. Wenn schon die Grundlage der einzelnen Data Marts unterschiedlich ist, wenn Datenstruktur, Datenqualität und Datenaktualität unterschiedlich sind, wie sollen dann in verschiedenen Bereichen vergleichbare Analysen erstellt werden?

Data Marts entstehen weder gleichzeitig noch mit denselben Mitarbeitern, in vielen Fällen auch an unterschiedlichen Orten oder mit unterschiedlichen Werkzeugen.

Der einzige Punkt, an dem eine Integration erfolgen kann, ist das Datenmodell des Data Warehouse. Dies ist seine eigentliche Aufgabe, einen Orientierungspunkt, einen gemeinsamen Leitfaden für die Data Marts zu bilden. Das Datenmodell ist so etwas wie der Polarstern, an dem alle Data Marts ihre »Koordinatensysteme« ausrichten können.

4.2.3 Ausgangspunkt ER-Modell Sachgebiet

Unternehmensweite Datenmodelle stellen nicht den Ausgangs-, sondern einen Orientierungspunkt für die Entwicklung des Data-Warehouse-Datenmodells dar. Der Orientierungspunkt ist notwendig, weil die Entwicklung der Data Marts hinsichtlich Zeit, Mitarbeitern, Ort und Werkzeugen keineswegs einheitlich ist. Data Marts entstehen als Bausteine, die sich ergänzen, aber auch überlappen können, die aber in jedem Fall unterschiedlichen

Anwendergruppen dienen und somit die Informationen anders strukturieren und aufbereiten müssen.

Data Marts können somit im weitesten Sinne als Sichten auf ein unternehmensweites Datenmodell aufgefaßt werden, als Sichten allerdings, die Umstrukturierungen, Verdichtungen, Selektionen usw. beinhalten. Diese Sichten können als Informationsbedarf eines Data Marts bezeichnet werden. Existiert ein Rahmen für das unternehmensweite Modell, kann mit jedem neuen Data Mart geprüft werden, inwieweit sein Informationsbedarf durch das bereits bestehende Data-Warehouse-Modell abgedeckt wird.

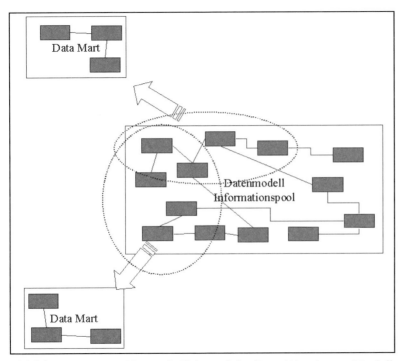

Abbildung 4.2: Data Marts als Sicht auf das Data-Warehouse-Modell

Der Teil des Informationsbedarfs, der bereits vom bestehenden Data-Warehouse-Modell abgedeckt wird, kann von jedem neuen Data Mart bereits genutzt werden. Damit entfällt für den Data Mart der meist aufwendige Prozeß der Datenbeschaffung aus operativen Quellen.

Wesentlich für die Integration des Data Warehouse und die spätere Wiederverwendbarkeit der Informationen im Data Warehouse für spätere Data Marts ist die Art des Aufbaus und der Erweiterung des Data-Warehouse-Modells. Werden die benötig-

4.2 Von der operativen zur Data-Warehouse-Datenbank

ten Informationen ohne übergreifende Vorstellung eines Gesamtmodells einfach in der Struktur, wie sie der Data Mart benötigt, in das Data-Warehouse-Modell eingefügt, besteht eine große Wahrscheinlichkeit, daß diese später geändert werden müssen. Entsteht beispielsweise zunächst ein Data Mart im Vertrieb, so wird die Sicht auf die Kostenstellen der Vertriebssicht entsprechen. Ein später entwickelter Data Mart in der Kostenrechnung wird aber im Normalfall erweiterte Strukturen benötigen, so daß die ursprünglichen Strukturen nicht nutzbar sind.

Existiert ein Rahmenmodell für das Data-Warehouse-Modell, so kann bereits bei der Entwicklung des ersten Data Mart erkannt werden, daß hier eine Sicht auf Daten benötigt wird, die von einem anderen Unternehmensbereich verantwortet wird. Die Grundstrukturen können entsprechend diesem Modell vorbereitet und die Daten für den Data Mart-»Vertrieb« als Sicht bereitgestellt werden.

Gliederung in Sachgebiete

Wesentlich für das Data-Warehouse-Modell ist also eine Gliederung in Sachgebiete, die jeweils konkrete Zuständigkeiten und Verantwortlichkeiten haben. Hierbei kann ein weiterer Vorteil genutzt werden, den bereits bestehende Modelle häufig aufweisen. Um die Komplexität einzudämmen und die Übersichtlichkeit der Modelle zu erhalten, sind diese häufig in drei oder vier Ebenen unterschiedlicher Detaillierungstiefe gegliedert. In einigen Fällen spricht man auf der abstraktesten Ebene von Unternehmensmodellen oder der A-Ebene. Hier sind im allgemeinen nur die fünf bis zwanzig wesentlichen Entitätstypen dargestellt, die gleichzeitig auch Sachgebiete repräsentieren.

Informationen auf Sachgebietsebene

Diese Diagramme werden dann je Sachgebiet auf der zweiten Ebene (B-Ebene) um wesentliche Informationen erweitert. Hierzu gehören insbesondere:

- Detaillierte Entitätstypen
- Modellierung der Beziehungstypen zwischen den Entitätstypen
- Modellierung der Schlüsselattribute
- Modellierung der Subentitäten
- Modellierung der Verbindung zwischen den Sachgebieten
- Zentrale Attributgruppen

Dabei wird je Sachgebietsentität ein eigenes ER-Diagramm erstellt. Dieses Diagramm stellt die eigentliche Ausgangsbasis für die Data-Warehouse-Modellierung dar. Häufig können diese Teildiagramme auch als Basis für eine Data-Mart-Entwicklung genutzt werden.

Mit einem Entity-Relationship-Modell dieses Detaillierungsgrades liegt ein guter Ausgangspunkt für eine Data-Warehouse-Modellierung vor. Existiert bereits ein vollständiges Modell mit allen Attributen, Datentypen usw., so ist dies natürlich um so besser. Hier ist allerdings in einem Punkt Vorsicht geboten. In der Praxis wird dabei auch gern das Modell als Ausgangspunkt verwendet, das der für ein Sachgebiet eingesetzten Standardsoftware-Komponente entspricht oder im Rahmen der Eigenentwicklung eines operativen Systems für diesen Bereich entwickelt wurde. In diesen Fällen ist allerdings besondere Vorsicht geboten, inwieweit nicht die Prozeßstruktur des operativen Prozesses dieses Modell geprägt hat. In jedem Fall ist der erste Schritt der im folgenden erläuterten Transformation in ein Data-Warehouse-Modell mit besonderer Sorgfalt durchzuführen. Unabhängig von seiner Herkunft soll das gewählte Modell jetzt als operationales Modell bezeichnet werden.

4.2.4 Schritte für die Umsetzung

Ausgangsmodell für ein Data-Warehouse-Modell ist zumeist ein in irgendeiner Form standardisiertes operationales Modell, das inhaltlich die Bedürfnisse und Strukturen eines Unternehmens »richtig« darstellt. Wie kommt man jetzt aber zum Data-Warehouse-Modell? Hier lassen sich sechs große Schritte unterscheiden:

(1) *Basismodell*
Klärung der Warehouse-Relevanz von Daten

Schritte zum Data-Warehouse-Modell

(2) *Historisierungsmodell*
Einführung des Faktors Zeit und historischer Daten

(3) *Dimensionsmodell*
Aufbau von Strukturinformationen (Dimensionsdaten)

(4) *Aktualisierungsmodell*
Anpassung an Aktualisierungszeitpunkte

(5) *Qualitätsmodell*
Festlegung von Regeln für Konsistenz- und Plausibilitätschecks

(6) *Zugriffsmodell*
Aufbau von Zugriffsstrukturen (Umgruppierungen, Verdichtungen)

4.2 Von der operativen zur Data-Warehouse-Datenbank

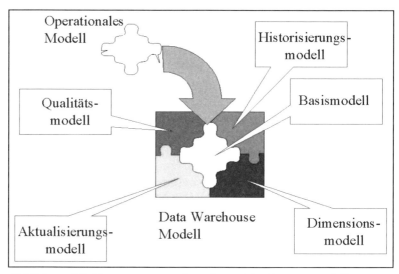

Abbildung 4.3: Komponenten eines Data-Warehouse-Modells

Abbildung 4.3 zeigt die Ergebnisse der ersten fünf Schritte beim Aufbau des Modells in Form verschiedener Datenmodellkomponenten.

Das Basismodell

Das Basismodell entsteht unmittelbar aus dem Referenzmodell, dem unternehmensweiten Datenmodell also dem zugrunde gelegten operationalen Datenmodell. Insbesondere wenn dieses Modell bereits aus dem Umfeld bestehender operativer Anwendungen kommt, ist hier eine Bereinigung der tatsächlich benötigten Entitäten und Felder notwendig. Praktisch werden die Felder in drei Gruppen getrennt:

Gruppierung bestehender Felder

- Data-Warehouse-relevant (übernehmen)
- Data-Warehouse-irrelevant (nicht übernehmen)
- Potentiell relevant (genauer klären)

Die Frage lautet dabei für jedes Feld: »Wird dieses Feld tatsächlich von einer Data-Warehouse-Anwendung benötigt?« Natürlich ist diese Frage nicht leicht zu beantworten und schon gar nicht leicht mit »Nein«. Wer weiß schon, was welcher Anwender einmal benötigt. Nichtsdestotrotz existieren gerade in Modellen bestehender Anwendungen typische Felder, die nur auf die Verarbeitung ausgerichtet sind. Verarbeitungskennzeichen oder Statusfelder sind das bekannteste Beispiel. Diese dienen ausschließlich der Kommunikation und Synchronisation operationaler Anwendungen und haben in einem Data Warehouse normalerweise nichts zu suchen. Auch Satzartenschlüssel bei typischen Hostdateien sollten besser durch Auflösung in mehrere Entitäten umgesetzt werden.

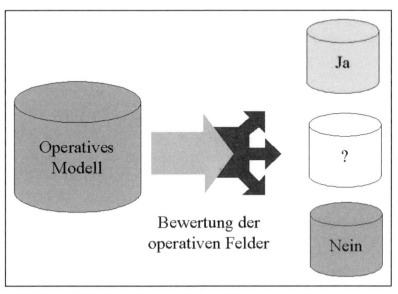

Abbildung 4.4: Aufspaltung nach Data-Warehouse-relevanten Feldern

Nach Aussortierung dieser Felder bleibt aber in der Regel immer noch eine Reihe von Feldern übrig, deren Nutzung im Data Warehouse ungeklärt ist. Um die tatsächlich benötigten Felder von diesen unsicheren Kandidaten zu trennen, reicht die Frage: »Wird das Feld heute (von existierenden/im Aufbau befindlichen Data Marts) benötigt?« Pragmatisch gesehen werden nur diese Felder benötigt.

Was mit den unsicheren Kandidaten geschehen soll, hängt von einer Reihe von Erwägungen ab. Werden grundsätzlich für den Zugriff Data Marts designed oder wird auch direkt auf die Data-Warehouse-Datenbank zugegriffen? Wieviel Speicherplatz wird für diese Felder zusätzlich benötigt? Wie aufwendig ist es, diese bei der Datenversorgung »mitlaufen« zu lassen?

Diese Fragen sind im Einzelfall zu klären. Grundsätzlich gilt bei Data-Warehouse-Umgebungen, in denen die Data Marts in einem geregelten Verfahren entstehen, also eher konstruiert werden, für das Data Warehouse, daß mehr häufig weniger ist. Eine überschaubare, benötigte Anzahl von Informationen in gesicherter

Auswahl

4.2 Von der operativen zur Data-Warehouse-Datenbank

Qualität ist einer Datenlawine, deren Nutzen noch zu klären ist, die aber Ladevorgänge, Auswertungen, Archivierung usw. verlangsamt und verkompliziert, vorzuziehen.

Daher sollten Felder, die nicht wirklich benötigt werden und deren Bearbeitung aufwendige Transformations- oder Plausibilitätsregeln erfordert, eher weggelassen werden.

Zusammenfassung operationaler Entitäten — Eine weitere Überlegung beim Aufbau des Basismodells kann zur Zusammenfassung verschiedener operationaler Entitäten zu einer Entität im Data Warehouse führen. So können Informationen über bestimmte Subjekte über mehrere operationale Systeme verteilt sein, die dann im Data Warehouse zusammengeführt werden. Diese Zusammenführung von Tabellen ist von der Bildung von Kombinationen im Zugriffsmodell zu unterscheiden. Liegt dort der Schwerpunkt auf der Optimierung entsprechend den Anwenderwünschen, so steht hier die Vereinfachung des Modells im Vordergrund.

Beispielsweise können in der Lagerdatenbank zu jedem Produkt die verfügbare Menge, der durchschnittliche Abgang je Monat, die Mindestmenge usw. abgelegt sein. In der Vertriebsdatendatenbank sind analog die Beschreibungen mit Preisen und Konditionen gespeichert. Über ein und dasselbe Produkt sind in verschiedenen Datenbanken Informationen gespeichert. Es kann dann Sinn machen, diese in einer gemeinsamen Struktur im Data Warehouse zusammenzufassen.

Voraussetzung für die Zusammenführung von Strukturen ist immer:

- ein gemeinsamer Primärschlüssel aller Tabellen
- die gemeinsame Nutzung der Daten in mindestens einem Data Mart
- das gleichzeitige Laden aus den operativen Systemen

Ist auch nur eine dieser Voraussetzungen nicht erfüllt, sollte man die Tabellen nicht zusammenführen.

Granularität — Schließlich ist noch das Thema der Granularität der Daten zu klären. Unter Granularität versteht man den Detaillierungsgrad, mit dem Daten in ein Data Warehouse geladen werden. Die Detaillierung bezieht sich dabei zumeist auf die Ebene einer Dimension, und die Frage ist zu klären, bis zu welcher untersten Ebene Daten in das Data Warehouse übernommen werden. Nach den weiter vorn angegebenen Überlegungen ist dies die Frage nach der maximalen Dimensionslinie für die Daten unter Berücksichtigung aller Data Marts. Die Frage ist deshalb so schwer zu beantworten, da im allgemeinen weder alle Data Marts noch alle Dimensionen feststehen, nach denen die Daten in einem Data Warehouse analysiert werden sollen.

Andererseits beeinflußt beispielsweise die Frage, ob Daten hinsichtlich der Zeit auf Jahresebene, Monatsebene oder gar Tagesebene geladen werden, die Menge der Daten in mindestens einer Tabelle eines Data Warehouse aber massiv. Der Umstieg von Monats- auf Tagesebene kann das Volumen um den Faktor 20 erhöhen. Der Umstieg von einem Kundentyp auf einen Kunden um den Faktor 50 oder 100, der Umstieg von einer regionalen Gliederung mit zwei Postleitzahlstellen auf drei um fast 10 usw.

So könnten beispielsweise die Bestelldaten im operativen System einzeln je Kunde, Artikel und Tag erfaßt werden. Für die Data-Warehouse-Auswertungen reichen aber die summierten Werte je Kunde, die summierten Werte je Artikel und beide summiert je Monat für die weitere Analyse aus. Dann könnten im Data Warehouse zwei Tabellen angelegt werden, eine mit den Werten je Kunde, eine mit den Werten je Artikel. In beiden wird je Monat und Kunde resp. Artikel ein Satz abgelegt. Sind keine Auswertungen dahingehend geplant, welcher Kunde welchen Artikel gekauft hat, reicht diese Struktur vollkommen aus. Die Anzahl der Sätze in beiden Tabellen kann je nach Struktur der Ausgangsdaten ein Bruchteil der ursprünglichen Datenmenge umfassen.

Damit sinken Speicherplatz, Laufzeit von Auswertungen und Kosten; andererseits können die Daten natürlich nicht mehr unterhalb des gewählten Levels analysiert werden. Tagesanalysen, Bewertungen von Wochentagen usw. sind genausowenig möglich wie die Analyse des Kaufverhaltens einzelner Kunden.

Nun könnte der pragmatische Weg lauten, die Daten so weit zu laden, wie sie von den jeweiligen Data Marts angefordert werden. Gibt es dabei technische Grenzen, so sind diese entsprechend zu formulieren und gegen die fachlichen Anforderungen abzuwägen. Sind die Anforderungen mit der bestehenden Infrastruktur nicht zu erfüllen, können sie aber durch zusätzliche finanzielle Mittel umgesetzt werden, so muß der anfordernde Data Mart die Zusatzkosten für den Ausbau der Infrastruktur tragen.

Dabei ist allerdings eine unangenehme Folge zu bedenken. Eine einmal getroffene Entscheidung läßt sich später zwar korrigieren, aber nicht mehr rückgängig machen. Werden beispielsweise Umsätze auf Wochenbasis abgelegt und sollen später Zeitreihenanalysen gemacht werden, die auf Wochentagen basieren, können sie nicht mehr auf vergangene Werte zurückgreifen, da diese durch die Aggregation zu Wochen verlorengegangen sind.

Dasselbe gilt bei Änderungen in den Dimensionsstrukturen. Eine fast immer verwendete Dimension ist die Organisation. Sollen spätere Auswertungen die Organisationsstruktur zu einem bestimmten Zeitpunkt simulieren oder die damaligen Ergebnisse auf die heutige Struktur bezogen werden, müssen die Werte immer für sehr feine Granularitäten vorliegen. Nur so können die Ergebnisse dann für höhere Ebenen so aggregiert werden, wie die Struktur dies zum gewünschten Zeitpunkt vorgibt.

Kapitel 3.5 enthält ein Beispiel, bei dem in den Lösungen 2 und 3 eine Korrektur der Umsätze der Niederlassungen vorgenommen wurde. Diese Korrektur erfordert aber das Wissen um die Höhe des Korrekturfaktors, in diesem Falle also 400. Dieses Wissen ist nur vorhanden, wenn die Umsatzzahlen auf Agenturebene vorliegen. Wurden die Zahlen 1997 nicht mit in das Data Warehouse übernommen, sondern nur die verdichteten Werte der Niederlassungen, so können diese unter Umständen 1998 im operativen System bereits überschrieben sein und nicht mehr zur Verfügung stehen. Sicher, man kann jetzt die Archivbänder laden oder ähnliches; grundsätzlich kann jedoch nicht davon ausgegangen werden, daß historische Detailwerte in vernünftig zugreifbarer Form vorliegen. Befinden sich diese nicht im Data Warehouse, so ist rückwirkend keine Analyse der Details oder Rückrechnung für Zeitreihenanalysen möglich. Diese Daten sind also unwiederbringlich verloren.

Daher sollte jede Entscheidung über die Granularität auf Data-Warehouse-Ebene zumindest diesen Aspekt berücksichtigen und die Frage beantwortet werden, wie wahrscheinlich es ist, daß auf diese Detaildaten zu einem späteren Zeitpunkt noch einmal zurückgegriffen werden soll.

Das Historisierungsmodell

Der zweite entscheidende Schritt beim Aufbau des Data-Warehouse-Modells ist die Einführung einer Historisierung. Grundsätzlich bedeutet dies, daß zunächst *jede Entität des Data-Warehouse-Modells einen zeitlichen Zusatz in ihrem Primärschlüssel enthält, soweit dieser noch nicht vorhanden ist*. Die Historisierung weist jedem Datensatz einen Gültigkeitszeitraum zu. Während im operativen System gerade bei Stammdaten häufig nur die aktuelle Version benötigt wird, werden im Data Warehouse auch bei Stammdaten häufig viele Sätze gehalten, die jeweils für einen bestimmten Zeitraum gültig waren (oder in selteneren Fällen:

gültig sein werden). Da somit für einen Datensatz des operativen Systems mehrere Datensätze im Data Warehouse existieren können, wird ein Zusatz im Primärschlüssel benötigt, der diese Datensätze voneinander unterscheidet.

Die beiden einfachsten Möglichkeiten, den Daten einen historischen Bezug zu geben, sind:

- Ein Zeitstempel, der einen Zeitraum kennzeichnet, beispielsweise einen Monat
- Eine Gültig-von-/Gültig-bis-Logik, die jedem Datensatz direkt seinen Gültigkeitszeitraum zuweist

Tatsächlich findet man in der Praxis beide Ansätze. Der Vorteil des ersten Modells liegt in der im allgemeinen schnelleren Auswertbarkeit, der stärkeren Annäherung an OLAP-Ansätze und der generellen Einfachheit. Die Vorteile des zweiten Ansatzes liegen in der bei einer geringen Änderungsfrequenz niedrigeren Anzahl von Datensätzen und der größeren möglichen Genauigkeit (insbesondere wenn nicht nur periodische Schnappschüsse genutzt werden).

Ein Problem dieses zeitlichen Bezuges ergibt sich aus der Grundstruktur relationaler Strukturen. Betrachten wir hierzu zwei Tabellen, Tabelle1 und Tabelle 2, die über einen Fremdschlüssel miteinander verbunden sind. In Tabelle 2 steht ein Fremdschlüsselfeld, das sich auf den Primärschlüssel von Tabelle 1 bezieht.

Problem der Historisierung

Wird jetzt durch einen Ladevorgang eine Änderung in Tabelle 1 vorgenommen, so ist dort ein neuer Datensatz anzulegen, dessen Primärschlüssel aus dem ursprünglichen Primärschlüssel und dem neuen Gültigkeitszeitraum gebildet wird. Wird zeitgleich ein neuer Datensatz in Tabelle 2 angelegt, so besteht das Problem lediglich darin, wieder den richtigen Fremdschlüssel einschließlich eines Zeitstempels einzutragen. Was passiert aber, wenn Tabelle 2 nicht zeitgleich geladen wird, sondern sich die Sätze dort langsamer ändern? Soll jetzt ein neuer Datensatz angelegt werden, obwohl sich außer dem Fremdschlüssel nichts geändert hat? Ist dies eine Änderung oder nicht? In vielen Fällen wird man diese Frage mit »Nein« beantworten wollen. Wollte man sie grundsätzlich mit »Ja« beantworten, hätte man im übrigen auch ein kaskadierendes Problem. Was geschieht mit einer Tabelle 3, deren Fremdschlüssel sich auf Tabelle 2 beziehen. Diese müßte dann auch noch Datensätze erhalten. Was passiert mit Tabelle 4, die sich auch auf Tabelle 2 bezieht? Und was ist, wenn Tabelle 1 einen Fremdschlüssel auf Tabelle 3 besitzt? Dann müßte in Tabelle 2 ein neuer Satz wegen der Änderung in Tabelle 1 geladen

4.2 Von der operativen zur Data-Warehouse-Datenbank

werden, weiter in Tabelle 3 ein neuer Satz wegen der Änderung in Tabelle 2, dann in Tabelle 1 ein neuer Satz wegen der Änderung in Tabelle 3 (!), anschließend in Tabelle 2 ein neuer Satz wegen der erneuten Änderung in Tabelle 1 usw. Man sieht, so geht es nicht.

Das Problem, ob eine Änderung vorliegt, ist nicht technisch zu lösen, sondern nur über die Frage, was tatsächlich als inhaltliche Änderung eines Datensatzes angesehen wird. In vielen Fällen wird das nicht eine Änderung der Fremdschlüssel sein.

Tatsächlich verbirgt sich hier das Problem, daß die Beziehungen im Entity-Relationship-Modell und die ihnen entsprechenden Fremdschlüssel im relationalen Modell implizit eine entscheidende Voraussetzung haben. Sie beschreiben eine fachliche Beziehung unter Vernachlässigung ihrer zeitlichen Änderbarkeit. Jede Beziehung im ER-Modell beschreibt eine Beziehung, die zu einem bestimmten Zeitpunkt oder in einem bestimmten Zeitraum gültig ist.

Jede dieser Beziehungen kann sich aber ändern. Ein Kunde kann andere Produkte kaufen. Teile können von einem anderen Zulieferer geliefert werden. Produktionsprozesse können auf andere Betriebsmittel zugreifen, Kunden können andere Adressen bekommen usw.

Lösungsmöglichkeiten Eine mögliche Lösung dieses Problems ist, für die einzelnen Beziehungen eigene Entitäten zu modellieren, welche die zeitliche Gültigkeit der Beziehung widerspiegeln. Diese Tabellen werden grundsätzlich den Primärschlüssel/Fremdschlüssel einschließlich der zeitlichen Komponente beider beteiligten Entitäten aufweisen. Damit kann, basierend auf den im Data Warehouse verfügbaren Informationen eine lückenlose Historisierung der Beziehungen erfolgen. Auch die oben beschriebene Problematik der kaskadierenden Aktualisierung läßt sich damit umgehen.

Der Preis für diese Historisierung besteht allerdings in einer Fülle zusätzlicher Tabellen und damit einer deutlich erhöhten Komplexität und einem Verlust an Performance. Daher wird man diesen Weg nur selten gehen wollen und in vielen Fällen lieber eine gewisse Ungenauigkeit in Kauf nehmen, zumal bei periodischen Aktualisierungen bereits allein durch die Periodenbildung alle dazwischenliegenden Informationsstände verlorengehen und die Exaktheit auf die Genauigkeit zu bestimmten Aktualisierungszeitpunkten beschränkt wird.

Generell stellt die Historisierung der Daten einen beträchtlichen zusätzlichen Aufwand für die Verwaltung und insbesondere den

Zugriff auf das Data Warehouse dar. In vielen Fällen sind aber historisierte Daten nur selten oder nur in Zusammenhang mit Verdichtungen (beispielsweise über die Zeit) von Interesse. So sind beispielsweise Zeitreihenanalysen häufig über fünf Jahre auf Jahresebene, aber nicht detailliert nach Monaten gefordert. Wird andererseits häufig direkt auf die aktuellen Stammdaten zugegriffen, so ist zu überlegen, ob diese Zugriffe durch die Historie belastet werden sollen. In diesen Fällen kann das Führen von zwei Tabellen für dieselbe Entität sinnvoll sein. Eine beinhaltet dann lediglich die aktuellen Daten und kann ihren ursprünglichen Primärschlüssel behalten, während eine zweite bis auf den zeitlichen Bezug strukturell gleiche Tabelle die Historienführung übernimmt.

Eine weitere Möglichkeit besteht schließlich in der generellen Verwendung von Zeitstempeln, beispielsweise für die Kennzeichnung des Gültigkeitsmonats. Hier können Verknüpfungen relativ einfach gehandhabt werden, solange man sich auf eine kleinste gemeinsame Zeiteinheit einigen kann. Gilt beispielsweise, daß immer monatlich aktualisiert wird, so werden in allen Tabellen je Monat die entsprechenden Datensätze geschrieben. Dies kann andererseits das Datenvolumen aber erheblich vergrößern, weil jetzt auch unveränderte Daten kopiert und mit neuem Monatsstempel versehen werden müssen, um einen Gleichlauf der Auswertungen zu ermöglichen. Dieses Verfahren bleibt daher zumeist auf kleinere Data-Warehouse-Anwendungen oder Data Marts beschränkt.

Für welche Lösung der Historienführung man sich auch entscheidet, strukturell wird das Basimodell durch die Historienführung erweitert. Diese Erweiterung kann entweder ausschließlich zusätzliche Felder oder komplette neue Tabellen umfassen. Diese Erweiterungen werden hier durch den zweiten Quadranten des Data-Warehouse-Modells symbolisiert (siehe Abbildung 4.3).

Das Dimensionsmodell

Dimensionen sind insbesondere für die OLAP-Analyse von zentraler Bedeutung. Sie stellen letztlich die Kriterien dar, nach denen die Informationen fachlich verdichtet und analysiert werden sollen. Basis für diese Analyse ist die Struktur der Dimension selbst. Wir haben bereits gesehen, daß die Bedeutung einzelner Dimensionen für ein Unternehmen sehr unterschiedlich sein kann. Während einige Dimensionen nur bestimmte Analyseblickwinkel in einzelnen Data Marts wiedergeben, stellen andere

4.2 Von der operativen zur Data-Warehouse-Datenbank

die Grundstrukturen des Unternehmens dar, sind sozusagen die natürlichen Dimensionen oder Standarddimensionen.

Organisationsstruktur, Produktstruktur, Zeitdimensionen, Kostenstellen usw. sind oft von zentraler Bedeutung und werden in der einen oder anderen Form von sehr vielen Data Marts benötigt. Daher ist es naheliegend, diese Strukturen bereits im zentralen Data Warehouse zu hinterlegen und den einzelnen Data Marts zur Verfügung zu stellen.

Neben dem eingesparten Entwicklungs- und Pflegeaufwand kann so auch eine einheitliche Analysestruktur in zentralen Bereichen sichergestellt werden. Eine weitere wesentliche Erweiterung des Basismodells ist also das Dimensionsmodell, das die zentralen Strukturen für die Dimensionsanalyse jeweils in einer Dimensionstabelle je Dimension zusammenfaßt.

Der genauere Aufbau dieser Tabellen ist analog dem Aufbau in den Data Marts zu sehen, wo diese Tabellen eine zentrale Rolle spielen und wo auch gezielt auf den Aufbau von Dimensionstabellen eingegangen wird.

Das Aktualisierungsmodell

Das operative Datenmodell unterscheidet die Informationen normalerweise nicht oder in nur geringem Maße nach ihrer Aktualisierungshäufigkeit. Insbesondere innerhalb von Stammdaten werden Felder aber durchaus unterschiedlich häufig aktualisiert. Betrachtet man beispielsweise die Informationen, die über einen Kunden gespeichert sein können, so könnte sich beispielsweise ein Aufbau wie in Abbildung 4.5 ergeben.

Nr	Name	Adresse	Geschlecht	Erst.Best	Letzt.Best.	Kreditlinie	...

Abbildung 4.5: Beispieltabelle für Kunden

Wie man sieht, gibt es Informationen, die sich nie ändern, beispielsweise das Datum der ersten Erfassung oder der ersten Bestellung, das Geschlecht usw. Andere Daten können sich in seltenen Fällen ändern, beispielsweise Name, Adresse, Einkommen, Telefonnummer usw. Wieder andere Felder werden sich im Normalfall vielleicht monatlich ändern: Datum des letzten Kundenkontakts, Datum der letzten Bestellung, Kreditlinie usw.

Wird in solch einem Fall die Kundentabelle in drei verschiedene Tabellen aufgeteilt, hat dies verschiedene Vorteile. Das Datenvolumen kann bei entsprechender Historisierung verkleinert werden, da die Informationen, die nie oder selten geändert werden, nicht monatlich in neue Datensätze kopiert werden müssen. Die Verwaltung der Beziehungen zu anderen Tabellen kann vereinfacht werden, da die Anzahl der Veränderungen geringer ist.

Somit ist stets auch zu überlegen, inwieweit nicht Entitäten, die Informationen über dasselbe Subjekt enthalten, auf Grund der Aktualisierungshäufigkeit im Data Warehouse in getrennte Tabellen aufgespalten werden sollten.

Im Gegensatz zum operativen System erfolgt diese Trennung aber nicht nach inhaltlichen Gesichtspunkten oder nach der Organisationsstruktur eines Unternehmens.

Das Qualitätsmodell

Neben den eigentlichen Strukturen der Daten können noch zusätzliche Regeln für die Prüfung der in das Modell überführten Daten formuliert werden. Dies sollte in deklarativer Form geschehen. Diese Regeln beschreiben die zugesicherten Qualitätseigenschaften für alle Datensätze innerhalb des Datenmodells und stellen somit einen Mindeststandard für den Anwender des Data Warehouse dar. Diese Regeln können beispielsweise in folgender Weise formuliert werden:

- Wenn kein Datum für eine Erstbestellung vorliegt, wird der Kundendatensatz abgewiesen (kein Kunde).

Regeln zur Prüfung der Daten

- Wenn die Postleitzahl nicht fünfstellig und die Nationalität deutsch ist, wird die PLZ auf 00000 gesetzt.

- Wenn das Einkommen kleiner 0 ist, wird es auf 0 gesetzt.

- Wenn die Kreditlinie fehlt, wird sie auf 0 gesetzt.

- Wenn im Feld `Geschlecht` ein anderer Eintrag als `m/w` vorhanden ist, wird der Wert auf `unbekannt` gesetzt.

- usw.

Die Prüfung dieser Bedingungen ist jeweils Aufgabe des Prozesses, der Daten in eine Tabelle lädt. Technisch kann dies in einem Transformationsprogramm geschehen, als Trigger in der Datenbank hinterlegt oder auf andere Weise gelöst sein. Es ist lediglich sicherzustellen, daß die entsprechenden Regeln immer angewendet werden, wenn ein Datensatz in die Datenbank geladen wird. Sinnvoll ist es, derartige Regeln als Bestandteil des Data-Warehouse-Modells formulieren und dokumentieren zu können. Dies ist im Rahmen der ER-Modellierung leider nur in wenigen Fällen und mit wenigen Methoden möglich. In diesen Fällen sollten die Regeln in Ergänzung zum ER-Modell dokumentiert werden können. Sinnvollerweise kann dies zusammen mit dem Modell in einem Repository geschehen. Dies bietet darüber hinaus auch die Möglichkeit, die Regeln in der gewünschten Detaillierung sowohl fachlich als auch technisch zu hinterlegen.

Das Zugriffsmodell

Die bisherigen Schritte haben dazu gedient, die Daten im Data Warehouse strukturiert und entsprechend den Lade- und Qualitätseigenschaften abzulegen.

In vielen Fällen kann der Zugriff auf das Data-Warehouse-Modell entsprechend den Anforderungen der nutzenden Data Marts optimiert werden. Wird auch auf das Data Warehouse nicht direkt von Endanwendern zugegriffen, so lohnt es sich häufig doch, den Data Marts Unterstützung bei ihren Ladevorgängen zu bieten. Diese Möglichkeiten sollten im Rahmen des Service für die nutzenden Data Marts auch umgesetzt werden. Mit dieser Optimierung kann bereits nach der Konstruktion des Basismodells begonnen werden.

Vereinfachung von Ladevorgängen

Insbesondere können Ladevorgänge durch

- zusätzliche Verdichtungen
- Bildung von Zeitreihen

Bildung von Zeitreihen

vereinfacht werden. Die Bildung von Zeitreihen ist unter Umständen eine einfache Möglichkeit, Platz und Indexeinträge zu sparen. Wenn bestimmte Größen, beispielsweise Umsatz und Kosten, monatlich im Data Warehouse anfallen, können diese Werte statt in zwölf Datensätzen in einem Datensatz gespeichert werden, indem Umsatz und Kosten jeweils zwölfmal in einen Datensatz aufgenommen werden.

Neben der Platzersparnis kann so außerdem ein Performance-Gewinn erreicht werden, der allerdings sehr von der Nutzung der Daten, der Struktur des Datenbanksystems usw. abhängt. Da die Zeit aber, wie bereits erläutert, ein bekannter Dimensionstyp ist, besteht für OLAP-Werkzeuge die Möglichkeit, auch zusätzliche Funktionen für die Verarbeitung derartiger Datensätze anzubieten. So kann man mit einigen OLAP-Werkzeugen Zeitreihen aus einem Datensatz interpretieren und richtig in die Dimensionsstruktur einfügen. Dies reduziert die benötigte Datenmenge und die Abfragezeit erheblich.

Dasselbe kann auch für andere Wiederholungsgruppen durchgeführt werden, wenn diese wegen der Bildung der ersten Normalform im operativen System aufgelöst wurden und wenn einige grundlegende Bedingungen erfüllt sind. Dazu zählen:

- Die Anzahl der Wiederholungen ist relativ klein.
- Die Anzahl der Wiederholungen ist normalerweise gleich, hat aber zumindest eine feste Obergrenze.
- Der Ladevorgang erfolgt zur selben Zeit, oder Standardwerte können für fehlende Wiederholungen eingesetzt werden.
- Die Werte in den Wiederholungsgruppen werden häufig zusammen verwendet.

Andere Wiederholungsgruppen

In diesen Fällen können die Daten von dem nutzenden Werkzeug (MQE, OLAP, Data Mining) häufig in dieser komprimierten Form gelesen und verarbeitet werden.

Das zweite Thema im Zusammenhang mit der Nutzung ist die Verdichtung, also die Granularität. Die Granularität wurde bereits für das Basismodell angesprochen. Die Granularität des Basismodells ist entscheidend für die Menge der anfallenden Daten, für die Tiefe einer möglichen Datenanalyse und für die Möglichkeit einer historischen Umgruppierung von Daten in neue Strukturen. Hier wurde bereits erwähnt, daß, soweit technisch möglich, die Daten auf der feinsten sinnvoll erscheinenden Granularitätsstufe gespeichert werden sollten.

Verdichtung

Daneben kann es aber sinnvoll sein, neben den Daten auf der feinsten Granularitätsstufe die Daten *zusätzlich* auf höheren Verdichtungsstufen bereitzustellen. Dafür wird dann zwar zusätzlicher Speicherplatz benötigt, andererseits können Data Marts, welche die Daten auf der höheren Verdichtungsstufe benötigen, diese unmittelbar nutzen, ohne die Verdichtung immer wieder selbst durchzuführen.

Sind die Umsatzdaten beispielsweise auf Artikelebene vorhanden, werden aber von mindestens zwei Data Marts nur auf Artikelgruppenebene benötigt, so kann die Verdichtung von Artikeln auf Artikelgruppenebene bereits im Data Warehouse durchgeführt werden. Die so erstellten Verdichtungssätze können dann entweder in eine eigene Tabelle gestellt oder der bestehenden Artikeltabelle hinzugefügt werden. Der bessere Weg hängt hier von den Möglichkeiten einer Indizierung oder eines anderen schnellen Zugriffsweges auf die verdichteten Sätze in der Artikelumsatztabelle ab.

Derartige Vorverdichtungen bereits im Data Warehouse sind über verschiedene Ebenen einer Dimension sowie gleichzeitig oder nacheinander in Richtung verschiedener Dimensionen möglich. Die Durchführung sollte von dem tatsächlichen Bedarf in den Data Marts abhängig gemacht werden.

Insgesamt kann das Zugriffsmodell als eine Art von Zwiebelschalenmodell verstanden werden, das um die anderen Teile des Data-Warehouse-Modells herum gelegt wird und in einer oder mehreren Ebenen den verschiedenen Data Marts einen einfacheren und performanteren Zugriff auf die Daten im Data Warehouse gestattet. Dieser zusätzliche Service sollte allerdings schrittweise in Abhängigkeit der tatsächlichen Anforderungen der Data Marts entstehen.

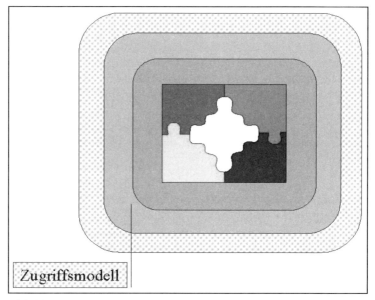

Abbildung 4.6: Nutzungsmodell als Zwiebelschalenmodell

Die Zwiebelschalen des Zugriffsmodells stellen einen nicht unbeträchtlichen Aufwand hinsichtlich Speicherplatz, Laufzeiten und insbesondere Steuerung beim Laden neuer Daten in das Data Warehouse dar. Daher sollte dieser Aufwand erst betrieben werden, wenn sichergestellt ist, daß innerhalb der Data Marts ein deutlicher Nutzen entsteht, der diesen zusätzlichen Aufwand aufwiegt.

4.2.5 Data-Warehouse-Modell: Zusammenfassung

In den vorangegangen Abschnitten wurde auf die Unterschiede zwischen operationalen und dispositiven Systemen hinsichtlich der Struktur des Datenmodells eingegangen. Die Schritte der Transformation eines »operativen« Modells zu einem Data-Warehouse-Modell wurden kurz skizziert. Die Notwendigkeit einer Transformation entsteht aus den unterschiedlichen Anforderungen an die Datenhaltung und den Datenzugriff in beiden Systemen.

Im Mittelpunkt stand dabei stets die Integration der Informationen zu einer unternehmensweiten Sicht. Eine Integration der Strukturen fordert eine einheitliche Ablage aller Fakten entsprechend den Strukturen des Unternehmens. Idealerweise ließe sich so das gesamte Unternehmen geordnet nach seinen wesentlichen Informationen in einem Datenmodell ablegen.

Damit ergibt sich ein Datenmodell, das in seinen Sachgebieten um die klassischen Entitäten eines Unternehmens strukturiert ist: im Rechnungswesen gruppiert um Entitäten wie Konto, Kostenart, Kostenstelle, Beleg usw., in der Logistik um Arbeitspläne, Stücklisten, Betriebsmittel, im Personalwesen um Stellen, Mitarbeiter usw., im Vertrieb um Kunden, Produkte, Konditionen usw. Idealerweise werden diese Bereiche jetzt zu einem Gesamtmodell verbunden, und es entsteht das unternehmensweite Datenmodell. Es ist der Orientierungspunkt des Data-Warehouse-Modells, um eine integrierte Sicht auf alle Informationen eines Unternehmens zu erlauben. Das Modell wird um historische Daten und Dimensionen ergänzt. Aktualisierungszeitpunkt und Qualitätsprüfung runden die Modellbeschreibung ab. Bei Bedarf kann das Modell um zugriffsorientierte Strukturen ergänzt werden. Damit kann es dann als Basis für die Umsetzung in eine Datenbank verwendet werden, aus der alle Unternehmensbereiche ihre Informationen entnehmen können. Durch die einheitliche Datenbasis werden Widersprüche in den Daten von vornherein vermieden. Alle Nutzer greifen auf dieselben Daten zu. Abweichende Reports gehören somit der Vergangenheit an.

4.3 Modellierung des Data Mart

Bisher haben wir das Datenmodell des Data Warehouse angesprochen. Jetzt geht es um die Frage, ob das Data-Warehouse-Modell in dieser Form grundsätzlich auch für den unmittelbaren Zugriff durch den Endbenutzer verwendet werden kann bzw. ob

4.3 Modellierung des Data Mart

für das Datenmodell der Data Marts noch einmal andere Kriterien zu berücksichtigen sind.

Dabei zeigt sich sehr schnell, daß auch bei den Anforderungen an dispositive Datenhaltungssysteme Widersprüche und Zielkonflikte existieren. Der zentrale Konflikt ist dabei der Widerspruch zwischen unternehmensweiter Integration und benutzerorientierter Modellierung.

Dieser Konflikt entsteht aus der Forderung nach einem Datenbankschema, das sich an der Verständlichkeit und Nutzbarkeit eines Datenmodells für die Analyse durch eine bestimmte Anwendergruppe (und damit Sicht auf das Unternehmen) orientieren soll, und der Forderung nach einer Integration der Strukturen im Unternehmen. Das erste ist die Sicht des Data Mart, das zweite die Sicht des Data Warehouse.

Bisher haben wir die Integration in den Vordergrund gestellt. Diese ist mit Sicherheit die Grundlage für einen mittel- und langfristigen Erfolg einer Data-Warehouse-Umgebung.

Für einen kurzfristigen Erfolg und eine Akzeptanz beim Anwender ist aber die Verständlichkeit der Datenstrukturen und deren Orientierung am eigentlichen Analyseproblem entscheidend. Wird hier ein Data-Warehouse-Datenmodell verwendet, hat die Erfahrung gezeigt, daß ein Scheitern relativ sicher ist. Die Strukturen sind zu komplex und nicht auf die Sicht des Anwenders abgestimmt. Verständnisprobleme und Laufzeitprobleme sind die unmittelbare Folge.

Bedeutung der Anwendersicht Jeder Versuch, die verschiedenen Anwendersichten der Data Marts gleichzeitig abzubilden und die Integration des Modells zu erhalten, steht in einem starken Zielkonflikt. Konsequenterweise sollten daher die Modelle der Data Marts entsprechend der Sicht der Anwender modelliert werden. Ihre Versorgung kann dann durch eine Sicht (nicht unbedingt im Sinne von SQL) auf das Data-Warehouse-Modell sichergestellt werden.

Eine zentrale Rolle spielt hier wieder die gezielte Denormalisierung, insbesondere für die Nutzung im OLAP-Umfeld die sogenannten Dimensionstabellen und Fakttabellen, die dann zu einem Starschema oder Snowflake-Schema kombiniert werden.

Bevor wir uns diese Schemata ansehen, sollen die Bausteine erläutert werden.

4.3.1 Dimensionstabellen

Dimensionstabellen stellen das Mittel dar, um die fachlichen Zusammenhänge im Data Warehouse abzulegen, die in der OLAP-Analyse in Form von Dimensionen verwendet werden. Dimensionen bestehen dabei zumeist aus einer hierarchischen Struktur von Kategorien, die nach Ebenen gruppiert werden. Diese Struktur wird im Data Warehouse abgelegt, indem im Normalfall zunächst eine Tabelle je Dimension vorgesehen wird. Diese Tabelle wird als Dimensionstabelle oder Strukturtabelle bezeichnet. Sie enthält eine Spalte je Dimensionsebene, in der die Kategorien dieser Ebene stehen. Dies bedeutet, daß beispielsweise für die Vertriebsorganisation, wie sie in obigem Beispiel mit den Ebenen Gesamtvertrieb, Region, Niederlassung, Filiale und Mitarbeiter definiert ist, eine Tabelle anzulegen ist, wie sie in Abbildung 4.7 dargestellt ist.

Gesamtvertrieb	Region	Niederlassung	Filiale	Mitarbeiter
Deutschland	Nord	Hannover	Braunschweig	Schmitz
Deutschland	Nord	Hannover	Braunschweig	Klein
Deutschland	Nord	Hannover	Braunschweig	Wilhelm
Deutschland	Nord	Hannover	Hannover	...
Deutschland	Nord	Hannover	Celle	...
Deutschland	Nord	Hannover	Hameln	...
Deutschland	Nord	Hamburg	Kiel	...
Deutschland	Nord	Hamburg	...	...
Deutschland	Nord	Bremen	Oldenburg	...
Deutschland	Nord	Bremen	...	...
Deutschland	West	Düsseldorf	...	...
Deutschland	West	...	...	...
Deutschland	Mitte	Frankfurt	...	...
Deutschland	Mitte	...	...	...
Deutschland	Ost	...	...	...
Deutschland	Süd	...	...	...

Abbildung 4.7: Beispiel für eine Dimensionstabelle

Aus den Datensätzen in der Tabelle ergibt sich die Struktur der Dimension, also der »Kategoriebaum«. Dieser entsteht einfach dadurch, daß eine Kategorie b in einer Ebene n+1 immer genau dann zu einer anderen Kategorie a in der übergeordneten Ebene

Kategoriebaum

4.3 Modellierung des Data Mart

n gehört, wenn ein Datensatz existiert, bei dem der Wert b in der nächsten Spalte und der Wert a in der Spalte n steht.

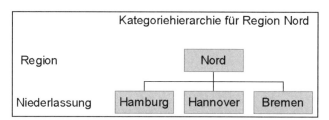

Abbildung 4.8: Ausschnitt aus dem Kategoriebaum

Der hier dargestellte Ausschnitt aus dem Kategoriebaum ist in der Dimensionstabelle dadurch repräsentiert, daß in der Tabelle Datensätze enthalten sind, die in der Spalte Region den Wert »Nord« und in der Spalte Niederlassung den Wert »Hamburg«, »Hannover« bzw. »Bremen« enthalten. Man sieht außerdem die hochgradige Redundanz, die in einer Dimensionstabelle enthalten ist. Die Information, daß die Niederlassung Hannover zur Region Nord gehört, ist in jedem Datensatz enthalten, der die Niederlassung Hannover enthält. Dies bedeutet in unserem Beispiel, daß die Information für jede Filiale der Region Hannover und letztlich für jeden Mitarbeiter einer Filiale der Region Hannover abgelegt wird. Dies sind bereits in obigem Beispiel mindestens sieben Datensätze.

Diese Redundanz wird in einer Data-Warehouse-Umgebung normalerweise in Kauf genommen, um damit andererseits einen schnellen Zugriff auf die Gesamtstruktur zu erhalten. Insbesondere für die später betrachteten Join-Operationen in Data Marts kann so die Komplexität und Laufzeit der Joins sehr positiv beeinflußt werden.

Hinzu kommt, daß zumindest die natürlichen Dimensionen einen zentralen Baustein jedes Datenmodells bilden und diese Strukturen, einmal aufgebaut, zumeist häufig wiederverwendet werden können.

Eindeutigkeit Jede Dimensionstabelle besitzt einen Schlüssel. In vielen Fällen ist der Wert der untersten Ebene eindeutig, beispielsweise die Kontonummer in der Kostenartenstruktur, der Monat in einer Zeitstruktur oder die Personalnummer eines Mitarbeiters in einer Organisationsstruktur. In diesem Fall kann allein die Spalte für die unterste Ebene als Primärschlüsselspalte verwendet werden.

In anderen Fällen ist der Wert der feinsten Ebene für sich allein betrachtet nicht eindeutig. In diesem Fall muß auf die Werte darüberliegender Ebenen zusätzlich zurückgegriffen werden, um einen Primärschlüssel zu erhalten. Im Grenzfall kann dies bedeuten, daß über alle Ebenen der Dimension gegangen werden muß, was letztlich gleichbedeutend mit einem Primärschlüssel aus allen Spalten der Dimensionstabelle ist.

Tatsächlich verursachen diese Fälle aber bei einem Join in einer relationalen Datenbank, der dann über mehrere Spalten gehen muß, Probleme derart, daß komplexere Indizes aufgebaut werden müssen und/oder sich Laufzeiten für die Join-Operationen verlängern. Auch im Bereich der OLAP-Werkzeuge kann dies zu Problemen führen, wenn Eindeutigkeit bei der Zuordnung von Werten zu Kategorien erzeugt werden muß. In der Praxis ist es daher sinnvoll, wann immer möglich Eindeutigkeit auf der untersten Ebene herzustellen. Dies kann durch die Bildung eines künstlichen Schlüsselfeldes geschehen. Möglich ist dies immer dadurch, daß im Zweifelsfall alle Spalten eines Datensatzes konkateniert (aneinandergehängt) werden. Eventuelle Leerstellen in einer Spalte sollten dabei durch einen vordefinierten Defaultwert (beispielsweise » « oder »-«, nicht aber NULL !) ersetzt werden, um Eindeutigkeit zu gewährleisten.

Ist nicht sicher, ob eine Dimension immer in voller Länge genutzt wird bzw. ein Einstieg immer auf unterster Ebene erfolgt, so müssen auch die anderen Ebenen eindeutig sein. Diese Fälle treten beispielsweise grundsätzlich dann auf, wenn eine Dimension von verschiedenen Kennzahlgruppen genutzt werden soll, deren maximale Dimensionslinie in der betrachteten Dimension voneinander abweicht. Da häufig im Vorfeld nicht klar ist, welche Ebenen einer Dimension künftig Bestandteil der maximalen Dimensionslinie einer Kennzahl werden, ist es sinnvoll, auf jeder Ebene Eindeutigkeit herzustellen. Dies bedeutet, daß die Werte einer Ebene in sich eindeutig sein müssen, also nicht derselbe Wert unterschiedlichen Werten der darüberliegenden Ebene zugeordnet wird. Wegen der Denormalisierung und der damit verbundenen Wiederholung eines Wertes für alle Werte untergeordneter Ebenen bedeutet dies nicht, daß die Spalte unique ist oder einen Schlüsselkandidaten darstellt. Eine Spalte für eine Ebene ist aber dann eindeutig, wenn sie für die Dimensionstabelle für den Fall, daß aus der Tabelle alle Spalten untergeordneter Ebenen entfernt würden, einen eindeutigen Primärschlüssel darstellen könnte.

In der Praxis hat es sich als sinnvoll erwiesen, für jede Ebene einer Dimensionstabelle eine eindeutige Spalte zu erzeugen. Ist diese nicht vorhanden, so wird sie künstlich erzeugt. Damit ist die Tabelle für alle künftigen Nutzungen auf verschiedenen Ebenen vorbereitet.

4.3.2 Domänentabellen

Wir haben in unserem Beispiel die Niederlassung »Hannover« stets über diesen Namen angesprochen. In der Informationsverarbeitung hat sich aber eingebürgert, für die Identifikation eines Objekts einen zumeist numerischen Schlüssel zu verwenden. So wird eine Niederlassung beispielsweise über die Niederlassungsnummer (NL-Nr) identifiziert, und die operationalen Datenbanken kennen die Niederlassung Hannover als NL-Nr. »300«. Dies hat außerdem den Vorteil, daß zufällige Namensgleichheiten (insbesondere durch Namen wie »keine Bezeichnung«, »sonstige«, »nicht verfügbar«) die Eindeutigkeit einer Ebene verhindern. Da der Endanwender andererseits aber im Normalfall keinen künstlichen Schlüssel, sondern einen für ihn sprechenden Text sehen will, muß dieser Text zusätzlich aufgenommen werden. Eine konsequente Denormalisierung würde diesen Text dann ebenfalls in die Dimensionstabelle integrieren. Wegen der Redundanz würde dann aber neben dem Schlüssel auch der zumeist umfangreichere Text für jede untergeordnete Kategorie wiederholt werden.

Daher ist es gängige Praxis, in größeren Tabellen die Zuordnung von Schlüsseln zu sprechendem Text in eine eigene Tabelle auszulagern. Beispielsweise wird der Text »Hannover« der Nummer »300« über eine eigene Schlüsseltabelle zugeordnet. Dieses in operativen Systemen bewährte Verfahren der Schlüsseltabellen wird in vielen Fällen in Data-Warehouse- und Data-Mart-Modelle übernommen. Häufig hat man es hier für eine Ebene mit ihrem Schlüssel nicht nur mit einem zugeordneten Text, sondern mit verschiedenen Feldern zu tun. So können für die Ebene `Niederlassung` beispielsweise die in Tabelle 4.1 verwendeten Felder eingesetzt werden.

Rolle	Spalte	Bedeutung	Beispiel
ID	NL-NR	Identifikation der Kategorie	300
Bezeichnung	Niederlassung	Textuelle Bezeichnung	Hannover
Kürzel	NL-Kurzname	Kurzbezeichnung	H
Beschreibung	NL-Text	Erläuterung	Adresse, Telefonnummer, Niederlassungsleiter
...	...	...	...

Tabelle 4.1: Beispiele für verschiedene Werte einer Kategorie

In diesen Fällen ist für eine direkte Nutzung der Dimensionstabelle für eine OLAP-Struktur nicht nur eine Spalte je Ebene vorzusehen, sondern alle oben enthaltenen Spalten (NL-NR, Niederlassung, NL-Kurzname, NL-Text) müssen in der Dimensionstabelle vorhanden sein oder in eine Schlüsseltabelle ausgelagert werden. Da dies häufig für Ebenen gilt und gerade die textuellen Felder oft recht lang sind, führt die Speicherung in der Dimensionstabelle zu einer Redundanz, die in vielen Fällen nicht mehr sinnvoll ist. Daher werden dann alle Felder bis auf den Schlüssel (ID) in eine eigene Tabelle ausgelagert. Dadurch entsteht je Ebene einer Dimension eine Domänentabelle, die alle erläuternden Informationen über die Kategorien der Ebene enthält.

In der Dimensionstabelle selbst verbleibt nur die Schlüsselspalte, die dann als Fremdschlüsselspalte für den Zugriff auf die Domänentabelle dient.

4.3.3 Fakttabellen

Fakttabellen werden aufgebaut, um die Kennzahlen abzulegen und mit den Dimensionen zu verbinden. Folglich enthalten Fakttabellen eine Spalte je Kennzahl und einen Fremdschlüssel je Dimension, in denen mindestens eine der Kennzahlen analysierbar ist.

Der Fremdschlüssel bezieht sich dabei direkt auf die entsprechende Spalte der Dimensionstabelle, der die Identifikation für die Kategorien der gewünschten Ebene enthält. Ist die Dimensionstabelle entsprechend aufgebaut, kann immer eindeutig eine Spalte der Dimensionstabelle genutzt werden. Welche Spalte dies ist, hängt von der Ebene ab, die in der Dimension genutzt werden soll. Im Fall der maximalen Dimensionslinie ist dies gerade die unterste Ebene, die je Kennzahl analysierbar ist.

Wie viele Datensätze eine Fakttabelle enthält und wie die Verknüpfung zu den Dimensionstabellen erfolgt, hängt vom Zeitpunkt der Verdichtung von Kennzahlen ab. Die Verdichtung der Kennzahlen erfolgt wie beschrieben entlang der Ebenenhierarchie der Dimensionen. Welche Werte verdichtet und wie sie verdichtet werden, ist Teil des OLAP-Modells und dort beschrieben. Wichtig für das Datenmodell und insbesondere die Fakttabellen ist, wann diese Verdichtung erfolgt.

Verdichtung

Sie kann bereits bei der Erstellung der Datenbank für den Data Mart oder bei der Ausführung der Auswertung erfolgen. Wesentlich hängt dies von den verwendeten Werkzeugen ab. Erfolgt die Verdichtung erst zum Zeitpunkt der Auswertung im Data

4.3 Modellierung des Data Mart

Mart durch ein Werkzeug, so genügt es, die Datensätze in der Fakttabelle zu speichern, die auf der maximalen Dimensionslinie selbst liegen. Im OLAP-Werkzeug wird dann der Algorithmus hinterlegt, wie die Werte einer bestimmten Kennzahl hinsichtlich einer bestimmten Dimension verdichtet werden. Wird im Data Mart der OLAP-Würfel auf einer höheren Ebene betrachtet, so kann das OLAP-Werkzeug die Verdichtung mittels des hinterlegten Algorithmus selbständig durchführen. Derartige Verdichtungen lassen sich mit geeigneten Werkzeugen performant durchführen und bieten den Vorteil eines geringen Datenvolumens.

Führt man die Berechnung der Verdichtungen bereits beim Aufbau des OLAP-Würfels durch, indem alle verfügbaren Werte vorberechnet werden, so kann man von *vorverdichteten* Daten sprechen. In der Fakttabelle erhält man für jede verdichtete Zelle einen weiteren Datensatz. Das Wachstum der Fakttabelle durch Vorverdichtung läßt sich daher bei Vorverdichtung in einer Dimension beispielsweise wie folgt berechnen:

Vertriebsorganisation: 2740		
Ebene	Berechnung	Anzahl
Alle		1
Land	Drei Länder: USA, UK und Deutschland	3
Region	Acht Regionen in den USA, drei in UK und fünf in Deutschland	16
Niederlassung	32 in USA, 14 in UK und 18 in Deutschland	64
Filiale	124 in USA, 48 in UK und 64 in Deutschland	236
Mitarbeiter	1120 in USA, 520 in UK und 780 in Deutschland	2420

Wachstumsfaktor (Vertriebsorganisation) = 2740 / 2420 = 1,13
Wachstumsfaktor (Zeit) = 35/24 = 1,46
Wachstumsfaktor (Produktgruppen) = 624/620 = 1,01
Wachstumsfaktor (Kundenstruktur) = 1430/1426 = 1,00

Entsprechend ergibt sich bei einer voll besetzten Matrix aus der Kombination der Verdichtungen in den verschiedenen Dimensionen ein Wachstum von

1,13 * 1,46 * 1,01 * 1,00 = 1,67, also um rund zwei Drittel.

Der konkrete Wert hängt sowohl von der Dichte der Besetzung der einzelnen Dimensionen als auch von der Anzahl der Dimensionen ab. Für dünn besiedelte Dimensionen ist der CGF (**C**ompound **G**rowth **F**actor) angegeben worden [Holthuis97].

4.3.4 Starschema

Dimensionstabellen und Fakttabellen bilden die Grundlage des Starschemas. Das *Starschema* (auch als Starjoin oder eingedeutscht Sternschema bekannt) ist das bekannteste und weitgehend akzeptierte Grundschema eines Data Mart. Es folgt genau der OLAP-Struktur mit ihrer Aufteilung in Dimensionen und Kennzahlen. Dabei werden die Informationen über die Strukturen innerhalb der Dimensionen aus den oben beschriebenen Dimensionstabellen gewonnen. Im Sternschema wird zu diesen Dimensionstabellen eine sogenannte *Fakttabelle* (englisch: facttable) hinzugefügt, welche die eigentlichen Kennzahlen (engl.: facts, daher im Deutschen manchmal auch Fakten genannt) enthält.

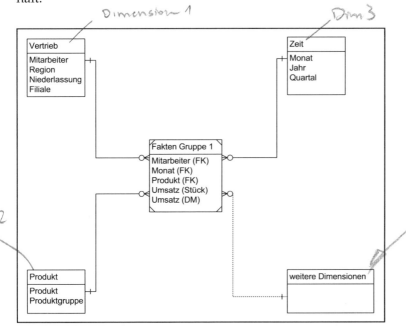

Abbildung 4.9: Einfaches Starschema

Im OLAP-Modell sind die Kennzahlen die Größen, die in bezug auf die verschiedenen Dimensionen analysiert werden sollen. Über die Dimensionslinie ist beschrieben, in welchen Ebenen welcher Dimension eine Kennzahl oder eine Gruppe von Kennzahlen in einem OLAP-Modell analysierbar sein soll. Sie verknüpft die Kennzahlen jeweils mit einer Ebene der relevanten Dimensionen.

Dies findet im Datenmodell genau seine Entsprechung, indem im Normalfall genau die Kennzahlen einer Kennzahlengruppe in ei-

4.3 Modellierung des Data Mart

ner Fakttabelle zusammengefaßt werden und diese Fakttabelle dann mit den Dimensionstabellen verknüpft wird. Jede Dimensionstabelle enthält normalerweise als Primärschlüssel die Spalte mit der Identifikation der untersten Ebene. Übergeordnete Spalten müssen nur im oben angesprochenen Sinn eindeutig sein, damit sie als Bezugspunkt für Fremdschlüsselspalten in Fakttabellen verwendet werden können. Generell sollte für jede Ebene einer Dimension eine eigene Spalte zur Verfügung stehen. In der Fakttabelle sind die Spalten für die Kennzahlen enthalten, in obigem Beispiel *Umsatz (in Stück)* und *Umsatz (in DM)*. Zusätzlich wird in die Fakttabelle je Dimension genau die Spalte als Fremdschlüssel zusätzlich aufgenommen[1], die der Ebene entspricht, durch welche die Dimensionslinie der Kennzahlengruppe in der Fakttabelle geht. Im obigen Beispiel dient die Spalte *Mitarbeiter* als Fremdschlüsselspalte genau der Referenzierung der Dimension Vertrieb, während der Monat für die Referenzierung der Dimension Zeit verwendet wird. Schließlich wird noch die Dimension Produkt über das Produkt selbst referenziert. In Abbildung 4.10 ist noch einmal die maximale Dimensionslinie dargestellt, wie sie für die angesprochenen Kennzahlen definiert wurde. Man sieht, daß genau die drei Dimensionen, die für die Kennzahlgruppe 1 in den für die Analyse maximal zulässigen Ebenen mit der Fakttabelle über Fremdschlüssel verbunden sind. Die Dimension Kostenstelle wird für die Analyse der entsprechenden Kennzahlen nicht herangezogen, da sie nur in der Ebene »alle« zur Verfügung steht, für die Analyse also nicht relevant ist.

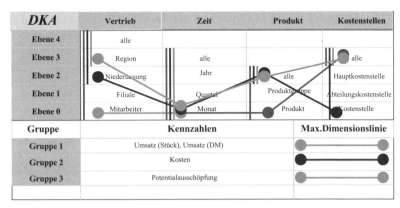

Abbildung 4.10: Dimensionslinie

---

1 Ist die Ebene nicht eindeutig über ein Feld identifiziert, so sind die entsprechenden Felder für die übergeordneten Ebenen zusätzlich aufzunehmen.

Analog können jetzt weitere Fakttabellen konstruiert werden, die den beiden anderen Kennzahlgruppen entsprechen. Für die Gruppe 2 (Kosten) ergäbe sich eine Fakttabelle, die neben der Spalte Kosten für die Kennzahl selbst, die Fremdschlüssel Niederlassung, Monat und Kostenstelle enthielte. Der Fremdschlüssel Niederlassung würde dabei die Dimensionstabelle Vertrieb referenzieren, im Unterschied zur Gruppe 1 allerdings auf einer höheren Ebene. Der Fremdschlüssel Monat referenziert wie gehabt die Tabelle Zeit. Die Dimensionstabelle Produkt wird überhaupt nicht referenziert, da hier nur die Analyse auf der Ebene »alle« möglich ist. Dafür wird jetzt die Ebene Kostenstelle in der Dimension Kostenstellen referenziert. Entsprechend kann die Fakttabelle für die dritte Kennzahlgruppe konstruiert werden.

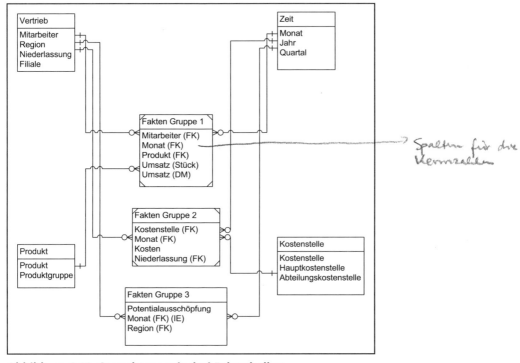

Abbildung 4.11: Starschema mit drei Fakttabellen

Insgesamt ergibt sich daraus ein Datenmodell wie in Abbildung 4.11 dargestellt. In diesem Schema würden sich jetzt die Primärschlüssel der Fakttabellen direkt aus der Menge der Fremdschlüssel ergeben. Der Primärschlüssel einer Fakttabelle im Starschema ist also die Zusammenfassung aller Fremdschlüssel zu den Dimensionstabellen. Dies entspricht im OLAP-Modell anschaulich der Aussage, daß eine Zelle, in die Kennzahlen geschrieben werden sollen, den Koordinaten der beteiligten Dimensionen entspricht. Diese Koordinaten werden im Starschema gerade durch die Bezüge zu den Dimensionstabellen dargestellt.

In einfachen Fällen reicht ein Starschema mit einer Fakttabelle zur Modellierung eines Data Mart. Häufig ergeben sich allerdings komplexere Situationen, die schnell mehrere Fakttabellen erfordern können. Grundsätzlich kann man aus der Dimensionslinie folgende Regel ableiten:

eine maximale Dimensionslinie = eine Kennzahlgruppe = eine Fakttabelle

Nach dieser Regel würde immer dann, wenn eine weitere Dimensionslinie existiert, also eine Kennzahlgruppe, die in mindestens einer Dimension abweichend analysiert wird, eine weitere Fakttabelle notwendig. Eine weitere Regel lautet:

eine Fakttabelle = ein OLAP-Würfel

Tatsächlich können diese Regeln als Hinweise für die Gestaltung des Datenmodells verwendet werden. Wesentlicher bei der Gestaltung der Würfelinhalte ist allerdings zumeist der inhaltliche Zusammenhang aus Sicht des Anwenders, der zwar eng mit diesen Strukturen zusammenhängt, in einigen Fällen aber doch eine großzügigere Auslegung erfordert.

4.4 Multistarschema

Charakteristisch für das Starschema ist die Tatsache, daß alle Datensätze in den Fakttabellen unmittelbar den Strukturen in den Dimensionstabellen zugeordnet werden können. Dies drückt sich dadurch aus, daß die Fremdschlüssel einer Fakttabelle zusammen gerade auch jeweils den Primärschlüssel der Fakttabelle bilden. Es kann allerdings auch vorkommen, daß die Summe der Fremdschlüssel zur Identifizierung nicht ausreichend ist. So könnten im obigen Beispiel die Umsatzzahlen tatsächlich pro Tag und nicht nur pro Monat vorliegen. In einem solchen Fall kann es sinnvoll sein, diese Daten nicht sofort auf den Monat zu verdichten, sondern für spätere oder andere Auswertungen auf Tagesebene zu belassen. In diesem Fall ist in der Fakttabelle ein zusätzliches Feld notwendig, um zu einem eindeutigen Primärschlüssel zu kommen.

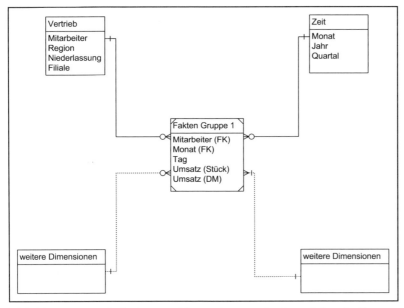

Abbildung 4.12: Einfaches Multistarschema mit einer Fakttabelle

Multistartabellen können notwendig werden, wenn, wie in diesem Beispiel, Informationen in größerer Detaillierung gespeichert werden, als sie gerade analysiert werden. Sie können auch notwendig werden, wenn die Daten in der Fakttabelle bereits weitere Strukturierungsmerkmale aufweisen, diese aber noch nicht in einer weiteren Dimension für die Analyse vorbereitet sind. Schließlich kann es auch vorkommen, daß sehr einfache Dimensionen existieren, beispielsweise IST/Plan mit nur zwei Kategorien in einer einzigen Ebene. In diesen Fällen kann es sinnvoll sein, keine gesonderte Dimensionstabelle aufzubauen. Diese würde keine weiteren Strukturinformationen liefern und im Auswertungsfall nur einen zusätzlichen Join erfordern. Daher wird in diesem Fall häufig auf diese zusätzliche Tabelle verzichtet, und die Information ist nur in der Fakttabelle enthalten. Auch in diesem Fall entsteht ein Multistarschema, da die Angabe Ist/Soll Bestandteil des Primärschlüssels ist.

4.5 Das Snowflake-Schema

Das Snowflake-Schema ergibt sich aus dem Starschema durch teilweise Normalisierung. Das Ziel dabei ist die Verringerung der Redundanz in den Dimensionstabellen. An dieser Stelle sei angemerkt, daß die Definition des Snowflake-Schemas in der Literatur teilweise voneinander abweicht. Hier soll darunter aus-

4.5 Das Snowflake-Schema

schließlich die Normalisierung durch Abspaltung der beschreibenden Attribute von den Dimensionstabellen verstanden werden.

Wie oben beschrieben sind in einem Starschema die Dimensionstabellen sternförmig um die Fakttabelle(n) gruppiert. Jede Dimensionstabelle besitzt zumindest je Ebene der Dimension eine Spalte. In der Praxis werden dies häufig zumindest zwei Spalten sein, eine identifizierende Spalte mit einem zumeist numerischen Code und eine weitere Spalte mit einer sprechenden Bezeichnung. Tatsächlich können noch Spalten mit alternativen Bezeichnungen und Beschreibungen hinzukommen. Der Zusammenhang zwischen Code und Bezeichnung(en) ist im allgemeinen eindeutig. Derartige Zusammenhänge werden in Datenbanken zumeist in eigenen Schlüsseltabellen bzw. Domänentabellen abgelegt, wie sie bereits oben beschrieben wurden.

Der Übergang vom Starschema zum Snowflake-Schema kann jetzt einfach darin bestehen, daß für die einzelnen Ebenen der Dimensionen die Spalten mit den sprechenden Bezeichnungen und Beschreibungen abgespalten und in jeweils einer eigenen Tabelle zusammen mit dem Code gespeichert werden. In der Dimensionstabelle verbleiben dann nur noch die Codespalten, genau eine Spalte je Ebene. Dies verkleinert die Dimensionstabellen erheblich, da die voluminösen beschreibenden Texte entfernt werden. Die Domänentabellen wiederum bleiben in ihrer Größe beschränkt, weil dort der Zusammenhang zwischen Code und beschreibenden Feldern nur noch einmalig abgelegt werden muß.

In der Praxis findet man häufig Mischformen, bei denen die Domänentabellen nur teilweise für eine Dimension oder nur für bestimmte Dimensionen realisiert werden. Im wesentlichen hängt dies wiederum von der Größe der Dimensionstabellen ab. Abbildung 4.13 zeigt ein solches partielles Snowflake-Schema, bei dem für die Dimension Vertrieb die Domänentabellen eingeführt wurden.

Die Verwendung von Snowflake-Schemata hat oft beträchtliche Vorteile hinsichtlich Speicher und teilweise auch hinsichtlich der Laufzeiten, da für die Joins günstigere Datenmengen erzielt werden können. Dem steht insbesondere bei der Verwendung von Reportgeneratoren eine höhere Komplexität durch die zusätzliche Navigation im Modell gegenüber. Bei Verwendung eines MQE-Werkzeugs kann diese wiederum in der logischen Schicht vor dem Benutzer versteckt werden. Die Nutzung von Snowflake-Schemata kommt daher sowohl in solchen Umgebungen als auch im OLAP-Bereich in Betracht, insbesondere beim Laden von MOLAP-Datenbanken.

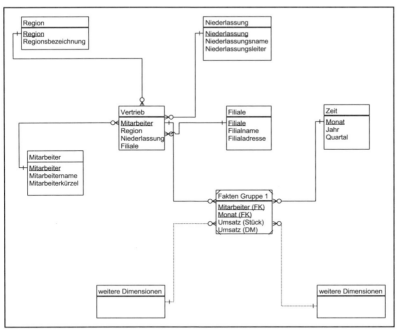

Abbildung 4.13: Snowflake-Schema für die Dimension Vertrieb

4.6 Single-View

Der Single-View für einen Data Mart ist die extremste Form der Denormalisierung. Sie stellt sozusagen das Gegenteil jedes normalisierten Datenmodells dar. Hierbei wird das gesamte Datenvolumen eines Data Mart in einer einzigen Tabelle zusammengefaßt. Je nach Datenbank und Menge der möglichen Datenkombinationen in den verschiedenen Dimensionen und Tabellen kann dies zu extrem guten oder extrem schlechten Antwortzeiten führen. Ist beispielsweise für das Laden einer multidimensionalen Datenbank ein kompletter Table Scan ausreichend, ist die Performance eines solchen Schemas optimal. Auch für die Benutzung durch einen Anwender kann die Struktur optimal sein, weil er sie extrem einfach nutzen kann, ohne über das Problem der Joins nachzudenken. Außerdem ist zu beachten, daß eine solche Struktur noch keinerlei Dimensionen vorgibt, die für eine Analyse genutzt werden sollen. Insbesondere bei ROLAP-Werkzeugen kann dies dem Anwender eine erhebliche Flexibilität hinsichtlich der Analysemöglichkeiten eröffnen.

Andererseits wird eine solche Struktur nur in relativ kleinen Data Marts zum Tragen kommen können, da allein das dadurch entstehende Datenvolumen sehr schnell in nicht mehr vertretbare Größenordnungen anwächst.

4.7 Zusammenfassung der Data-Mart-Modelle

Der Aufbau eines Datenmodells für einen Data Mart sollte sich an der Sicht des Anwenders auf die Daten orientieren. Dabei ist zu berücksichtigen, daß innerhalb eines Unternehmens unterschiedliche Benutzergruppen eine zumeist auch sehr unterschiedliche Sicht auf die Daten haben. Diese Sichten stehen daher regelmäßig im Konflikt mit der integrierten Sicht eines Data Warehouse.

Eigene Datenmodelle für Data Marts haben sich somit zum Stand der Technik entwickelt und sollten im Rahmen des Aufbaus eines Data Mart eine zentrale Rolle spielen. Wir haben hier vorwiegend das Starschema und verwandte Modelle diskutiert, die insbesondere im Bereich des OLAP eine zentrale Rolle spielen.

Im Bereich des MQE-Einsatzes ist die Forderung nach einem Starschema bei weitem nicht so zentral, wenngleich derartige Modelle wegen ihrer einfachen Struktur auch hier sinnvoll sein können. Hier wird man aber im allgemeinen eher ein »Data-Warehouse-Modell im kleinen«, ein subjektorientiertes Schema mit einer der Benutzergruppe angemessenen Nomenklatur und Auswahl von Entitäten und Attributen aus dem Data-Warehouse-Modell vorziehen. Wichtige Randbedingungen sind hier beispielsweise wenige Entitäten, »kurze Wege« für die Joins, Vermeidung von Schleifen im Modell usw. Diese Modelle werden eher um das oder die zentralen Subjekte der Analyse gruppiert.

Dieser Typ von subjektorientierten Entitäten oder Tabellen ist im übrigen auch ein Typ von Tabellen, der auch in Starschemamodellen immer wieder einzubringen ist. Die »Stammdaten« eines Kunden, eines Produktes usw. wird man auch in einer OLAP-Analyse direkt oder über einen Drill-through zugreifbar haben wollen. Es hat dann wenig Sinn und vergrößert die Tabellen nur sehr stark, diese Daten künstlich in ein Starschema pressen zu wollen. Daher können solche Stammdatentabellen in alle Schemata aufgenommen und mit den anderen Tabellen verbunden werden.

Generell sollte das Starschema oder verwandte Schemata nur als grobe Strukturierungshilfe verstanden werden und nicht dogmatisch umgesetzt werden. Die Kenntnis um geplante Datenzugriffe beispielsweise in Form von Standardreports oder Erstellung von MOLAP-Datenbanken, die kritisch sind und häufig benötigt werden, sollte hier pragmatische Leitlinie sein. So kann ein Starschema mit einer sehr großen Fakttabelle und mehreren sehr kleinen Dimensionstabellen unsinnig lange Laufzeiten besitzen. Relationale Datenbanken joinen im allgemeinen immer nur paarweise Tabellen; das Ergebnis der ersten beiden Tabellen wird mit der dritten verbunden, das Ergebnis wiederum mit der vierten Tabelle usw. In einem Starschema ist aber immer die Fakttabelle Teil des ersten Joins. Bei einer sehr großen Tabelle führt dies zu sehr großen Zwischenergebnissen, die dann noch mehrmals gejoint werden müssen. Sind die geplanten Datenzugriffe relativ gut bekannt, kann hier im Vorfeld das Datenmodell gezielt angepaßt werden.

Die Erfahrung zeigt hier, daß jederzeit praxisorientiert weitere Tabellen in ein Data-Mart-Datenmodell aufgenommen werden sollten. Dabei sollte stets der Anwendungszweck eines Data Mart als Informationssystem im Vordergrund stehen. Ein anderes Beispiel findet man auch im Bereich der Ad-hoc-Analysen. So benötigen viele Ad-hoc-Analysen gar nicht hundertprozentig richtige Ergebnisse, sondern nur Trendaussagen. Warum sollten daher nicht zusätzlich »Stichprobentabellen« aufgenommen werden, die nur eine Stichprobe der Fakten enthalten, beispielsweise nur 2, 3 oder 5% der Daten. Diese können in vielen Fällen zu 90% oder mehr richtige Ergebnisse liefern, in jedem Fall sinnvolle Trendaussagen. Diese Ergebnisse können in einem Bruchteil der Zeit einer kompletten Analyse gewonnen werden, die im Bedarfsfall immer noch erfolgen kann.

Datenbereitstellung und -bereinigung (Back-End)

5

Mit der Akzeptanz der Endbenutzerwerkzeuge rückt die Datenbereitstellung im zentralen Informationspool verstärkt in den Mittelpunkt. Hier sollen einige Grundzüge dieser Bereitstellung beschrieben werden. Eng verbunden mit der Bereitstellung sind die Überlegungen zum Aufbau des Datenmodells, wie sie in Kapitel 4 beschrieben wurden.

5.1 Grundprinzip

Die Grundidee des Data-Warehouse-Ansatzes ist die freie Nutzung der Informationen durch den Endanwender. Wesentliche Mechanismen hierzu sind die Verfügbarkeit entsprechender Zugriffswerkzeuge und geeigneter Datenstrukturen. Grundvoraussetzung ist aber natürlich die Verfügbarkeit entsprechender Daten als Basis für jede weitere Bearbeitung. Diese Daten in der geforderten Struktur, Aktualität und Qualität bereitzustellen, ist der eigentliche Betriebsprozeß eines Data Warehouse. Diese Aufgabe kann in der Praxis bis zu 70% des Aufwands für eine Data-Warehouse-Umgebung ausmachen. Sie ist ein Prozeß, der normalerweise im Bereich der Informatik, also der EDV, nicht in der Fachabteilung angesiedelt ist.

Die wesentlichen Funktionen, die diesen Prozeß ausmachen, sind: **Betriebsprozeß**

- Entladen der Daten aus den operativen Systemen (Extraktion)
- Transformation der Daten aus den operativen Datenstrukturen in die Data-Warehouse-Strukturen
- Laden der Daten in das Data Warehouse

5.1 Grundprinzip

Hinzu kommen zwei begleitende Funktionen für den Betrieb des Data Warehouse:

- Datenbereinigung (Data Cleansing)
- Archivierung

ETL-Werkzeuge Diese fünf Funktionen sind zumindest für einen geregelten Betrieb des Back-End eines Data Warehouse notwendig. Die ersten drei Funktionen findet man häufig in Werkzeugen zusammengefaßt; es wird dann auch von Transformationswerkzeugen oder besser ETL-Werkzeugen (Extraktion, Transformation, Laden) gesprochen. Wesentlich ist, daß diese Werkzeuge heute praktisch durchgängig über eine Metadatenverwaltung gesteuert werden. Diese Metadatenverwaltung beinhaltet die Daten über die Strukturen des operativen Systems, die Daten über die Strukturen des Data Warehouse und insbesondere die Daten über die Transformation der operativen Strukturen in die Data-Warehouse-Strukturen. Abbildung 5.1 zeigt die Grundstruktur, der ein solches Werkzeug folgt.

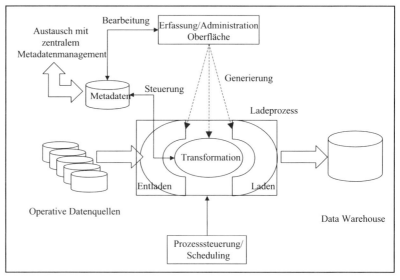

Abbildung 5.1: Grundstruktur des Transformationsprozesses

5.2 Datenextraktion

Die Datenextraktion beschreibt das Entladen der für den Transport in das Data Warehouse vorgesehenen Daten. Je nach physischer Speicherung gibt es eine Reihe verschiedener Zugriffsmöglichkeiten. Grundsätzlich ist nach Menge und Häufigkeit zu unterscheiden zwischen:

- periodischem kompletten Abzug der Daten
- periodischem Abzug der geänderten Daten (Delta)
- Protokollierung aller Änderungen (beispielsweise Log)

Möglichkeiten

Beim periodischen kompletten Abzug aller Daten werden die relevanten Felder regelmäßig komplett entladen und für die Transformation in das Data Warehouse bereitgestellt. Der periodische komplette Abzug stellt die von der Realisierung her gesehen einfachste, vom Datenvolumen und den zu erwartenden Ladezeiten her im allgemeinen aufwendigste Lösung dar. Gerade bei Stammdaten mit geringer Änderungshäufigkeit ist dieses Verfahren daher vergleichsweise ineffizient. Andererseits ist es auf Grund der geringeren Implementierungsaufwände in vielen Fällen als Einstieg vertretbar.

Periodisch kompletter Abzug

Eine deutliche Reduzierung des Datenvolumens kann häufig durch die Beschränkung des Abzugs auf die geänderten Daten erreicht werden. Dieses sogenannte Delta – der Unterschied zwischen dem Stand zum Zeitpunkt des letzten Abzugs und dem Zeitpunkt des jetzigen Abzugs – muß dafür allerdings zunächst ermittelt werden. Idealerweise ist in den Daten der operativen Systeme bereits ein Zeitstempel enthalten, der zum Zeitpunkt des Abzugs verwendet werden kann, um zu entscheiden, welche Daten abgezogen werden müssen. Ist dies nicht der Fall, wird es schwieriger. Der nachträgliche Einbau eines solchen Feldes oder der Aufbau einer externen Liste erfordern in jedem Fall einen Eingriff in das operative System, beispielsweise in Form eines Triggers. Ein solcher Eingriff setzt zunächst voraus, daß man Zugriff auf das operative System hat, was beispielsweise bei Standardsoftware (ERP-Systeme) keineswegs selbstverständlich ist. Aber selbst wenn ein solcher Zugriff prinzipiell möglich ist, bedeutet dies doch, daß das bestehende System geändert wird, was oft ein nicht unbeträchtlicher Aufwand ist. Schließlich muß sichergestellt werden, daß alle Stellen, an denen ändernd auf die Daten zugegriffen wird, erfaßt werden. Ist der Aufwand für eine solche Änderung ermittelt und sind alle betroffenen Stellen bekannt, so sollte die Auswirkung auf die Laufzeit des operativen

Periodischer Abzug der geänderten Daten

Systems überprüft werden. Es darf nicht übersehen werden, daß jeder Trigger das Laufzeitverhalten des operativen Systems beeinträchtigt, und es ist daher zu klären, in welchem Umfang eine solche Beeinträchtigung akzeptabel ist.

Protokollierung aller Änderungen

Sowohl bei einem kompletten Abzug als auch beim Delta-Verfahren ist zu berücksichtigen, daß ein periodisches Entladen von Daten in vielen Fällen nicht die komplette Historie eines Bestandes garantieren kann. Das Problem des Informationsverlustes tritt immer dann auf, wenn zwischen zwei Entladeläufen mehr als eine Änderung des operativen Bestandes an derselben Stelle erfolgen kann. In diesem Fall wird immer nur die letzte Änderung in das Data Warehouse übernommen, da diese alle vorhergehenden Änderungen überschrieben hat. Dieses Problem kann man nur umgehen, wenn alle Änderungen des operativen Bestandes protokolliert und in das Data Warehouse übernommen werden. Ein solches Protokoll kann beispielsweise eine Logdatei sein oder durch ein spezielles Werkzeug erstellt werden. Dem Vorteil eines lückenlosen Änderungsprotokolls steht dann allerdings in vielen Fällen ein nicht unbeträchtlicher Aufwand für die Realisierung des Verfahrens gegenüber. Hinzu kommt, daß ein solches Verfahren datenbankspezifisch ist und ein tiefes Verständnis des jeweiligen Systems voraussetzt. Schließlich können auch hier Performance-Beeinträchtigungen des operativen Systems auftreten.

5.3 Datentransformation

Die zweite Funktion ist die Transformation der operativen Datenstrukturen in die Datenstrukturen des Data Warehouse. Dabei werden ein oder mehrere Felder des operativen Systems in ein oder mehrere Felder des Data Warehouse transformiert. Sinnvoll ist es, diesen Vorgang zielorientiert je Feld des Data Warehouse zu beschreiben. Dies bedeutet, daß für jedes Feld des Data Warehouse ein (oder mehrere) Regeln beschrieben werden, wie diese Daten aus den operativen Daten gewonnen werden können.

Beispiele für Transformationsregeln

Im einfachsten Fall wird dabei ein Feld direkt aus einem operativen Feld übernommen. Die Abbildung ist in diesem Fall die Identität. Andere Fälle beschreiben die Umsetzung eines Codes in ein sprechendes Feld. So kann beispielsweise im Data Warehouse das Feld »Geschlecht« definiert sein. Dieses Feld soll für einfache Auswertbarkeit die Werte »weiblich«, »männlich« und »unbekannt« enthalten dürfen. In operativen Systemen wird das Geschlecht dagegen häufig codiert. So könnte eine Transformationsregel für das Feld »Geschlecht« aus dem operativen Feld »Kunde.Geschl« lauten:

```
Wenn Kunde.Geschl = 0
Dann »Weiblich«
Sonst Wenn Kunde.Geschl = 1
Dann »Männlich«
Sonst »unbekannt«
```

In diesem Fall wird ein Feld des Data Warehouse aus einem Feld eines operativen Systems berechnet. Da viele Systeme historisch gewachsen sind, ist es aber keineswegs selbstverständlich, daß das Geschlecht eines Kunden in allen Teilen der operativen Systeme gleich kodiert wird. So könnte in einer Versicherung das Lebensversicherungssystem das Geschlecht wie oben angegeben verschlüsseln, das Krankenversicherungssystem das Geschlecht aber mit W und M kodieren. Sollen die Kundendaten aus beiden Systemen in das Data Warehouse überführt werden, so muß für dasselbe Feld »Geschlecht« des Data Warehouse eine zweite Regel für das Krankenversicherungssystem eingeführt werden, die dann beispielsweise lautet:

```
Wenn GS = »W«
Dann »Weiblich«
Sonst Wenn GS = »M«
Dann »Männlich«
Sonst »unbekannt«
```

Diese Regel überführt die Werte aus dem Feld »GS« innerhalb des Krankenversicherungssystems. Man sieht, daß allein aus diesem Grund die Datentransformation die Möglichkeit bieten muß, mehrere Transformationsregeln für ein Feld des Data Warehouse bereitzustellen. Bei mehreren Regeln tritt dann zusätzlich das Problem auf, wer »Recht« hat, wenn aus der Lebensversicherung und der Krankenversicherung derselbe Kunde geladen wird und es, aus welchen Gründen auch immer, widersprüchliche Angaben gibt. Darauf wird im nächsten Abschnitt einzugehen sein. Neben Identität und Codeumsetzung können natürlich beliebig komplexe Regeln mit Umsetzung der Datentypen, arithmetischen Berechnungen, statistischen Funktionen usw. auftreten. Viele Werkzeuge bieten hier in der Oberfläche vordefinierte Regeln an, die aber im Zweifelsfall immer durch frei programmierbare Regeln ergänzt werden müssen.

Bisher wurde nur ein operatives Feld benötigt, um ein Feld des Data Warehouse zu füllen. In vielen Fällen werden aber zu Prüfungszwecken oder Berechnungszwecken weitere Felder benötigt. So könnte die Berechnung der erwarteten Rentendauer eines

5.3 Datentransformation

Kunden auf Alter und Geschlecht beruhen. Die Zuordnung einer Kundenkategorie kann ebenso auf verschiedensten Kriterien beruhen usw.

All dies sind Beispiele für Transformationsregeln, wie sie für die Funktion `Transformation` auf Einzelfeldebene benötigt werden. In der Praxis werden die Felder des Data Warehouse nicht auf Einzelfeldebene, sondern zumeist tabellenweise geschrieben. Das physische Design der Data-Warehouse-Datenbank führt, wie in Kapitel 4 beschrieben, zu einer Reihe von Tabellen, deren Spalten gleichzeitig mit Daten geladen und aktualisiert werden. Neben der Möglichkeit eines performanten Ladens der Daten hat dies insbesondere den weiteren Vorteil, daß die Funktionen, die auf mehreren Feldern beruhen, leichter durchgeführt werden können.

Somit kann davon ausgegangen werden, daß zum Laden des Data Warehouse je Tabelle mindestens ein Satz von Regeln existiert, der die Erstellung der in die Tabelle zu ladenden Datensätze beschreibt.

Um die Beschreibung der Regeln möglichst einfach zu gestalten, wird davon ausgegangen, daß alle benötigten Ausgangsdaten in einer Tabelle des operativen Systems stehen und Satz für Satz in neue Sätze des Data Warehouse transformiert werden. Diese Annahme kann in der Praxis natürlich nur dann getroffen werden, wenn diese einheitliche Tabelle des »operativen« Systems nicht wirklich eine physische Tabelle sein muß, sondern vielmehr diese Tabelle als virtuelle Tabelle gesehen wird, welche die Eingabe für die eigentlichen Transformationsregeln darstellt. Abbildung 5.2 zeigt die Grundstruktur der Transformationsfunktion.

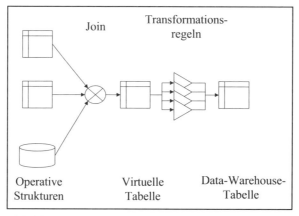

Abbildung 5.2: Grundstruktur der Transformationsfunktion

Die »operativen Strukturen« in Abbildung 5.2 repräsentieren die operativen Daten, nachdem sie aus den operativen Systemen extrahiert wurden. Die virtuelle Tabelle als Basis der eigentlichen Transformationsregeln ist bei vielen Werkzeugen in der Praxis nicht nur eine virtuelle, sondern häufig eine eigene Datei, die in der Folge mit den Transformationsregeln abgearbeitet wird.

Die oben angesprochenen Transformationsregeln lassen sich alle der Gruppe der Wertumsetzungsregeln zuordnen. Neben diesen Wertumsetzungsregeln gibt es eine Reihe weiterer Aufgaben für die Transformation, die durch die Gruppierung zu kompletten Sätzen leichter realisiert werden können. Diese lassen sich im wesentlichen den folgenden Gruppen zuordnen:

Gruppen von Transformationsregeln

- *Wertumsetzung*
  Beschreibt die eigentliche Regel, wie der Wert eines Feldes basierend auf dem Wert eines oder mehrerer anderer Felder gewonnen wird. Dies können Regeln der oben beschriebenen Art wie direkte Wertübernahme (keine Transformation), Codeumsetzungen, arithmetische Berechnungen usw. sein, die in vielen Fällen noch von Bedingungen abhängen können.

- *Schlüsselbereinigung*
  Prüfung und Umsetzung von Namensrichtlinien insbesondere für die Beschreibung von Schlüsselfeldern. Da in vielen Fällen eigene Primärschlüssel ganz oder teilweise vergeben werden, gilt dies insbesondere für die Schlüsselkandidaten, die fachlich als Primärschlüssel relevant sein können.

- *Schlüsselvergabe*
  Vergabe der Primärschlüsselwerte, soweit diese im Data Warehouse künstlich neu erzeugt und vergeben werden sollen.

- *Fremdschlüsselkonsistenz*
  Anwendung derselben Regeln für Transformation und Schlüsselbereinigung auf Fremdschlüsselfelder wie auf die zugehörigen Primärschlüsselfelder.

- *Zeitstempelvergabe*
  In vielen Data-Warehouse-Anwendungen wird ein Zeitstempel vergeben. Dieser ist gegebenenfalls hier hinzuzufügen. Generell ist das Historienkonzept des Data Warehouse bei der Übernahme der Daten zu berücksichtigen (siehe Abschnitt 5.5).

- *Datentypumsetzung*
  Umsetzung der Datentypen, soweit eine andere Technologie dies erfordert.

5.3 Datentransformation

- *Datenverdichtung*
  Ist im Rahmen des Data Warehouse eine geringere Granularität der Daten vorgesehen als im operativen System verfügbar, so sollte die Verdichtung der Sätze ebenfalls hier erfolgen. Die entsprechenden Gruppenwechselfelder sind auszuwählen.

- *Datenbereinigung*
  Eventuelle Maßnahmen zur Datenbereinigung wie in Abschnitt 5.6 beschrieben sind hier zu integrieren.

Die Transformationsfunktion stellt so etwas wie den Kern der Datenübernahme aus den operativen Systemen in das Data Warehouse dar. Ihr Ergebnis sind Datensätze, die dem Format der Data-Warehouse-Strukturen entsprechen, die aber noch in das Data Warehouse zu laden sind. Der Transformationsprozeß wird häufig noch einmal geteilt, wobei das Ergebnis der Transformation in eigene Dateien oder häufiger Tabellen geschrieben wird, die als Staging Area bezeichnet werden. Welche Funktionen bereits vor dem Schreiben der Staging Area ausgeführt und welche erst in den nachfolgenden Ladevorgängen berücksichtigt werden, variiert in der Praxis, im allgemeinen werden aber die Transformationen in jedem Fall vor der Staging Area durchgeführt, während beispielsweise Konsolidierung und Historisierung erst später erfolgen können. Die Staging area enthält dann strukturell Informationen, wie sie den Strukturen des Data Warehouse entsprechen.

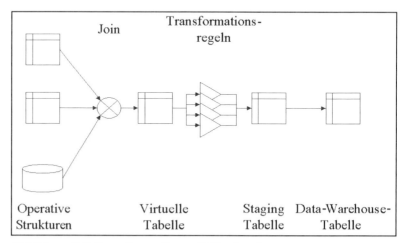

Abbildung 5.3: Transformation mit Staging Area

5.4 Laden der Daten

Das Laden der Daten beinhaltet das Einlesen der transformierten Datensätze in die Data-Warehouse-Datenbank, unmittelbar oder aus der Staging area. Dabei wird davon ausgegangen, daß die Struktur der einzelnen Datensätze jeweils komplett der Struktur der Zieltabelle im Data Warehouse entspricht und die Daten im allgemeinen auch als komplette Datensätze in das Data Warehouse geladen werden. Eine weit verbreitete und sehr performante Möglichkeit hierzu stellt die Nutzung der datenbankspezifischen Loaderprogramme dar. Die transformierten Datensätze stehen in Form sequentieller Dateien bereit und werden am Stück in die entsprechenden Datenbanktabellen geladen.

Neben der Verfügbarkeit eines entsprechenden Loaderprogramms ist insbesondere der Datentransport zu beachten. Transparente Laufwerke, NFS und FTP sind Beispiele dafür, wie die Daten in einem Netz letztlich physisch vom Ausgangsrechner auf den Zielrechner transportiert werden. Da im allgemeinen beträchtliche Datenmengen bewegt werden, ist neben dem Zeitpunkt der Netzbelastung insbesondere zu erwägen, in welchem Schritt des Prozesses der physische Transport erfolgen soll. Neben den technischen Möglichkeiten des Werkzeugs ist hier die Datenmenge ausschlaggebend. Diese ist in den meisten Fällen auf Seiten der transformierten Daten geringer, so daß der physische Transport dann von dem Ladeprozeß mit übernommen werden kann.

Datentransport

Wir haben in Kapitel 5.3 am Beispiel der Lebensversicherungs- und Krankenversicherungsdaten gesehen, daß für ein Feld des Data Warehouse unterschiedliche Transformationsregeln existieren können. Dies bedeutet außerdem, daß eine Tabelle des Data Warehouse von unterschiedlichen Quellen, über unterschiedliche Prozesse und zu unterschiedlichen Zeitpunkten geladen werden kann. Damit entsteht generell das Problem, daß zwischen den zu ladenden Datensätzen bzw. zwischen den neu zu ladenden und den bereits vorhandenen Sätzen Konflikte auftreten können.

In diesem Fall sind also Mechanismen und Regeln dafür vorzusehen, wie die Konsolidierung erfolgen soll. Insbesondere ist beispielsweise vorzugeben, welches das führende System ist, wie Defaultwerte erkannt werden können und wie auf Konflikte zu reagieren ist (Log, Benachrichtigung, sonstige Maßnahmen). Dieser Aufwand sollte rechtzeitig eingeplant werden, da gegebenenfalls das gesamte Ladeverfahren durch den Abbruch des Ladens einer einzigen Tabelle stark beeinträchtigt werden kann.

Konsolidierung

5.5 Historisierung der Daten

Wie bereits erläutert, erfolgt im Normalfall im Data Warehouse eine Historisierung der gespeicherten Informationen. Diese geschieht entweder mit einer Zeitstempellogik, die einen Gültigkeitszeitraum fester Länge beinhaltet (Beispiel August 1998), oder in einem »Gültig von – gültig bis«-Verfahren, das für die einzelnen Datensätze den jeweiligen Gültigkeitszeitraum angibt. In bestimmten Fällen sind zusätzliche Mechanismen wie Schattentabellen oder Fremdschlüssel mit Datumsbezug zu pflegen. Diese Pflege ist Teil des Ladevorgangs des Data Warehouse und muß in dem Prozeß berücksichtigt werden. Je nach Vorgehensweise kann dies den Ladevorgang in das Data Warehouse erheblich verkomplizieren, da die entsprechende Logik bei der Einbringung der Datensätze berücksichtigt werden muß.

Da der eigentliche Ladevorgang aber meist mittels fertiger Tools geschieht und auch sehr performant durchführbar ist, muß die entsprechende Logik vor oder nach dem eigentlichen Ladevorgang integriert werden. Besonders problematisch ist hier die »Gültig von – gültig bis«-Logik, da diese direkte Zugriffe auf die Daten im Data Warehouse erfordert. Aus Performance-Gründen wird man dies daher gern mittels Stored Procedures oder ähnlichen Mechanismen tun, wenn die Daten bereits im Data Warehouse sind. Andererseits muß in einem solchen Fall der entsprechende Bereich für die Nutzung gesperrt bleiben, solange die Historisierung nicht vollständig erfolgt ist. Hier ist sicher kein allgemeingültiges Verfahren möglich, in jedem Fall sollte dies aber im Rahmen der Festlegung der Historisierung wie auch bei der Auswahl und Bereitstellung der Werkzeuge für die Datenversorgung des Data Warehouse berücksichtigt werden.

5.6 Bereinigung der Daten

Die Bereinigung der Daten umfaßt alle Plausibilitätsprüfungen, die bei der Überführung der Daten aus den operativen Systemen durchgeführt werden sollen. Der Begriff leitet sich aus dem englischen Begriff des Data Cleansing ab. Die Datenbereinigung stellt also den zentralen Punkt der Qualitätskontrolle für die Daten im Data Warehouse dar, die ihrerseits ein Kernpunkt für die Akzeptanz des Data Warehouse ist.

Die zentrale Fragestellung hier ist, welche Prüfungen und wann auf welchen Daten erfolgen und wie diese Prüfungen dokumentiert werden. In den meisten Fällen wird man die zu überprüfenden Qualitätsaspekte in sogenannten Prüfregeln formulieren, die voneinander unabhängig und nacheinander anwendbar sind. Eine Prüfregel sollte zumindest die folgenden Informationen umfassen:

- *Fachliche Beschreibung*
  Die fachliche Beschreibung der Regel erläutert dem Fachmitarbeiter den Inhalt der erfolgten Prüfungen. Ziel dieser Erläuterung ist es, fachlich zu dokumentieren, welche Datenqualität mindestens garantiert werden kann. Damit wird transparent, welche Prüfungen sichergestellt sind, und umgekehrt auch, was nicht garantiert werden kann.

- *Implementierung*
  Die Implementierung der Regel ist von der technischen Umgebung abhängig. Üblicherweise kann dies eine stored procedure in einer Datenbank oder ein Programmodul in COBOL oder einer anderen für die Pflege in der Data-Warehouse-Datenbank verwendeten Sprache sein.

- *Reaktion*
  Die Beschreibung der Reaktion umfaßt alle Maßnahmen, die im Fall der Regelverletzung anzuwenden sind. Dies kann beispielsweise eine einfache Protokollmeldung sein, aber auch das Eintragen eines Standardwertes in einen Datensatz, die Abweisung eines Datensatzes bis hin zum kompletten Abbruch eines Ladevorgangs in das Data Warehouse.

Prüfregeln

Regeln können auf verschiedenen Granularitätsebenen verwendet werden. Zunächst können sie sich auf einen einzelnen Datensatz oder auf eine vollständige Tabelle beziehen. Regeln auf Datensatzebene können ihrerseits untergliedert werden in Regeln, die auf Einzelfeldebene nutzbar sind, und solche, die sich auf den Inhalt des gesamten Datensatzes beziehen. Eine typische Regel auf Einzelfeldebene beschreibt beispielsweise die Nutzung eines Standardwerts in einem Datenfeld bei fehlendem oder ungültigem Eintrag im operativen System. Andere Regeln können beispielsweise den Schlüssel des operativen Satzes auf Plausibilität prüfen und gegebenenfalls den gesamten Satz verwerfen. Welche Regeln zu prüfen sind, zeigt zumeist erst die Erfahrung der ersten Ladeläufe. Die Zahl der Regeln wächst dann zumeist recht zügig.

Regeln auf Tabellenebene beschreiben Plausibilitätsprüfungen, die sich häufig auf die Anzahl von Datensätzen oder die Anzahl von Datensätzen einer bestimmten Art beziehen. Eine Regel kann beispielsweise die Anzahl der in einem Ladelauf erwarteten Datensätze überprüfen. Aus der Vergangenheit ist das monatliche erwartete Volumen von Aufträgen bekannt. Bei der Überführung

5.6 Bereinigung der Daten

der in das Data Warehouse geladenen Sätze wird dieser Wert als erwarteter Wert angenommen. Weicht die Anzahl der eintreffenden Sätze dann beispielsweise um mehr als den Quartilsabstand nach oben oder unten ab, so wird eine entsprechende Warnung an den Administrator erzeugt, da davon ausgegangen werden muß, daß der Ladelauf nicht den richtigen Auftragsbestand in das Data Warehouse überführt hat. Derartige statistische Regeln ergänzen reine Konsistenzprüfungen.

Rückkopplung Viele Regeln sollen nicht nur Inkonsistenzen im Bestand aufzeigen, sondern auch entdeckte Inkonsistenzen im Bestand beheben oder zumindest die entsprechenden Datensätze aus dem Bestand herausfiltern. Grundsätzlich ist es natürlich besser, die mit diesen Regeln entdeckten Inkonsistenzen unmittelbar im operativen System zu beheben. Damit würden nicht nur diese problematischen Datensätze bei der Übernahme in das Data Warehouse vermieden, sondern zusätzlich würde die Datenqualität auch im operativen System verbessert werden. Ein solcher Regelkreislauf zwischen operativem und dispositivem System sollte daher das mittel- bis langfristige Ziel sein. Das Data Warehouse entpuppt sich dabei als wirkungsvolles Rückkopplungssystem zur Verbesserung des operativen Systems.

In der Realität ist diese Rückkopplung aber ein Vorgang, der sich gemessen an der Entwicklung des Data Warehouse und der Data Marts als zu langsam darstellt. Von der Datenadministration zwar regelmäßig gefordert, sind doch im Zweifelsfalle so viele Instanzen einzubeziehen, daß eine solche Rückkoppelung der Data-Warehouse-Einführung und -Weiterentwicklung hinterherhinken muß. Schließlich kann auch der Erfolg eines Data Mart nicht an einen derartigen Prozeß gekoppelt werden.

Damit ist die Einführung von Plausibilitätsregeln regelmäßig als Bestandteil aller Transformationsläufe einzuplanen. Die Ausführung dieser Regeln erfolgt im Normalfall ebenfalls im direkten Umfeld der Transformation wie in Abbildung 5.4 dargestellt.

Die Art der Daten für die Anwendung von Qualitätsregeln kann neben der Unterscheidung in datensatzbezogene und tabellenbezogene Regeln als weiteres wesentliches Differenzierungskriterium herangezogen werden. Dabei ist zwischen Regeln für die operativen Strukturen und Regeln für die Data-Warehouse-Strukturen zu unterscheiden. Regeln für die operativen Strukturen werden unmittelbar auf die eintreffenden Datensätze vor der Transformation angewendet. Sie sind grundsätzlich besser geeignet, Probleme in den operativen Daten zu beheben bzw. das aufgetretene Problem zu erklären. Werden die Regeln auf den Data-

Warehouse-Strukturen definiert, hat dies umgekehrt den Vorteil, daß sie für den Benutzer des Data Warehouse eine direkte Einsicht in die garantierten Qualitätsnormen seiner Data-Warehouse-Daten erlauben. Hier ist die Transformation bereits erfolgt, und folglich kann die Qualität des Ergebnisses unmittelbar erläutert werden.

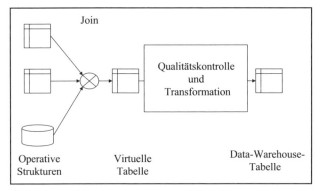

Abbildung 5.4: Erweiterung der Transformation um Qualitätsregeln

Abbildung 5.5 zeigt den grundsätzlichen Transformationsablauf unter Berücksichtigung von Datenqualitätsregeln.

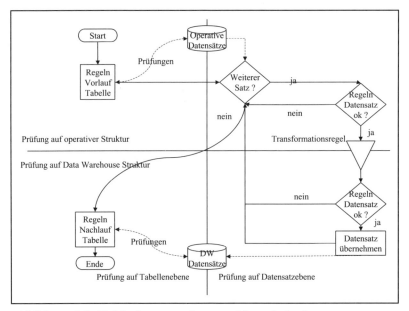

Abbildung 5.5: Einbindung von Datenprüfregeln in den Transformationsprozeß

5.7 Archivierung der Daten

Die letzte Funktion, die im Zusammenhang mit der Datenübernahme und dem Betrieb des Data Warehouse noch erläutert werden soll, ist die Archivierung. Im Data Warehouse werden Daten über längere historische Zeiträume gehalten. Allein die im allgemeinen sehr großen Datenmengen machen es daher trotz der stark gesunkenen Preise für Speichermedien erforderlich, eine regelmäßige Archivierung von Daten auf externe Medien einzuplanen. Dabei sind die Kosten für Speicherung und Zugriffszeiten größerer Datenbestände bei längerem Verbleib im Data Warehouse und die Aufwände für die Rückgewinnung archivierter Daten gegeneinander abzuwägen.

Die kritischen Faktoren hierbei sind:

- *Richtige Zeit*
  Die Archivierung erfolgt analog der Datenversorgung in vorgegebenen Zeiträumen und für vorgegebene Zeiträume. So kann beispielsweise definiert werden, daß Kundenstammdaten für fünf Jahre, Aufträge für zwei Jahre usw. im direkten Zugriff gehalten werden sollen. Entsprechend den typischen Analysen kann so für die einzelnen Tabellen die Länge der Archivierung getrennt festgelegt werden.

- *Richtige Granularität*
  In vielen Fällen werden verdichtete Daten für Zeitreihenanalysen für längere Zeiträume als granularere Daten gehalten. So können beispielsweise Umsatzzahlen für Filialen, Regionen usw. auf Monatsebene für fünf oder zehn Jahre im Warehouse verbleiben, während die Werte für einzelne Mitarbeiter oder Tage bereits nach zwei Jahren archiviert werden. Der Vorteil eines solchen Vorgehens ist, daß sowohl die High-Level-Analysen, die sich normalerweise über viele Jahre erstrecken, als auch Detailanalysen, die typischerweise aber nur maximal den Vorjahreszeitraum beinhalten, ohne Rückgriff auf das Archiv beantwortet werden können.

- *Komplettes Paket*
  Ein wesentlicher Aspekt der Archivierung ist die Vollständigkeit der archivierten Daten. Dabei ist zu berücksichtigen, daß später auf diese uneingeschränkt zurückgegriffen werden soll. Dies erfordert neben der Ablage der eigentlichen Daten auch die Ablage der Strukturen und Bedeutungen, also der Metadaten für diese Daten. Hier ist ein eigenes Konfigurationsmanagement für die Metadaten sehr sinnvoll. Zusätzlich ist in

einigen Fällen neben den Daten auch die Software zu archivieren, mit der auf diese Daten später zugegriffen werden soll.

- *Richtiger Zugriff auf das Archiv*
  Wichtig für die Nutzbarkeit des Archivs ist schließlich auch die physische Form der Archivierung. Hier ist zu beachten, daß neben die klassischen Speichermedien mit Direktzugriff einerseits und die Medien, die einen Operatoreingriff erfordern, andererseits inzwischen weitere Speichermedien getreten sind. Diese erlauben zwar keinen direkten Zugriff wie eine Magnetplatte und sind wesentlicher langsamer in ihrem Zugriffsverhalten. Andererseits können Sie aber vom Data-Warehouse-Nutzer selbst angesteuert werden und benötigen keinen Operatoreingriff. Solche Medien können für bestimmte Analysen vollkommen ausreichend sein. Die Analyse kann in Batch-Läufen erfolgen, ohne daß erst ein Zurückspielen der Informationen aus dem Archiv auf eine Magnetplatte erfolgen muß.

5.8 Werkzeugeinsatz

Angesichts des hohen Anteils am Gesamtaufwand für die Versorgung des Data Warehouse ist die Frage nach Werkzeugen für diesen Bereich heute ein zentraler Punkt in der Praxis. Bereits vor einigen Jahren sind die ersten Werkzeuge auf den Markt gekommen, die sich insbesondere durch eine hohe Flexibilität bei der Festlegung der Transformationsregeln auszeichnen. Diese Werkzeuge funktionieren im allgemeinen nach dem in Abbildung 5.1 dargestellten Schema:

- Einlesen der Datenstrukturen von Quell- und Zieldaten

- Definition der Transformationsregeln

- Generieren des Transformationsprogramms mit Zugriffen auf Quell- und Zielsystem (häufig COBOL)

- Speicherung der Metainformationen über die Abbildungsregeln

Größere Unterschiede, die bei der Auswahl eines Werkzeugs berücksichtigt werden sollten, gibt es insbesondere hinsichtlich:

- der Generierung,

- der Parallelisierbarkeit von Prozessen,

- der Metadatenhaltung,

5.8 Werkzeugeinsatz

- der Oberfläche für die Erfassung der Regeln sowie
- der Breite der unterstützten Zugriffsmechanismen für die verschiedenen Quell- und Zielsysteme.

So ist bei der Generierung zu unterscheiden, inwieweit fertige Programme generiert oder aber Schablonen erstellt werden, die zur Laufzeit auf die Metadaten zurückgreifen. Ersteres ist im allgemeinen performanter, letzteres flexibler. Hinsichtlich Performance ist aber in vielen Fällen die Frage der Parallelisierbarkeit insofern wichtiger, als daß die Transformationsprozesse für verschiedene Tabellen häufig voneinander unabhängig laufen können und so erhebliche Zeitgewinne möglich sind. Der Einsatz von Mehrprozessormaschinen und mehreren Rechnern kann hier relativ einfach möglich sein, wenn das Werkzeug entsprechende Möglichkeiten vorsieht. Die Anzahl der unterstützten Datenbanken und Dateisysteme und insbesondere auch die Frage, ob beispielsweise bei einer SQL-Datenbank der Zugriff im »native«-Verfahren oder ODBC erfolgt, ist für die schnelle und leichte Nutzung des Werkzeugs genauso wichtig wie die Oberfläche zur Beschreibung der Transformationsregeln.

In jedem Fall sollte der Einsatz eines solchen Werkzeugs intensiv getestet und die Abdeckung der hier beschriebenen Funktionen überprüft werden. In der Praxis gibt es heute kein Werkzeug, das alle Anforderungen vollständig erfüllen kann. In diesem Fall sollten Möglichkeiten der Kombination von Werkzeugen untersucht und insbesondere die Schnittstellen und die Offenheit der entsprechenden Werkzeuge untersucht werden. Die Data-Warehouse-Umgebung der Zukunft wird mit Sicherheit eine Reihe verschiedener Werkzeuge umfassen. Daher ist die Überlappung der Funktionalität und die Verfügbarkeit von Schnittstellen, insbesondere auch für die Metadaten dieser Werkzeuge, ein zentrales Kriterium für die Kombination zu einer sinnvollen ETL-Umgebung.

Metadatenmanagement einer Data-Warehouse-Umgebung

6.1 Single point of control

Metadaten sind Daten über Daten. Sie sind in der Informatik außerhalb des Bereichs Data Warehouse seit langem bekannt. Typische Beispiele sind die Beschreibung von Datenstrukturen, Data Dictionary, Redokumentation und Migration oder die Dokumentation eines Verfahrensmodells [Wieken90].

Was aber sind Metadaten? Schauen wir uns dazu ein Beispiel an. So beschreibt eine Datenstruktur die Form der gespeicherten Daten. Die Daten der Datenstruktur sind somit Daten über Daten. Dieses Prinzip der Information über Strukturen, Prozesse usw. ist typisch für Metadaten. Sie legen die Struktur eines Systems in einem Modell ab. Damit erlauben sie es, Informationen über Zusammenhänge innerhalb eines komplexen Systems gezielt zu strukturieren und auszuwerten. Man spricht hier auch von Auswirkungsanalyse oder englisch: Impact Analysis. Sie stellen somit eine Möglichkeit dar, komplexe Systeme zu verstehen und ihre Wartung und Weiterentwicklung gezielt und auf sicherem Fundament betreiben zu können.

Der zweite Aspekt der Metadaten ist die Möglichkeit, sie zur Steuerung einzusetzen. Indem Funktionen nicht fest ausprogrammiert, sondern parametriert und die entsprechenden Parameter als Metadaten abgelegt werden, kann eine wesentlich höhere Flexibilität gewonnen werden. Funktionen müssen nicht neu programmiert werden, sondern können durch Anpassung der entsprechenden Metadaten verändert werden. Bei Verfügbarkeit entsprechender Schnittstellen kommt die Möglichkeit hinzu, Informationen über verschiedene Anwendungen oder Werkzeuge

6.1 Single point of control

zu integrieren und aus einer zentralen Metadatenbasis zu versorgen.

Die klassischen Vorteile von Metadaten sind also:

- Dokumentation
    - strukturierte und redundanzfreie Dokumentation
    - Auswirkungsanalyse für Wartung und Weiterentwicklung
- Steuerung
    - flexible Anpassung von Systemen
    - zentrale Versorgung verschiedener Systeme mit Änderungsinformationen

Repository Zu unterscheiden ist zwischen werkzeugspezifischen und werkzeugübergreifenden Metadaten. Nahezu jedes Werkzeug enthält heute Metadaten. Diese werkzeugspezifischen Metadaten dienen beispielsweise zur Speicherung der Optionen, der Berechtigungen usw. In zunehmendem Maß wird auch im Data-Warehouse-Umfeld auf Metadaten zugegriffen, um den Ablauf der Werkzeuge zu steuern. Die physische Ablage dieser Daten kann in eigenen Dateien mit speziellen oder offengelegten Formaten erfolgen. Andere Werkzeuge nutzen hierzu in immer stärkerem Umfang relationale Datenbanken. In vielen Fällen wird dann von einem Repository gesprochen. Dies ist insofern richtig, als es sich um einen Datenspeicher für Metadaten handelt. Problematisch ist diese Aussage, da sie eine Offenheit suggeriert, die keineswegs immer gegeben ist. Ein zentraler Punkt beim Metadatenmanagement liegt nämlich gerade in der Möglichkeit, diese Daten zusammenzuführen, zwischen verschiedenen Werkzeugen auszutauschen und die Steuerung des Werkzeugs über die Metadaten vorzunehmen.

Hierfür ist nicht nur erforderlich, daß die Metadaten physisch offengelegt sind; vielmehr ist von zentraler Bedeutung, daß die Inhalte der Metadaten, die Bedeutung der Felder erläutert wird. Nur wenn diese bekannt sind, kann das Werkzeug tatsächlich in ein Metadatenmanagement integriert werden.

Unter Metadatenmanagement wird dabei die Verwaltung aller relevanten Metadaten und der gezielte Austausch mit den einzelnen Werkzeugen verstanden. Damit erfolgt dann der Übergang zur werkzeugübergreifenden Verwaltung von Metadaten, zum Repository im eigentlichen Sinn. Das Repository ist dabei das zentrale, im Idealfall unternehmensweite Werkzeug zum Metadatenmanagement. Im Repository fließen alle Informationen im Sinne einer zentralen Dokumentation zusammen. Umgekehrt können aus dem Repository die Metadaten für alle anderen Werkzeuge bereitgestellt werden. Diese zentrale Dokumentation und Steuerung wird dann als »single point of control« bezeichnet (siehe Abbildung 6.1).

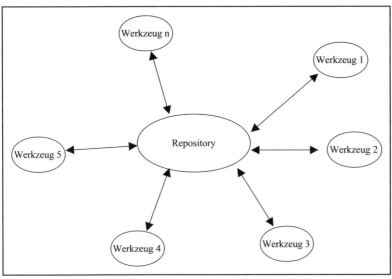

Abbildung 6.1: Repository als single point of control

6.2 Bedeutung der Metadaten für die Data-Warehouse-Umgebung

Gerade die Schnelligkeit der Data-Warehouse-Entwicklung und die oft komplexe Werkzeuginfrastruktur machen eine strukturierte Dokumentation der Ergebnisse extrem wichtig. Schließlich ist eines der zentralen Probleme der Entwicklung das schnelle Veralten der Dokumentation, die in frühen Phasen erstellt wird. Schnelle Änderungen im Code lassen dann Analyse- und Designdokumente zur Makulatur werden. Angesichts der Zyklen in der Data-Mart-Entwicklung gilt dies noch einmal in verschärfter Form. Hinzu kommt, daß obwohl heute in vielen Unternehmen vorzugsweise Data Marts statt Data Warehouse entwickelt werden, der Ansatz eines zentralen Data Warehouse als Basis der Versorgung der einzelnen Data Marts weitgehend akzeptiert wird. Dies bedeutet aber, daß die Data Marts verstärkt dieselben Datenquellen nutzen und auch in ihren fachlichen Funktionen verstärkt voneinander profitieren können. Um Gemeinsamkeiten und bereits realisierte Funktionen besser nutzen zu können, ist

6.2 Bedeutung der Metadaten für die Data-Warehouse-Umgebung

wiederum eine zentrale Dokumentation in strukturierter Form wesentlich.

Aufgaben der Metadaten

Dies zielt gerade auf die erste Aufgabe der Metadaten, die strukturierte und redundanzfreie Dokumentation und die gezielte Auswirkungsanalyse für Wartung und Weiterentwicklung.

Hinzu kommt die Notwendigkeit, in der Regel eine Fülle von Werkzeugen zu integrieren und eine solche Integrationsmöglichkeit auch für die Zukunft zu bieten. Die Zukunft betrifft dabei nicht nur die Einführung neuer Werkzeuge, sondern auch elementare Dinge wie die Änderung von Strukturen der Datenquellen in den operativen Systemen. Stellen Sie sich vor, Sie haben Ihr Data Warehouse aufgebaut. Die Anwender sind in der Lage, die darin enthaltenen Informationen effektiv für ihre Arbeit zu nutzen. Was passiert, wenn jetzt Datenstrukturen in Ihrem operativen System geändert werden? Wer informiert den verantwortlichen Mitarbeiter für die Extraktion und Transformation dieser Daten in das Data Warehouse; woher weiß dieser, welche Transformationsprozesse angepaßt, welche Strukturen im Data Warehouse geändert werden müssen, welche Reports nicht mehr mit Daten versorgt werden, welche Dimensionen um neue Elemente ergänzt werden müssen ...? Kurz gesagt, was funktioniert noch wie bisher; und was funktioniert nicht mehr in der Data-Warehouse-Umgebung?

Hinzu kommt der Aspekt der Steuerung. Können die Fragen aus obigem Beispiel mittels einer Auswirkungsanalyse beantwortet werden, stellt sich als nächstes die Frage, ob es dann nicht sinnvoll wäre, Änderungen am »single point of control« durchzuführen und von dort an alle beteiligten Werkzeuge zu verteilen. Dies zielt auf eine gemeinsame Basis für Metadaten im Data Warehouse ab, wie sie inzwischen auch von Herstellern und von der Metadata Coalition angestrebt werden.

Fachliche Metadaten

Alle bisher aufgezählten Anwendungen zielen auf die technische Administration der Data-Warehouse-Umgebung ab. Dies entspricht im großen und ganzen der klassischen Anwendung von Metadaten, wie sie seit Jahren im Bereich von Data Dictionary-Systemen, von Verfahrensmodellen, CASE-Anwendungen, Re-Engineering usw. üblich sind. Einen neuen Aspekt bringt im Data Warehouse die Nähe zum Anwender auch für die Metadaten mit sich. Hier werden Metadaten interessant, die unmittelbar den Anwender betreffen, fachliche Definitionen von Feldern, Filtern oder Dimensionen, die fachliche Bedeutung von Plausibilitätsregeln bei der Datenbereitstellung und vieles mehr. Neu aus Sicht eines Metadatenmanagements ist also die Berücksichtigung fachlicher Metadaten neben technischen Metadaten.

Typische Gruppen von Metadaten sind etwa:

- Datenmodelle auf logischer Ebene in Form von Entity-Relationship-Darstellungen (als klassische Datenmodelle, Starschema, Snowflake-Schema usw.)
- Datenbankkataloge mit der physischen Speicherstruktur
- Abbildungsvorschriften für die Übernahme mit ETL-Tools oder klassischen Programmen
- Ladeprotokolle mit Fehlermeldungen, Statusangaben, statistischen Angaben über Anzahlen von Datensätzen und von abgewiesenen Datensätzen
- Informationen über geplante Ladeläufe, Zeitpunkte, Datenumfang und voraussichtlicher Dauer
- Informationen über die Herkunft der Daten aus operativen Systemen unter Umständen mit Zuordnung zu den dortigen Systemen, Programmen und Transaktionen
- Informationen über geplante und durchgeführte Verdichtungen
- Informationen über vorhandene Dimensionsstrukturen, deren Aufbau und Zusammenhänge
- Informationen über vorhandene Standardberichte und Berichtsvorlagen
- Informationen über fachliche Berechnungsvorschriften
- Informationen über Zugriffsrechte und Datenschutzbestimmungen
- Informationen über Verantwortlichkeiten
- Begriffslexikon der fachlichen Begriffe mit Kategorisierung
- Informationen über aktuelle und archivierte Stände

Die Bedeutung für das Management der Data-Warehouse-Umgebung und die zusätzlichen Nutzungsmöglichkeiten für die fachlichen Endbenutzer machen das Metadatenmanagement zum Rückgrat einer Data-Warehouse-Umgebung mit Funktionen wie:

- Erläuterung der Bedeutung, Aktualität und Qualität der Daten für den Endbenutzer   **Funktionen**

- Navigation durch die vorhandenen Informationen, Reports, Dimensionen usw.
- Verständnis der Datenherkunft, Ableitungsregeln usw.
- Funktionen zur Datenflußanalyse im Data Warehouse
- Funktionen zur Auswirkungsanalyse von Änderungen im Data Warehouse
- Funktionen zur Integration der Metadaten anderer Werkzeuge
- Konfigurations- und Versionsmanagement im Data Warehouse

Soll das Data Warehouse schrittweise wachsen und sich an neue Data Marts, Werkzeuge und Informationsquellen anpassen können, so darf keine starre Kodierung von Regeln, Prozessen und Strukturen erfolgen. Vielmehr müssen die einzelnen Komponenten so flexibel miteinander verbunden werden, daß neue Komponenten integriert oder Veränderungen durchgeführt werden können, ohne die Integrität des Gesamtkonzepts, die Architektur des Data Warehouse, zu beschädigen.

Die Kombination dieser Anforderungen ist nur durch konsequentes Management der Metadaten mit Kontrolle der Informationsflüsse und weitgehender Wiederverwendung von Informationsobjekten möglich. Nur durch eine zentrale Beschreibung der Informationsstrukturen und der Steuerinformationen kann die Integration von Werkzeugen erreicht werden.

6.3 Metadatenstruktur

6.3.1 Strukturierungskriterien für Data-Warehouse-Metadaten

Die Struktur der Metadaten wird durch die Architektur des Data Warehouse wesentlich bestimmt; also durch Komponenten wie

- die operativen Systeme,
- die externen Datenquellen,
- die Data-Warehouse-Datenbank(en),
- die Data Marts,
- die eingesetzten Werkzeuge,
- den betrachteten Zeithorizont und
- die Data-Warehouse-Prozesse.

Daraus ergeben sich eine Reihe von Gliederungsmöglichkeiten für die Struktur der Metadaten, die je nach Blickwinkel des Betrachters eine unterschiedliche Gewichtung erfahren. So lassen sich Metadaten danach unterscheiden, ob sie aus den operativen Systemen oder den dispositiven Systemen stammen, ob sie während der Entwicklung des Data Mart in den Werkzeugen oder während des laufenden Betriebs beispielsweise in Form von Protokollen entstehen. Sie lassen sich danach unterscheiden, in welchem Werkzeug sie entstehen beziehungsweise welches Werkzeug führend bei der Pflege der entsprechenden Metadaten ist. Im folgenden sollen zunächst diese Gliederungsmöglichkeiten betrachtet werden, die alle in ein später in Auszügen beispielhaft vorgestelltes Metamodell eingeflossen sind.

6.3.2 Gliederung nach Herkunft

Die zunächst einfachste Strukturierung ist die Gliederung der Metadaten nach ihrer Herkunft aus Sicht des Data Warehouse. Dabei läßt sich im wesentlichen nach Beschreibung der operativen Systeme (und externen Quellen) und der dispositiven Systeme (Data Warehouse) sowie der Data Marts unterscheiden.

Im Bereich der operativen Systeme spielen Metadaten bereits seit vielen Jahren eine zentrale Rolle. Sie sind beispielsweise im Datenbankkatalog in Form von Beschreibungen der Tabellenstrukturen, Spaltenformate, Fremdschlüssel, Trigger, Zugriffsrechte etc. enthalten. Aktive Dictionaries für 4GL-Sprachen enthalten ebenso relevante Datenstrukturen, wie es COPY- oder INCLUDE-Strukturen in COBOL, C oder PL/I-Umgebungen sind. Hinzu kommen Standardsoftware (ERP-Systeme wie SAP, Baan, Peoplesoft usw.), Data Dictionaries, CASE-Systeme, Datenkataloge etc. als Quellen von Metadaten, die aus Sicht des Data Warehouse operative Systeme beschreiben. Externe Datenquellen sind unternehmensfremde Systeme, Informationsdienste, Internet usw.

Metadaten für die operative Umwelt ergeben sich aus der eingesetzten Technologie (eigenentwickelte Host-Systeme, Client/Server-Systeme, betriebswirtschaftliche Standardsoftware, individuelle Datenverarbeitung, Datenbanksysteme, CASE-Systeme, Codegeneratoren etc.) dieser Umwelt. Häufig sind hier bereits wesentliche Elemente vorhanden, die über Analysewerkzeuge und Parser ermittelt oder über Schnittstellen aus CASE-Systemen abgeleitet werden können. Eine Inventur dieser Metadaten ist die Basis für die folgenden Metadatenaktivitäten im Data Warehouse. Dies ist im übrigen ein zentraler Punkt. Ein Metadatenmanagement für eine Data-Warehouse-Umgebung muß immer auch die operativen Systeme mit ihren Metadaten berücksichtigen. Sie bilden die Grundlage genauso wie im Bereich der eigentlichen Nutzdaten, die auch diesen operativen Quellen entstammen. Nur durch eine geeignete Kopplung beider Metadatenumgebungen lassen sich die Änderungen, die sich aus der künftigen Entwicklung in beiden Systemen ergeben, schnell und sinnvoll gemeinsam verwalten.

Kopplung mit Metadaten der operativen Systeme

Die Metadaten in der dispositiven Welt stellen dann den neuen Teil des Metadatenmanagements dar. Analog zu den operativen Metadaten ergeben sich entsprechende Metadaten aus der Modellierung und dem Aufbau der technischen Umgebung der dispositiven Welt. Verglichen mit der etwa dreißigjährigen Tradition operativer Systeme, den unterschiedlichen Datenbanktechnologien sowie dem Einsatz von Standardsoftware ist die »neue Welt« des Data Warehouse hier zunächst vergleichsweise »einfach«. Neben den relationalen Systemen sind hier die für Data Mart-Anwendungen eingesetzten multidimensionalen oder objektorientierten Systeme zu beschreiben. Hierzu gehören beispielsweise das Analysieren und Integrieren des DB2-, ORACLE-, Sybase-, Informix- oder SQL-Server-Datenbankkatalogs. Hier liegt für das Metadatenmanagement die Chance, von Beginn an fachliche Informationen zu ergänzen und als steuerndes Element aktiv das Data Warehouse zu begleiten.

6.3.3 Gliederung nach Verwendung

Eine weitere Gliederung der Metadaten ergibt sich nach der Art ihrer Verwendung. Metadaten stellen die Basis für das Funktionieren und das Wachsen der Data-Warehouse-Umgebung dar. In Analogie zur Bedeutung der DNA für das menschliche Erbgut kann man hier von DNA-Metadaten sprechen. Die Buchstaben DNA stehen dabei für die Beschreibung der verschiedenen Verwendungszwecke von Metadaten im Data Warehouse:

DNA

- **D**efinition (eindeutige Definition und Verständlichkeit der Data-Warehouse-Daten)

- **N**avigation (Auffindbarkeit und Wiederverwendbarkeit von Data-Warehouse-Elementen)

- **A**dministration (Management des Betriebs und der Weiterentwicklung des Data Warehouse)

Administration

Die Administration ist die »klassische« Aufgabe der Metadaten, wie man sie aus operativen Systemen kennt. Das Ziel ist das Management von Veränderungen und Erweiterungen einer bestehenden Systemumgebung mit Funktionen wie Auswirkungsanalyse, Generierung, Versionierung und Archivierung. Die wesentliche Erweiterung ist die gezielte Betrachtung eines »redundanten« Informationspools (des Data Warehouse) mit zusätzlichen Werkzeugen, Prozessen etc. und dessen Integration mit bestehenden Anwendungen. Hier kann die Data-Warehouse-Umgebung von den Erfahrungen im Metadatenmanagement profitieren, wie sie im Repository-Umfeld seit Jahren existiert (beispielsweise mit Systemen wie ROCHADE).

Definition

Der Definition kommt gegenüber der operativen Umgebung eine erheblich erweiterte Bedeutung zu. Im operativen Umfeld wird der Endanwender im wesentlichen durch die Anwendung geführt, kennt deren Ablauf aus Schulungen und hat Handbücher sowie Online-Hilfe zur Verfügung. Wichtige Informationen über die Bedeutung der Daten, deren Nutzung und Zusammenhang sind in die Programmlogik der Anwendung oder in die Benutzeroberfläche eingearbeitet. Auf der anderen Seite hat der Anwender (oder dessen Administrator) im Data Warehouse die Freiheit, »seine« Daten zu wählen, zu kombinieren, neu zusammenstellen usw. Hinzu kommen Verdichtungen, Analysekriterien und Berechnungen. Sollen widersprüchliche Ergebnisse oder Fehlinterpretationen vermieden werden, ist eine exakte fachliche Definition von Bedeutung, während Herkunft, Aktualität und Qualität der Daten unverzichtbar sind (*Business Library*, siehe Abbildung 6.2).

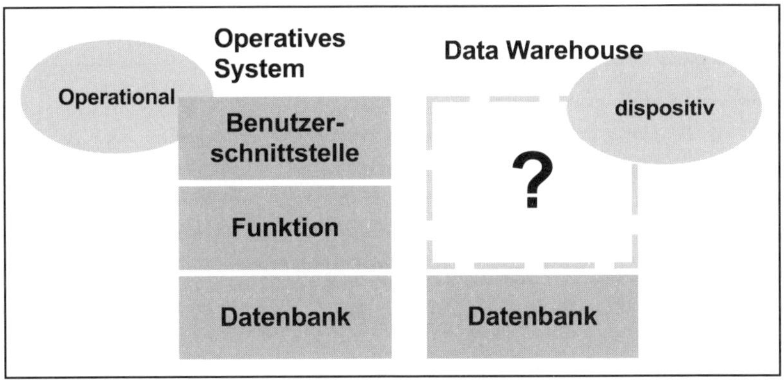

Abbildung 6.2: Informationslücke für Anwender in einer Data-Warehouse-Umgebung

Navigation

Die Navigation ist eine bekannte Rolle, die Metadaten im technischen Umfeld übernehmen. Es geht dabei um das Auffinden aller Informationen zu bestimmten Themen, Stichwörtern, Strukturen etc. Neu ist im Data-Warehouse-Umfeld die zentrale Rolle, die

6.3 Metadatenstruktur

der Navigation im fachlichen Bereich zukommt (*Business Directory*). Mit Sicherheit kann jeder Data-Warehouse-Anwender einige häufig genutzte Reports und Analysen unmittelbar ausführen. Kommen jedoch neue Informationswünsche hinzu oder sollen Erweiterungen vorgenommen werden, so ist dies ohne Metadaten, die das Auffinden bestehender Informationen ermöglichen, kaum machbar. Hier muß eine Navigationshilfe vorhanden sein, die es ermöglicht, mittels Metadaten die Verfügbarkeit und Lokalität von Daten festzustellen.

6.3.4 Gliederung nach dem Datenfluß

Eine detailliertere Gliederung der Metadaten als bisher angesprochen bieten die Data-Warehouse-Prozesse bzw. der entsprechende Datenfluß. Daher sind Typ und Ausprägung dieser Prozesse wesentlich für die Architektur des Metamodells. Typ und Ausprägung der Data-Warehouse-Prozesse werden wiederum durch die gewählte Data-Warehouse-Architektur maßgeblich bestimmt. Abbildung 6.3 zeigt die dreistufige Grundarchitektur, wie sie in Abschnitt 1.2.4 beschrieben wurde, wobei der Informationspool und die Verdichtungsstufen virtuell sowie zentral oder dezentral sein können [Muksch96].

Der zentrale Datenfluß, der insbesondere vom Betriebsprozeß bestimmt wird, ist die Extraktion, Transformation und das Laden von Informationen. Hieraus ergibt sich eine Strukturierung der Metadaten nach den Prozessen (Akquisition, Nutzung).

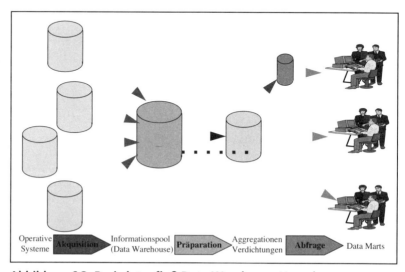

Abbildung 6.3: Basisdatenfluß Data-Warehouse-Umgebung

Die Gliederung in Prozesse gibt eine Basisstrukturierung der Metadaten entsprechend den beschriebenen Datenspeichern und Prozessen vor. In Abbildung 6.4 entspricht dem die unterste Ebene der Metadaten. Die abgerundeten Rechtecke repräsentieren jeweils ein komplettes Teilmetadatenmodell, mit verschiedenen Metatypen und ihren Metaattributen. Die Verbindungen repräsentieren die Metadaten für die Prozesse. Jedes Teilmetamodell beschreibt und steuert jeweils die mit Doppellinien verbundenen Komponenten der realen Data-Warehouse-Umgebung.

Hinzu kommt der Entwicklungsprozeß, der diese Metadaten auf verschiedenen logischen Ebenen, beispielsweise auf der Ebene von Datenbankstrukturen und Entity-Relationship-Modellierung, erzeugt und die Verbindungen untereinander benötigt. Aus der Gliederung in Metadaten, die während der Entwicklung des Data Warehouse und Data Marts entstehen und den Metadaten, die während des Betriebs und der Nutzung entstehen, läßt sich auch die grundsätzliche Gliederung in *Entwicklungsmetadaten* und *Laufzeitmetadaten* ableiten. Zu den ersten gehören beispielsweise Datenmodelle, Dimensionsbeschreibungen usw., während typische Vertreter der zweiten Gruppe Ladeprotokolle, Gültigkeitsstatus oder Nutzungsstatistiken darstellen.

Darüber hinaus gibt die Gliederung in Prozesse eine Basisstrukturierung der Metadaten entsprechend den beschriebenen Datenspeichern und Prozessen vor. In Abbildung 6.4 entspricht dem die unterste Ebene der Metadaten. Die abgerundeten Rechtecke repräsentieren jeweils ein komplettes Teilmetadatenmodell mit verschiedenen Metatypen und ihren Metaattributen. Die Verbindungen repräsentieren die Metadaten für die Prozesse.

6.4 Metadatenarchitektur

Die bisher angesprochenen Gliederungsschemata lassen sich noch erweitern. Letztlich muß aber für die praktische Umsetzung des Metadatenmanagements eine Architektur gefunden werden, die die verschiedenen Ansätze umfaßt und ein integriertes Gesamtmetamodell ermöglicht. Ein solches Modell, das auf inzwischen mehr als vierjähriger Erfahrung in dem doch recht neuen Bereich des Data-Warehouse-Metadatenmanagements beruht, wird im folgenden als Architekturmodell vorgestellt [siehe auch Wieken98]. Bei der in Abbildung 6.4 dargestellten Grundarchitektur des Modells repräsentiert die unterste Ebene Metadaten auf logisch-technischer Ebene. Sie wurde aus der Struktur des Betriebsprozesses eines Data Warehouse abgeleitet. So werden beispielsweise die Strukturen des (relationalen) Informations-

Architekturmodell

6.4 Metadatenarchitektur

pools auf logisch-technischer Metaebene durch eine dem Datenbankkatalog entsprechende Struktur mit Tabellen, Spalten, Tablespaces, Stored Procedures, Triggern etc. beschrieben. Sie adressiert vor allem die Nutzungsart Administration der Metadaten. Andere Prozesse, insbesondere die Nutzung des Data Warehouse, aber auch andere Nutzungsarten der Metadaten (Definition, Navigation) erfordern weitere Schichten in der Metadatenarchitektur. Daraus entstehen dann übergeordnete Schichten von Metadaten, die in der Metadatenpyramide zusammengefaßt werden. Dies beginnt bei der Erstellung der Datenbankstruktur für das Data Warehouse bzw. den Data Mart. Diese wird allerdings sinnvollerweise nicht direkt auf der technischen Ebene der Datenbank erfolgen, sondern bereits vorher auf der konzeptionellen Ebene eines Entity-Relationship-Modells. Dieses Modell dient als Schnittstelle zwischen der fachlichen Sicht und der technischen Ebene und ist für den Anwender zumeist leichter verständlich als die Datenbankstruktur.

Außerdem ist bei der Erstellung des Datenmodells zu beachten, daß es sich gerade im Umfeld von Data Marts um multidimensionale, relationale oder objektorientierte Datenbanken handeln kann. Dies hängt letztlich von dem gewählten Abfragewerkzeug und der bestehenden Infrastruktur ab. Daher ist die Erstellung eines konzeptionellen Modells, verbunden mit der Möglichkeit der Generierung verschiedener Datenbankmodelle, wesentlich flexibler. Die entsprechenden Metadaten liegen dann auf einer konzeptionell »höheren« Metaebene, die in Abbildung 6.4 durch die konzeptionelle Metaebene dargestellt wird.

Technisch kann die Erstellung des konzeptionellen Datenmodells in Form eines Entity-Relationship-Diagramms wie auch dessen Generierung in die Datenbank sowohl von einem CASE-Werkzeug als auch direkt im Repository über einen DB-Schema-Generator erfolgen. Für die Integration der Metadaten ist in jedem Fall eine Überführung sowohl des konzeptionellen Modells als auch des Datenbankkatalogs (logisches Modell) in das zentrale Repository notwendig. Dies garantiert die Integrität zwischen konzeptionellem Modell und Datenbankschema, die Unterstützung verschiedener Plattformen und die Integration mit anderen Metadaten.

So werden im Metamodell die Metadaten des Datenbankschemas mit den Metadaten des Reportingwerkzeugs (Reportgenerator, MQE, OLAP, Data Mining) verknüpft, um Aussagen über die Verwendung von Datenbankelementen in Abfragen, Reports etc. zu ermöglichen. Andererseits werden sie mit den Metadaten ihrer Herkunft aus dem zentralen Data Warehouse, operativen

Systemen oder externen Quellen verknüpft, um später Datenfluß- und Herkunftsanalysen zu ermöglichen.

Die konzeptionelle Ebene wird im allgemeinen sowohl für den Informationspool als auch für die Data Marts vorhanden sein. Im Fall des Informationspools handelt es sich eher um ein klassisches, subjektorientiertes Datenmodell mit integrativem Charakter für das Unternehmen. Es sollte strukturell in Richtung eines unternehmensweiten Datenmodells (mit voller Definition der Attribute) wachsen. Ob im Fall der operativen Systeme Informationen auf konzeptioneller Ebene vorhanden sind oder erstellt werden sollen, hängt wesentlich vom Umfang des CASE-Einsatzes und der Vollständigkeit und Zuverlässigkeit dieser Beschreibungen im Unternehmen ab.

Entsprechend können die anderen Metainformationen auf logischer bzw. konzeptioneller Ebene beschrieben werden.

Das Data-Warehouse-Metamodell kann mit der Gliederung in der klassischen Drei-Schema-Architektur für Datenmodelle verglichen werden. Die internen Schemata, die letztlich die technische Umsetzung der beschriebenen Modellsicht darstellen entsprechen der logisch-technischen Sicht. Darüber liegt das konzeptionelle Schema. Die dritte Ebene bilden die externen Schemata, die von verschiedenen Benutzergruppen bzw. Anwendungssystemen genutzt werden.

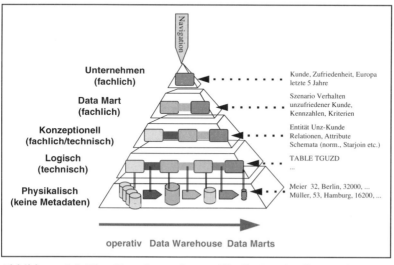

Abbildung 6.4: Vier Metadatenebenen für die Beschreibung einer Data-Warehouse-Umgebung

6.4 Metadatenarchitektur

Externes Schema Tatsächlich ist die Bedeutung des externen Schemas in der Welt der Data Marts wesentlich größer als im Bereich der operativen Systeme. Dies liegt darin begründet, daß die Menge der fachlichen Informationen, die hier zu beschreiben sind, über die Inhalte eines Entity-Relationship-Schemas oder gar eines Datenbankkatalogs hinausgehen. Die Erstellung einer Datenbank ist für den Betrieb eines Data Mart notwendige, aber nicht hinreichende Voraussetzung. Vielmehr sind für die Nutzung durch fachliche Anwender eine Reihe zusätzlicher Informationen notwendig, die indirekt bereits im Rahmen dieser Werkzeuge angesprochen wurden und Bestandteil des jeweiligen Metadatenmanagements sind. Hierzu gehören beispielsweise:

Notwendige Informationen
- die Bedeutung der verwendeten Elemente
- die Funktion der Elemente als Kennzahl, Dimension oder ergänzende Beschreibungen
- verschiedenste Arten von Filtern
- Alerter für die Bereitstellung von Hinweisen und Warnungen
- zusätzliche, abgeleitete (im Abfragewerkzeug berechnete) Elemente
- Aufbau der Dimensionen/Hierarchien und ihrer Ebenen
- Benutzerberechtigungen
- Verteilung der Informationen
- usw.

Diese Informationen stellen den fachlichen Überbau dar, der den Anwender eines Data Mart in die Lage versetzt, mit diesem sinnvoll umzugehen. Sie sind somit fachliche Metainformationen und in Abbildung 6.4 als fachliche Data-Mart-Metaebene symbolisiert. Sie sind der konzeptionellen Sicht eines Entity-Relationship-Diagramms übergeordnet, da es sich um eine dem Anwender nähergelegene Metadatensicht handelt. Sie stellen die eigentliche Quelle für die Struktur des Entity-Relationship-Modells eines Data Mart dar.

Schließlich ergibt sich eine vierte Metaebene in Form einer Integration bzw. Kategorisierung der aus den Data Marts bezogenen fachlichen Metainformationen, die die Basis für den Prozeß der Navigation bilden.

6.5 Integration der Metadaten einer Data-Warehouse-Umgebung

Im vorherigen Abschnitt ist vorgestellt worden, wie die Metadatenarchitektur einer Data-Warehouse-Umgebung unter Berücksichtigung verschiedener Aspekte aussieht. Dabei ergeben sich jeweils Teilbereiche von Metadaten, Teilmetamodelle, die teilweise bekannte, teilweise neue Aspekte von DV-Systemen umfassen. Ein großer Teil dieser Metadaten wird auch bereits in den verschiedenen Data-Warehouse-Werkzeugen verwaltet, die werkzeugspezifische Metadaten in eigenen Repository-Systemen enthalten.

Die in den Werkzeugen abgelegten Metadaten dienen der Steuerung der einzelnen Werkzeuge und sind eine fundamentale Voraussetzung für die Konsistenz der verschiedenen Komponenten und Funktionen eines Tools. Sie tragen somit wesentlich zu einem konsistenten und änderungsfreundlichen Verhalten des Tools selbst bei.

In einer Data-Warehouse-Umgebung und der zugehörigen operativen Umgebung hat man es aber grundsätzlich mit einer ganzen Reihe von Werkzeugen zu tun, so daß zusätzlich deren Zusammenspiel durch den Austausch von Metadaten organisiert werden muß. Dieser Austausch von Metadaten hat drei Aspekte: **Austausch von Metadaten**

- Der physische Zugriff auf die Metadaten eines Tools muß gewährleistet sein, also beispielsweise die Möglichkeit, die Daten in Form sequentieller Daten zu importieren/exportieren oder moderner über ein API auszutauschen.

- Die Struktur der Metadaten, also die Bedeutung der einzelnen Felder und deren Zusammenspiel, muß bekannt sein. Dies ist die Voraussetzung für eine sinnvolle Interpretation und Integration in ein Gesamtmetamodell, wie es im vorherigen Abschnitt strukturell vorgestellt wurde. Die einzelnen Werkzeuge müssen ihre Metadaten in das entsprechende Teilmetamodell integrieren bzw. von dort beziehen können.

- Ein zentrales Repository für die Ablage des Gesamtmodells (physisch oder virtuell) muß vorhanden sein, das die beschriebenen Funktionen eines Metadatenmanagements wie Auswirkungsanalyse, aber auch Navigation oder Steuerung effizient ausführen kann.

Die zentrale Bedeutung der Integration von Metadaten über den Austausch zwischen verschiedenen Werkzeugen für Data-Ware-

6.5 Integration der Metadaten einer Data-Warehouse-Umgebung

house-Umgebungen zeigt sich im frühzeitigen Zusammenschluß wichtiger Hersteller und Anwender von Data-Warehouse-Werkzeugen in der **M**eta **D**ata **C**oalition (MDC). Ziel ist es, zumindest für einen wichtigen Kern von Metadaten in Data-Warehouse-Umgebungen einen Standard zu definieren, der von den Werkzeugen dynamisch gelesen und geschrieben werden kann. Somit wird die Verfügbarkeit metadatengesteuerter Werkzeuge angestrebt, die über den Austausch entsprechender Metadaten dynamisch an Veränderungen im Data Warehouse angepaßt werden können.

MDI-Standard

Der erarbeitete MDI-Standard erstreckt sich auf die Struktur, den Inhalt und die Schnittstellen für den Austausch von Metadaten. Nachdem eine erste Version eines solchen Standards in Form der **M**eta **D**ata **I**nterchange **S**pecification (MDIS) in der Version 1.0 bereits 1996 vorlag [MDC96], hat hier sicher auch unter dem Eindruck der verstärkten Anstrengungen von Microsoft, ein entsprechendes Repository und Modell zur Verfügung zu stellen, ein Schwenk in Richtung XML (**E**xtended **M**arkup **L**anguage) stattgefunden. Diese aus dem Bereich des Internet entstandene Sprache ist dabei für den Austausch von Modelldaten vorgesehen, wobei verschiedene Varianten wie XIF und XMI diskutiert werden.

XML

Reicht der Standard heute bei weitem noch nicht für den Austausch aller wichtigen Metadaten aus, so zeigt sich doch, daß trotz aller Probleme derartiger Standards die grundsätzliche Bedeutung eines solchen Mechanismus von allen Seiten nicht nur anerkannt ist, sondern auch an einer Umsetzung gearbeitet wird.

Andere Ansätze

Zur Zeit scheint es allerdings nicht angebracht, bei der Gestaltung des Metadatenmanagements auf diese noch in einem frühen Stadium befindlichen Standards zu warten. Hinzu kommt, daß die von Herstellern wie Microsoft, IBM und anderen betriebenen (voneinander abweichenden) Ansätze, auf Basis von XML-Varianten wie XMI einen Standard für den Metadatenaustausch zu schaffen, hier eine starke Konkurrenzsituation geschaffen haben.

Zum heutigen Zeitpunkt sind die Chancen dieser Ansätze schwer einzuschätzen. Zumindest im Bereich des physischen Zugriffs (siehe oben) auf Metadaten scheinen die XML-basierten Ansätze allerdings erfolgversprechend zu sein. Das Problem der unterschiedlichen logischen Strukturen ist damit allerdings noch nicht gelöst. Zwar bietet XML generell die Möglichkeit, neben den Metadaten auch das Metamodell auszutauschen, aber dies war auch mit CDIF bereits möglich, das schon vor einigen Jahren einen ähnlichen Ansatz für Metadaten im CASE-Umfeld anbot.

Das Problem ist dasselbe wie bei CDIF. Ein Austausch solcher Modelle hat nur dann Sinn, wenn auch Regeln vorliegen, wie die unterschiedlichen Modelle ineinander überführt werden sollen. Hierfür wird sinnvollerweise ein zentrales Metamodell benötigt.

Damit kommt man zurück zum dritten Punkt, der oben als Voraussetzung für eine sinnvolle Integration von Metadaten genannt wurde, dem integrierten Metamodell. Dies entspricht der Ausgestaltung der in Abbildung 6.4 dargestellten Metadatenpyramide durch ein konkretes Metamodell. Im weiteren Teil dieses Kapitels werden Ausschnitte aus in der Praxis entwickelten und genutzten integrierten Metamodellen gezeigt.

Integriertes Metamodell

An dieser Stelle bleibt zunächst festzuhalten, daß ein Metadatenmanagement für eine Data-Warehouse-Umgebung erst durch die Integration aller Prozesse, Werkzeuge, Datenquellen und -senken einschließlich der existierenden operativen Umwelt in einem gemeinsamen Repository mit einem integrierten Metamodell entsteht. Ein integriertes Metadatenmanagement erfordert allerdings nicht nur ein integriertes Metamodell, sondern auch eine Integration wesentlicher Funktionalitäten.

Durch Beachtung von fünf Grundvoraussetzungen für ein integriertes Metadatenmanagement entsteht hier ein deutlicher Unterschied zu werkzeugspezifischen Metadatenverwaltungen in Tool-Repositories. Diese fünf Regeln lassen sich wie folgt zusammenfassen:

- Integration von operativer und dispositiver Welt
- Integration von Data-Warehouse-Prozessen
- Integration von fachlichen und technischen Metadaten
- Integration von Werkzeugen
- Integration von Konfigurationen

Grundregeln

Die Integration von operativer und dispositiver Welt ist die Basis einer Wartbarkeit der Data-Warehouse-Umgebung. Die »Traceability« der Verbindung zwischen beiden »Welten« stellt sicher, daß notwendige Änderungen im operativen Umfeld nicht zu offenen oder verdeckten Folgefehlern im Data Warehouse führen. Hierzu gehört beispielsweise die Möglichkeit, die Auswirkung von Änderungen an Spalten, Feldern und anderen Datenelementen in operativen Systemen auf ihre Auswirkungen hinsichtlich der Data-Warehouse-Datenbank, der Transformation der Datenbank sowie ihrer Nutzung in Form von Abfragen, Reports und Analysen zuverlässig zu ermitteln. Hierzu gehören neben syntaktischen Änderungen im operativen Umfeld (etwa Format-

Integration von operativer und dispositiver Welt

6.5 Integration der Metadaten einer Data-Warehouse-Umgebung

änderungen) auch semantische Änderungen (etwa die Erweiterung eines Wertebereichs, beispielsweise die Änderung der Zurechnung von Umsatzzahlen zu Vertriebsregionen). Gerade die letzteren Änderungen können dazu führen, daß im Data Warehouse trotz identischer Strukturen, Verfahren und Reports »falsche« Zahlen ermittelt werden.

Ein weiterer Aspekt der »Traceability« ist die Möglichkeit, für Elemente im Data Warehouse jederzeit deren Herkunft zu ermitteln. So läßt sich durch die Verknüpfung zwischen Data-Warehouse-Strukturen und operativen Strukturen ermitteln, aus welchen Datenfeldern und durch welche Algorithmen die Felder des Data Warehouse versorgt werden. Eine im Fall »verdächtiger Daten« durchaus interessante Erweiterung ist hier übrigens die Möglichkeit, im operativen Umfeld durch entsprechende Parser auch die Programme und beispielsweise Transaktionen zu ermitteln, die in den operativen Systemen diese Felder pflegen. Derartige Parser stehen im Bereich unternehmensweiter Repositories seit längerem zur Verfügung.

Integration von Data-Warehouse-Prozessen
Die Integration von Data-Warehouse-Prozessen ist die Voraussetzung für das Verständnis und die Administration des Zusammenwirkens der einzelnen Komponenten. Hier werden die Inhalte der Abläufe, beispielsweise des Transformationsprozesses, der Verdichtung, der Nutzung von Reports etc., beschrieben. Dadurch können umgekehrt auch die Prozesse mit den notwendigen Metadaten für eine Steuerung dieses Prozesses versorgt werden.

Integration fachlicher und technischer Metadaten
Die Integration fachlicher und technischer Metadaten ist einerseits die Voraussetzung für eine verständliche Beschreibung der Data-Warehouse-Informationen für den fachlichen Benutzer und andererseits für eine vollständige Darstellung der tatsächlichen technischen Abläufe. Obwohl sich die Trennung zwischen fachlicher und technischer Ebene auf alle Komponenten des Metadatenmanagements übertragen läßt, ist sie am besten mittels des Datenmodells darstellbar. Das Datenmodell eines Data Warehouses orientiert sich an den wesentlichen »Subjekten« (Subjektorientierung) eines Unternehmens (Kunde, Produkt, Lieferant etc.), siehe Abschnitt 4.2. Der Anwender benötigt diese Subjekte zum Verständnis (Aspekt: Definition) und zur Orientierung (Aspekt: Navigation). Werden die zugehörigen Metadaten durch technische Details der Implementierung überlagert, geht ein wesentlicher Nutzenaspekt verloren. Umgekehrt ist für eine genaue Beschreibung der Umgebung und Steuerung von Prozessen die Anlage der technischen Informationen notwendig. Somit müssen beide Ebenen vorhanden und integriert sein.

Die Integration von Werkzeugen ist notwendig, da ein Data Warehouse nicht von einem einzigen Werkzeuganbieter aufgebaut werden kann bzw. im Interesse der Freiheit der Anwender die Kombination von Werkzeugen verschiedener Anbieter notwendig ist. Dabei existiert bereits heute eine Vielzahl unterschiedlicher Werkzeuge, die künftig mit Sicherheit noch erweitert werden wird. Soll die Möglichkeit der Erweiterung um zusätzliche Werkzeuge nicht durch dann notwendige Umgruppierungen des Metamodells und der damit verbundenen Funktionen verbaut werden, ist daher die *Werkzeugunabhängigkeit des Metamodells* eine wesentliche Voraussetzung für die Stabilität und Zukunftssicherheit der Data-Warehouse-Umgebung.

Integration von Werkzeugen

Zugleich bietet die Werkzeugunabhängigkeit des Metamodells die Möglichkeit, Werkzeuge mit stark überlappender Funktionalität gleichzeitig in verschiedenen Unternehmensbereichen oder Data Marts einzusetzen und Inhalte wechselseitig nutzbar zu machen (beispielsweise in Form von Dimensionen, Business-Elementen etc.). Die Integration von Werkzeugen bedeutet dann, Schnittstellen verfügbar zu haben, die aus den werkzeugspezifischen Metamodellen die entsprechenden Elemente extrahieren.

Die Integration von Konfigurationen ist notwendig, um verschiedene zeitlich aufeinanderfolgende oder örtlich getrennte Konfigurationen des Data Warehouse über entsprechende Konfigurationen der Metadaten beschreiben zu können.

Integration von Konfigurationen

6.6 Das Data-Warehouse-Metamodell

Die Metapyramide in Abbildung 6.4 gibt die Architektur eines Metamodells vor. Die Kästen und Verbindungen lassen eine Gliederung des Gesamtmodells in einzelne Komponentenmodelle zu. Jede Metakomponente enthält eine Reihe von Metatypen (Entitätstypen) mit den entsprechenden Metaattributen. Zwischen den Metatypen bestehen analog dem Entity-Relationship-Modell Metarelationen, hier auch als Links bezeichnet. Auf einige der Metakomponenten wird im folgenden ausführlicher eingegangen. Dies kann hier nur in kleinen Ausschnitten geschehen, um die grundsätzliche Vorgehensweise zu veranschaulichen.

6.6.1 Die Metakomponente fachliche Nutzung

Die hier angesprochene Komponente deckt im wesentlichen die Nutzung des Data Warehouse, hier natürlich speziell der Data Marts ab. Dabei geht es also um Informationen, die von Nutzern

6.6 Das Data-Warehouse-Metamodell

der klassischen Reportgeneratoren, MQE (**M**anaged **Q**uery **E**nvironments), Data Mining usw., also Werkzeugen aus fachlicher Sicht, benötigt werden. Besondere Beachtung verdient hier der Aspekt des OLAP, also der multidimensionalen Analyse.

Die Betonung liegt auf der fachlichen Sicht. Natürlich wird das Werkzeug selbst auf physische Datenstrukturen, relationale und multidimensionale Strukturen zurückgreifen. Diese Informationen sind in einer anderen Komponente, auf der logischen Schicht, abgelegt. Dort liegen auch Informationen über Indizes, Partitionierungen, Schlüssel usw., die beispielsweise auch für das Datenbankmanagement von Bedeutung sind. Aus fachlicher Sicht liegt darüber ein Entity-Realtionship-Modell, das aber für sich allein betrachtet auch noch nicht ausreicht, die Informationen aus Benutzersicht abzulegen.

Wo würden dann beispielsweise die Informationen aus der Transformationsschicht eines MQE-Werkzeugs abgelegt, wo die Parameter für eine Data-Mining-Analyse? Wo liegen die Informationen über die Dimensionen, ihre Ebenen, die Kennzahlen und die Dimensionslinien? Wo können fachliche Namen, fachliche Definitionen der Bedeutung bestimmter Informationen hinterlegt werden? Hier liegen also die Informationen, die entscheidend sind, um die Informationslücke aus fachlicher Sicht (siehe Abbildung 6.2) zu schließen.

Betrachtet man die benötigten Informationen, so zeigt sich schnell, daß der zentrale Baustein jeder Analyse das einzelne Feld ist, das feinste Granulat, das der Anwender als für ihn wesentliche Information sieht. Dies sind beispielsweise der Produktumsatz, die Bezeichnung einer Vertriebsregion, die Kundennummer, der »gute Kunde«, der »schweizer Kunde«, der »prozentuale Umsatzbeitrag einer Marke« usw.

Business Element Der entsprechende Metatyp wird hier als Business Element bezeichnet. Es handelt sich dabei grundsätzlich um einen dem Attribut oder der Spalte verwandten Begriff, der gleichwohl mit keiner der beiden zusammenfällt. Ein Business Element kann auf einer Spalte bzw. einem Attribut basieren. In diesem Fall wird es mit den entsprechenden Metaentitäten in den anderen Schichten verbunden. Dies entspricht genau der Informtion, daß ein bestimmtes technisches Feld genutzt wird. Ein Business-Element kann aber auch über eine Ableitungsregel aus anderen Business-Elementen abgeleitet werden (siehe die gestrichelten Verbindungen in Abbildung 6.5). Die Ableitungsvorschriften können arithmetische Operationen (beispielsweise die Berechnung eines Bruttobetrags), Summationen, statistische Funktionen, aber auch

Filter sein. Ausschlaggebend ist letztlich nur, mit welchen Elementen der Anwender arbeiten möchte.

Für die Darstellung im Metamodell ist es nicht ausschlaggebend, ob die Bestimmung des Business-Elements dynamisch im Abfragewerkzeug oder bereits in der Data-Warehouse-Datenbank erfolgt, der Unterschied ist aber im Metamodell dokumentiert.

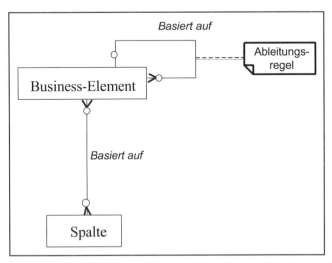

Abbildung 6.5: Business-Elemente beruhen auf Spalten oder anderen Elementen

Inhaltlich gehört zur Beschreibung eines Business-Elements mindestens die Existenz einer aussagekräftigen fachlichen Definition, einer eindeutigen Ableitungsvorschrift, eines fachlich Verantwortlichen sowie eines fachlichen Datentyps. Unter einem fachlichen Datentyp sind dabei beispielsweise »ganzzahliger Prozentwert«, »Kundennummer« etc. zu verstehen, die technisch dann immer gleichartig je Werkzeug im Data Warehouse umgesetzt werden.

Für eine OLAP-Analyse sind basierend auf Business-Elementen zusätzlich Dimensionen, Kennzahlen usw. beschreibbar.

Eine zentrale Struktur für den Bereich der multidimensionalen Analyse ist die Darstellung der Dimensionen oder Hierarchien, der daher hier herausgegriffen werden soll. Die Dimensionen stellen semantische Verfeinerungen eines Auswertungskriteriums über mehrere Stufen, die Dimensionsebenen, dar. Die Dimensionsebenen enthalten dabei gleichartige fachliche Werte, und zwischen den Dimensionsebenen besteht eine enge inhaltliche Beziehung. Eine (theoretisch) beliebige Schachtelungstiefe der

Dimensionsebene

6.6 Das Data-Warehouse-Metamodell

Dimensionsebenen erfordert eine Rekursion. Jede Dimensionsebene erhält ihre Werte über ein Business-Element. So würde beispielsweise die Ebene Region innerhalb einer Dimension Vertriebsstruktur die Werte »Nord«, »Süd«, »West«, »Ost« und »Mitte« enthalten. Diese können als Ausprägungen eines Business-Elements gesehen werden. Dieses kann die Werte dann wiederum aus einer Ableitung oder direkt aus einer Spalte einer Datenbank erhalten. Daher basiert jede Dimensionsebene ihrerseits auf einem Business-Element (in der Praxis auf mehreren Business-Elementen).

Die Dimensionsebene ihrerseits benötigt eine inhaltliche Definition, einen Wertebereich etc.

Business Value Diese Struktur reicht aber noch nicht aus, die Beziehung zwischen den Kategorien verschiedener Dimensionsebenen darzustellen. So kann beispielsweise die Dimensionsebene Region die oben angegebenen Werte enthalten. Eine Dimensionsebene Niederlassungen kann die Werte »Hamburg«, »Hannover«, »Bremen«, »München« usw. enthalten. Diese Werte basieren wiederum auf einer anderen Dimensionsebene. Was dann aber noch fehlt, ist die Aussage, daß die Niederlassungen Hamburg, Hannover und Bremen zur Region Nord zu verdichten sind. Dafür ist die Ablage dieser Werte als Business Values mit den entsprechenden Verknüpfungen untereinander notwendig. Daher ist der Metatyp Business Value mit einer rekursiven Beziehung versehen.

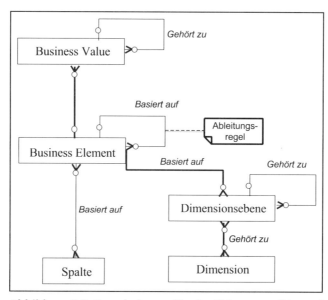

Abbildung 6.6: Grundschema für die Ablage von Dimensionen

In Erweiterung dieser Struktur sind dann die Kennzahlen und die Analysierbarkeit der Kennzahlen in den einzelnen Dimensionen abzubilden.

6.6.2 Die Metakomponente Akquisition (Einkauf)

Eine zentrale Funktion innerhalb des Betriebs eines Data Warehouse ist die Überführung der Daten aus den Datenablagesystemen der operativen Systeme in den Informationspool des Data Warehouse.

Die entsprechende Metakomponente `Akquisition` kann in der Metapyramide im linken unteren Bereich als Verbindung zwischen der operativen und der Informationspoolkomponente gesehen werden. Theoretisch kann diese Komponente auf der logischen, der konzeptionellen und der fachlichen Ebene gesehen werden. In der heutigen Praxis findet die Beschreibung allerdings fast ausschließlich auf der logischen Ebene, also quasi auf Datenbankebene, statt. Dies ist zwar bedauerlich aber in der Praxis heute so zu akzeptieren.

Der Schwerpunkt soll in dem hier vorgestellten Ausschnitt auf der Metastruktur des eigentlichen Transformationsprozesses liegen, obwohl Plausibilitätsregeln, Prozesse etc. ebenfalls zentrale Elemente des Metadatenmanagements der Komponente `Akquisition` sind. Der Transformationsprozeß muß dabei letztlich auf Feldebene für jedes Feld des Data Warehouse dokumentieren, aus welchen operativen Quellen es versorgt wird, also die Regel dokumentieren, die für die Versorgung des entsprechenden Feldes verwendet wird. Da grundsätzlich jedes Feld aus mehreren anderen Feldern über mehrere Regeln versorgt werden kann, handelt es sich um einen *n:m* Zusammenhang zwischen operativen und dispositiven Feldern. Zusätzlich ist die Transformationsinformation Bestandteil der Beziehung.

Metastruktur des Transformationsprozesses

Neben der Betrachtung auf Feldebene haben wir bereits gesehen, daß sich außerdem die Notwendigkeit einer Gruppierung in Form von Tabellen, COPY-Strecken usw. ergibt. Auch hier findet man wie auf Feldebene eine *n:m* Beziehung zwischen den entsprechenden Strukturen auf operativer und dispositiver Seite. So kann eine Tabelle des Data Warehouse aus verschiedenen Tabellen der operativen Systeme versorgt werden. Umgekehrt kann die Information einer operativen Tabelle für den Aufbau verschiedener Tabellen des Data Warehouse benötigt werden.

Diese *n:m* Beziehungen sind insofern wieder miteinander verbunden, als daß einer *n:m* Beziehung auf Gruppenebene jeweils

6.6 Das Data-Warehouse-Metamodell

die entsprechenden Beziehungen auf Feldebene zugeordnet werden müssen.

Auf operativer Seite wird hier von »Gruppe« und »Feld« gesprochen, auf dispositiver Seite von »Tabelle« und »Spalte«, ohne damit eine bestimmte Technologie zu implizieren. Vielmehr soll dies nur verdeutlichen, daß auf dispositiver Seite hier häufig relationale Technologie zum Einsatz kommt, während auf operativer Seite zumeist das gesamte Spektrum an Datenspeicherverfahren zum Einsatz kommt, das dort zur Verfügung steht. Diese Struktur ist in Abbildung 6.7 dargestellt.

Für die technische Umsetzung dieser Metastruktur ist insbesondere von Bedeutung, ob $n{:}m$-Beziehungen, attributierte Beziehungen und Beziehungen zwischen Beziehungen möglich sind.

Die Reduktion auf eine $1{:}n$-Beziehung auf der dispositiven Seite entspringt aber nicht einer technischen Einschränkung, sondern soll die zielgerichtete Beschreibung der Transformationsprozesse vereinfachen. Entsprechend dieser Modellierung wird in *einem* Transformationsprozeß genau *ein* dispositives Feld bzw. *eine* dispositive Gruppe gefüllt. Dies stellt keine Beeinträchtigung der Allgemeinheit dar, da für jedes dispositive Feld/Gruppe mehrere Transformationen beschrieben sein können.

Eine zentrale Metainformation des Transformationsprozesses ist die Transformationsregel selbst. Während deren technische Realisierung eine Frage der konkreten Sprache der Transformationsprogramme ist, kann doch eine allgemeine Typisierung der Regel vorgenommen werden (beispielsweise Identität, Typkonvertierung, Arithmetik, Verdichtung, Filter, ...). Diese Typisierung stellt ein wichtiges Attribut bei der Beschreibung der Transformation auf Feldebene dar.

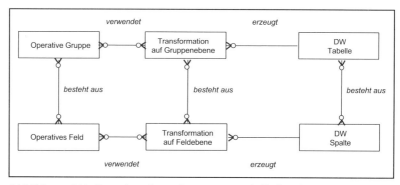

Abbildung 6.7: Grundstruktur des Metamodells für die Transformationsbeschreibung

Die Aufgabe der Metakomponente Akquisition ist die Dokumentation des Zusammenhangs zwischen der Versorgung des Data Warehouse und der bestehenden Welt. Daher sollten die operativen Metamodelle genauso wenig geändert werden wie die operativen Anwendungen oder Datenbestände, sondern das operative Metamodell sollte als Baustein in das Data-Warehouse-Modell eingefügt werden. Dies ermöglicht sowohl dessen Veränderung mit der Veränderung der operativen Welt als auch die Dokumentation des Zusammenhangs zwischen operativer und dispositiver Welt.

Dokumentation des Zusammenhangs zwischen operativer und dispositiver Welt

Dies bedeutet, daß die Metamodelltypen »operative Gruppe« und »operatives Feld« als generische (parametrisierbare) Metatypen aufzufassen sind, die in einer konkreten DV-Landschaft zu konkreten Typen instantiiert werden müssen. So kann beispielsweise die »operative Gruppe« zu einer DB2-Tabelle und einer DB2-View, einem IMS-Segment und einer ORACLE-Tabelle oder einem COPY etc. instantiiert werden, die dann ihrerseits konkrete Tabellen, Copy-Strecken etc. beschreiben. Entsprechendes gilt für das »operative Feld«, das dann zu Spalten, Feldern etc. instatiiert wird.

Auf Seiten des Data Warehouse findet man sehr häufig relationale Technologie. Für die konkrete Beschreibung einer Umgebung auf Metaebene ist aber selbst bei Verwendung ähnlicher Technologie auf die Besonderheiten der jeweiligen Systeme (ORACLE, Sybase, Informix, DB2, Ingres etc.) einzugehen und ein spezifisches Modell zu verwenden. Dies gilt um so mehr, je mehr technische Abläufe in die Betrachtung einbezogen werden sollen, beispielsweise Lesen und Schreiben des Datenbankkatalogs, Nutzung von Datenbankmitteln für Plausibilitätsprüfungen, Transformationen, Zugriffsrechte usw. Typische systemabhängige Metadaten sind dann Datenformate, Speicherorganisation, Stored Procedures, Trigger und Benutzerberechtigungen. Die entsprechenden toolspezifischen Daten sind in Ergänzung zu einem werkzeugneutralen Kernmodell zu sehen.

Hinzu kommen nichtrelationale Datenbanken, OODBMS, MDBMS, hybride Ansätze etc. auf dispositiver Seite.

Daher wird auch auf dispositiver Seite von generischen Metatypen »DW Tabelle« und »DW Spalte« ausgegangen. Außerdem wird, wie in Kapitel 5, in vielen Fällen der Akquisitionsprozeß so untergliedert, daß die eigentliche Transformation aus einer »logischen Sicht« erfolgt, einer dynamischen Zusammenfügung aller für einen Transformationsvorgang benötigten Felder in einem »logischen Datensatz«. Damit wird in einem ersten Schritt

6.6 Das Data-Warehouse-Metamodell

der Vorgang des Entladens und Zusammenführens sowohl aus unterschiedlichen Strukturen als auch eventuell unterschiedlichen Datenhaltungssystemen durchgeführt. Das Ergebnis dieses ersten Schritts in Form eines logischen Datensatzes ist dann der Input für den eigentlichen Transformationsprozeß. Seltener benötigt, aber grundsätzlich analog, kann dies ebenso auf Seiten des Data Warehouse durchgeführt werden. Die Gründe können hier auch Segmentierung und Fragmentierung entsprechend unterschiedlichen Aktualitäts- und Zugriffsanforderungen sein. In jedem Fall sollte das Metamodell die Möglichkeit haben, neben den tatsächlichen Strukturen auf operativer und dispositiver Seite auch die Modellierung solcher logischen Sichten als Ein- und Ausgabestrukturen und mehrstufiger Abläufe des Transformationsprozesses zu erlauben. In der Praxis geschieht dies durch eine weitere Rekursion auf den Metatypen für die Transformation.

Der zweite fachliche Aspekt beim Übergang von der operativen in die dispositive Welt ist die Festlegung der zu verwendenden Integritäts- und Plausibilitätsregeln. Dabei handelt es sich um die Dokumentation der Datenqualität, die dem Nutzer des Informationspools mindestens garantiert werden kann bzw. der Regeln, die auf die eintreffenden Datensätze angewendet werden. Die Probleme hier entstehen einerseits aus »fehlerhaften« Datensätzen in den operativen Beständen, andererseits aus der neuen und im allgemeinen anderen Strukturierung des Informationspools. Referentielle Integrität kann zwar auf Grund der relationalen Systeme verwendet werden, ist aber im allgemeinen bei weitem nicht ausreichend und zum anderen wegen der Historisierung der Datenbestände häufig sogar kontraproduktiv.

Grundsätzlich können sich die Prüfungen sowohl auf die operativen als auch die dispositiven Strukturen beziehen. Prüfungen auf operativen Strukturen haben unter anderem den Vorteil, inkonsistente Sätze frühzeitig zu erkennen (und somit den Transformationsprozeß nicht weiter zu belasten) und alle operativen Informationen (auch solche die selbst nicht in das Data Warehouse transformiert werden) für die Prüfung verfügbar zu haben. Für eine Überprüfung auf dispositiver Seite spricht umgekehrt unter anderem, daß die durchgeführten Regelüberprüfungen unmittelbar auf den dem Anwender vertrauten Strukturen stattfinden und direkt dokumentiert werden können. So kann dem Anwender beispielsweise »garantiert« werden, daß alle Werte im Bereich xyz liegen, daß in einem Feld nur dann die Werte abc stehen, wenn in einem anderen der Wert w steht, etc.

Hinzu kommt, daß die »Garantie« unabhängig von der Transformationsregel gilt und auch bei Änderungen oder mehreren Transformationsregeln bestehenbleibt. Schließlich kann auf alle Strukturen des Data Warehouse zugegriffen werden (wenngleich sich hierdurch wieder Restriktionen hinsichtlich der Reihenfolge der Transformation ergeben).

Aufgrund der geschilderten Situation ergibt sich somit regelmäßig die Notwendigkeit, die Hinterlegung von Integritätsregeln auf Metaebene sowohl für operationale als auch für dispositive Strukturen vorzusehen. Weiterhin kann sich jede Regel sowohl auf einzelne Felder als auch auf komplette Strukturen aller eingesetzten technischen Systeme beziehen. Daher ist die Einführung zumindest eines eigenen Typs für die Hinterlegung der Plausibilitätsregeln hier eine sinnvolle Ergänzung.

Neben der Dokumentation des Zusammenhangs zwischen operativer Welt und dispositiver Welt kommt der Komponente Akquisition in besonderem Maß die Aufgabe zu, den technischen Ablauf des Akquisitionsprozesses im Idealfall metadatengestützt zu steuern. Die Metadatensteuerung erfordert neben entsprechenden technischen Schnittstellen insbesondere die Möglichkeit, die Metadaten entsprechend den eingesetzten Werkzeugen zu strukturieren. Eine vollständige Dokumentation aller technischen Aspekte des Akquisitionsprozesses ist ein umfangreiches Metamodell. Um die rein fachliche Dokumentation und Analyse des Zusammenhangs zwischen den beiden Systemen nicht durch die technischen Informationen zu belasten, hat es sich als sinnvoll erwiesen, diesen Zusammenhang wie bereits oben dargestellt in einfacher Form zu dokumentieren und die technischen Aspekte des Prozesses in ein eigenes Modell zu verlagern, das an das obige Modell »angehängt« wird.

Steuerung des technischen Ablaufs

Ergänzt wird die Metakomponente schließlich noch um die Metatypen zur Einbeziehung der Prozeßseite, Entladevorgänge, Ladevorgänge und Deltaermittlung. Hierfür sollte ein Ausschnitt der Komponente um einen Metatyp DW/Prozeß gruppiert werden, der alle aktiven Bestandteile beschreibt und auch in anderen Metakomponenten Verwendung findet. Im Bereich der Komponente Akquistion sollte jeder Transformation auf Gruppenebene zumindest ein DW/Prozeß entsprechen. Inhaltlich gehört zu seiner Beschreibung eine Einbindung oder Referenzierung von Modulen, Programmen wie auch die Dokumentation der Ablaufsteuerung. Auf einem MVS werden hier beispielsweise Jobs, Jobsteps etc. beschreiben. Hinzu kommen Typen für das Scheduling und die Dokumentation von Protokollen, Fehlercodes etc. Diese Informationen erlauben insbesondere dem erfahrenen Benutzer auch eine Rückverfolgung der Aktualität seiner Daten, der Überprüfung des korrekten Abschlusses von Akquisitionsläufen usw. Letztlich kann dann für ein im Data Warehouse verwendetes Business-Element jederzeit ermittelt werden, wann es zuletzt durch welchen Prozeß geladen wurde, ob Probleme beim Akquisitionsprozeß aufgetreten sind, und gegebenenfalls sogar, welche Probleme dies waren. Auch die Überprüfung der Integritätsregeln und eventuelle Warnungen sind dann verfügbar.

6.7 Zusammenfassung

Metadaten sind ein zentraler Bestandteil einer Data-Warehouse-Umgebung. Ihre Bedeutung hat sich gegenüber operativen Anwendungen insbesondere für den Endanwender dadurch deutlich vergrößert, daß die erklärende (Definition) und führende Rolle (Navigation) nicht mehr durch eine vordefinierte und ausprogrammierte Benutzerführung mit entsprechenden Hilfen ausgefüllt wird, sondern der Anwender seine Daten vielfältig nutzen und kombinieren kann. Damit muß er aber alle relevanten Daten finden und in ihrer Bedeutung exakt verstehen können, was nur über die Bereitstellung entsprechender fachlicher Metadaten möglich ist. Der dezentrale Charakter von Data Marts und ihre flexible Definition mittels geeigneter Werkzeuge stehen einem erheblichen Aufwand und hohen Kosten bei der Bereitstellung eines integrierten und qualitativ hochwertigen Informationspools durch die Informatik gegenüber. Eine effiziente Bereitstellung dieses Service und widerspruchsfreie Informationen im dispositiven Umfeld verlangen daher eine konsequente Wiederverwendung aller verfügbarer Elemente, beginnend auf der fachlichen Ebene.

Nur ein integriertes Metadatenmanagement für das Data Warehouse und die Data Marts kann letzlich die Information der Endanwender bei der Nutzung, die Wiederverwendung beim Aufbau und der Erweiterung, das Change Management sowie die effiziente Steuerung der gesamten Data-Warehouse-Umgebung einschließlich der Tools ermöglichen.

Wesentlich für das Metadatenmanagement ist, daß *alle Komponenten direkt untereinander in Verbindung stehen und zusammen ein Metadatenmanagement der Data-Warehouse-Umgebung ermöglichen.* Hierfür sollte eine unabhängige Datenbank oder noch besser ein Repository verwendet werden, das die operative und dispositive Welt integriert.

Verfahren zum Aufbau eines Data Warehouse

7

7.1 Vorgehensweise zum Aufbau eines Data Mart

7.1.1 Ein Verfahrensmodell – warum?

Data Mart und Verfahrensmodell, für viele Anwender stellt dies heute scheinbar noch einen Widerspruch dar. Zu deutlich ist in der Informationsverarbeitung häufig noch der Eindruck komplexer Vorgehensmodelle mit Hunderten von Einzelschritten, Prüfpunkten und Schnittstellen. Der Verwaltungsaufwand hierfür wird häufig nur im Bereich sehr großer Anwendungen noch akzeptiert. **R**apid **A**pplication **D**evelopment (RAD), Prototyping und evolutionäre Modelle oft in Verbindung mit objektorientierten Vorgehensweisen haben in vielen Bereichen die oft noch im Schrank stehenden Vorgehensmodelle, zumindest in der Diskussion, verdrängt. Andererseits zeigt die permanente Diskussion um derartige Modelle – das V-Modell sei hier nur beispielhaft erwähnt – den bestehenden Bedarf an geregelten Verfahrensweisen, insbesondere für das Projektmanagement, die Projektdokumentation, die Standardisierung und in zunehmendem Maß auch die Wiederverwendung. Holthuis weist in seinem Übersichtsartikel über Datenmodelle und Optimierungsmöglichkeiten zu Recht darauf hin, daß heute der Vorgehensweise bei der Modellierung von managementunterstützenden Systemen eine viel zu geringe Aufmerksamkeit geschenkt wird [Holthuis98 S.190]. Sicherlich besitzen klassische Techniken wie die Entity-Relationship-Modellierung bezogen auf die Anforderungen einer Data-Warehouse-Modellierung einige Defizite. Mängel und Defizite sind aber kein Grund, auf eine systematische Vorgehensweise zu

7.1 Vorgehensweise zum Aufbau eines Data Mart

verzichten. Die richtige Einschätzung und Formulierung der Anwenderanforderungen ist auch in Data-Warehouse- und Data-Mart-Projekten ein wesentliches Kriterium für den Erfolg. Schließlich kann über ein systematisches Design in vielen Fällen wesentlich mehr Performance und Benutzerfreundlichkeit erreicht werden als über noch so ausgefeilte technische Lösungen oder Rechenleistung.

Nutzungsmöglichkeiten Abbildung 7.1 zeigt beispielsweise die Nutzungsmöglichkeiten der in einer einleitenden Phase der Anforderungsanalyse erarbeiteten Informationen über einen Data Mart. Daneben ist natürlich der bekannte Nutzen hinsichtlich Planung und Abschätzung des Projektstands für das Projektmanagement zu beachten. Trotz der oft vergleichsweise kurzen Projektlaufzeiten von drei bis sechs Monaten, die im Bereich der Data-Mart-Entwicklung zumindest für einen jeweils definierten Funktionsumfang eingeplant werden sollten, bietet eine standardisierte Vorgehensweise hier auf Dauer Vorteile.

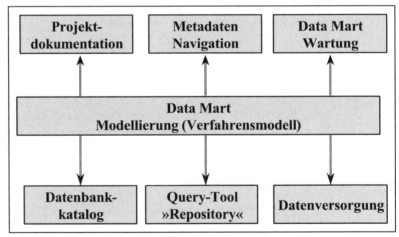

Abbildung 7.1: Nutzung der in einer Analysephase erarbeiteten Information

Wie in Abbildung 7.1 dargestellt, entsteht der Nutzen durch die frühzeitige Erarbeitung der Anforderungen in Form einer Dokumentation von Projektzielen, Erfolgsfaktoren, Abgrenzung des Projektumfangs, Dokumentation der Aufwände usw., die hier als Projektdokumentation zusammengefaßt werden. Ein weiterer wichtiger Aspekt ist, daß ein Verfahrensmodell die Dokumentation des während der Projektarbeit entwickelten Wissens in standardisierter und nachvollziehbarer Weise beinhaltet. Dies umfaßt insbesondere das fachliche Wissen, das hier erarbeitet wird. Dieses Wissen muß letztlich in jedem Fall den späteren Nutzern des Data Mart zur Verfügung gestellt werden.

Die unmittelbare Nutzung dieses während der Data-Mart-Modellierung verfügbaren Wissens für die systematische Dokumentation stellt die später für die Nutzung und Wartung des entwickelten Data Mart dringend benötigten Informationen zur Verfügung. Diese können innerhalb der dann erfolgenden technischen Entwicklung meist nicht mehr in ausreichender Form zur Verfügung gestellt werden.

Schließlich können die drei wesentlichen Ergebnisse des Data Mart, die in Form eines Daten-/Datenbankmodells, eines Abfragewerkzeugs und einer reibungslosen Versorgung mit qualitätsgesicherten Daten bestehen, synchronisiert werden. Die zumeist aufwendige Arbeit der Datenversorgung des Data Mart wird erst durchgeführt, wenn die Nutzbarkeit des Datenmodells für die Bedürfnisse der Anwender geklärt ist. Sicherlich kann eine Anforderungsanalyse keine abschließende, vollständige Dokumentation aller Anforderungen leisten, sie kann aber die Vorstellungen und den Umfang der gewünschten Analysen bereits wesentlich konkretisieren. Die Korrekturen und Erweiterungen des Datenmodells und der Datenversorgung können so reduziert und Projektkosten und Laufzeiten verringert werden.

Die in Abbildung 7.1 gezeigten Informationen stellen selbst Metadaten dar. Dabei handelt es sich im Gegensatz zu den während des Betriebes anfallenden Laufzeitmetadaten um die bereits erwähnten Entwicklungsmetadaten. Diese stellen sowohl mit Blick auf die Definition fachlicher Begriffe und die spätere Navigation der Anwender als auch mit Blick auf die Wartung des Data Mart einen wesentlichen Faktor dar. Schließlich ist in diesen Metadaten die komplette innere Struktur, wie sie in der Entwicklungsphase definiert wird, dokumentiert. Man sieht, wie eng verwandt das Thema des Managements der Metadaten für eine Applikation Data Warehouse mit entsprechenden »Satelliten«-Applikationen in Form von Data Marts mit dem Thema des Entwicklungs- und Wartungsprozesses Data Warehouse ist.

Entwicklungsmetadaten

Neben den bereits angesprochenen Vorteilen für ein Data-Mart-Projekt gibt es auch zentrale Aspekte für die gesamte Data-Warehouse-Landschaft. Hier spielt das Thema Wiederverwendung beispielsweise von Dimensionen, Hierarchien und Business Elementen auch über die Grenzen von Data Marts hinweg eine wichtige Rolle. Ebenso wichtig ist die mittelfristige Einbindung in ein Geschäftsprozeßmodell mit der Möglichkeit einer Zuord-

Wiederverwendung

7.1 Vorgehensweise zum Aufbau eines Data Mart

nung zu den entsprechenden Prozessen mit definierten Informationsbedürfnissen.

Die Wiederverwendung mit einem Zugriff auf ein zentrales Repository für das Metadatenmanagement kann dabei mit einer direkten Nutzung oder in der Berechnung neuer Kennzahlen, basierend auf bereits definierten Basiskennzahlen, beginnen. Solche Basiskennzahlen können beispielsweise Umsatz, Rendite, Stückzahlen etc. sein, die bereits als Spalten vorhanden sind oder ihrerseits wiederum aus anderen Kennzahlen berechnet werden.

Die Analysekriterien können insbesondere im OLAP-Bereich für die Auswahl vordefinierter Dimensionen oder Hierarchien verwendet werden, da diese ebenfalls im zentralen Metadatenpool bereits verfügbar sind. So können dann auch Dimensionen innerhalb verschiedener Data Marts wiederverwendet und einheitlich strukturiert werden. Entsprechend können die Datenbankstrukturen, Tabellen und Spalten bis hin zu Templates, Queries und Reports mehrfach genutzt werden.

Die steigende Effizienz bei der Entwicklung neuer Data Marts ist in Abbildung 7.2 dargestellt. Neben dem direkt vom Endanwender betreuten Teil der Ad-hoc-Queries und Reports etc. kann der sonst permanent steigende Anteil durch gezielte Verwaltung der zugehörigen Metadaten in einem Metadatenmanagement erheblich reduziert werden.

Neben der steigenden Effizienz durch die Wiederverwendung von Business-Elementen und Dimensionen trägt die Wiederverwendung mit detaillierten fachlichen Definitionen, den Berechnungsvorschriften und der Strukturierung erheblich zur *Einheitlichkeit der Information* zumindest im dispositiven Umfeld eines Unternehmens bei.

Hilfreich für eine gelebte Wiederverwendung ist dabei, daß Suche und Nutzung bestehender Elemente durch ein entsprechendes Werkzeug erleichtert werden. Wesentlich ist darüber hinaus, daß allein durch die Nutzung vorhandener Elemente auch die entsprechenden Daten mit ihrer bereits zugesicherten Qualität direkt aus dem zentralen Data Warehouse genutzt werden können.

Darüber hinaus hat natürlich jeder Anwender die Möglichkeit, neue, eigene Elemente zu definieren, die dann allerdings noch durch entsprechende Prozesse im Data Warehouse für den Data Mart bereitgestellt werden müssen.

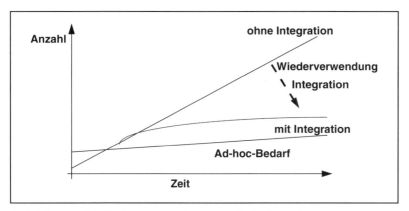

Abbildung 7.2: Wiederverwendung von Data-Warehouse-Komponenten

7.2 Ein Verfahrensmodell zur Entwicklung von Data Marts

7.2.1 Grundstruktur des Modells

Das hier beschriebene Modell wurde in der Praxis entwickelt und in der Praxis genutzt. Es greift in seiner Grundstruktur einen evolutionären Ansatz auf, der davon ausgeht, daß die Entwicklung und Weiterentwicklung eines Data Mart in einzelnen Schritten von jeweils etwa drei bis sechs Monaten Dauer durchgeführt wird. Der erste Zyklus kann sechs bis neun Monate dauern.

Jeder Zyklus beinhaltet die drei Grundphasen *Analyse*, *Design* und *Implementierung*. Die zyklische Durchführung dieser Phasen wird als Makromodell bezeichnet. Das Makromodell erfordert insbesondere die systematische Einordnung, Katalogisierung und Priorisierung von Anforderungen, so daß diese sinnvoll innerhalb der einzelnen Zyklen abgearbeitet werden können. **Zyklische Struktur**

Innerhalb jedes Zyklus erfolgt die Abarbeitung entsprechend dem Mikromodell aus Analyse, Design und Implementierung. In der Analyse wird durch Anwenderbefragung bzw. idealerweise unter Hinzuziehung entsprechender Beschreibungen aus dem Geschäftsprozeßmodell der Informationsbedarf ermittelt und strukturiert. In der Designphase werden diese Anforderungen in DV-technische Strukturen gebracht und um die grundlegenden organisatorischen Eckdaten ergänzt. Schließlich folgt eine Implementierungsphase, die zugleich den Test durch die Anwender beinhaltet. Das Modell ist gegenüber klassischen Verfahrensmo-

7.2 Ein Verfahrensmodell zur Entwicklung von Data Marts

dellen stark vereinfacht, da ein Data Mart im allgemeinen mehr als ein flexibles Informationsangebot, verbunden mit entsprechenden Werkzeugen, denn als vollständig programmiertes System zu verstehen ist.

Dies bedeutet beispielsweise auch eine deutliche Verschiebung des Gewichts hin zu einer Definition des Datenmodells und der Oberfläche (im Sinne der Gestaltung von Layout und Strukturierung der dargestellten Information).

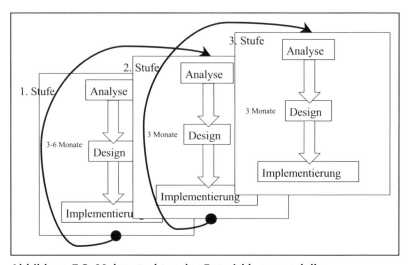

Abbildung 7.3: Makrostruktur des Entwicklungsmodells

Das Mikromodell entspricht also einem Verfahrensmodell, das ein detailliertes Datenmodell oder Objektmodell, aber, anders als bei operativen Systemen, kein detailliertes Funktionsmodell beinhaltet. Die Funktionen oder Methoden werden nur im Bereich der Infrastruktur, etwa Versorgung und Verteilung, detailliert beschrieben. Im eigentlichen Kernbereich der fachlichen Analyse ist dagegen zu beachten, daß dieser gerade der Beschreibung eines Funktionsraumes entspricht, in dem der spätere Anwender in der Lage sein soll, sich mit größtmöglicher Autonomie zu bewegen.

Use Cases Um den Anwender nicht dieser Freiheit zu berauben, gleichzeitig aber einen ausreichenden Funktionsumfang für die Analysen und Auswertungen zu erreichen, hat es sich als sinnvoll erwiesen, mit dem Anwender *Use Cases* zu erstellen. Die ursprünglich von Jacobson entwickelten Use Cases sind inzwischen im objektorientierten Umfeld ein unverzichtbarer Bestandteil bei der Erstellung anwendernaher Systeme in inkrementellen Entwicklungszyklen [Wieken, Hoffmann97, S.120f.]. Dabei handelt sich um *Anwendungsszenarien*, die zentrale Abläufe bei der Arbeit mit einem System aus Anwendersicht beschreiben. Diese lassen sich in abgewandelter Form auf Data Marts übertragen, um die Auswertungs- und Analysewünsche von Anwendergruppen zu charakterisieren. Dabei ergeben sich alle benötigten Kennzahlen und Analysekriterien auf fachlicher Ebene. Bei Vorhandensein eines *Geschäftsprozeßmodells* sollte dies als Grundlage für die Beschreibung der Use Cases verwendet werden.

Jeder Use Case wird dabei durch eine inhaltliche Beschreibung, eine Zielsetzung sowie insbesondere durch die zu analysierenden Kennzahlen (Fakten), Analysekriterien (Dimensionen) und ergänzende und beschreibende Informationen charakterisiert. Die Beschreibung enthält einen typischen Analyseablauf für eine Klasse von Fragestellungen. Dabei werden beispielsweise auch die Dimensionen in ihren Strukturen, die Kennzahlen sowie die benötigten Berichte in ihren Grundstrukturen beschrieben.

Das so erstellte Modell wird in Abbildung 7.4 als Business-Modell bezeichnet. Die entsprechenden Metainformationen werden entsprechend ihrem fachlichen Charakter in den entsprechenden Metakomponenten hinterlegt und wie in Abbildung 7.1 bereits beschreiben im weiteren Projektverlauf genutzt.

Business-Modell

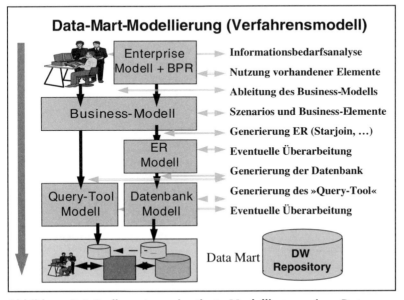

Abbildung 7.4: Endbenutzerorientierte Modellierung eines Data Mart

Das Business-Modell wird dann unmittelbar für die *Generierung des Entity-Relationship-Modells* beispielsweise als Starjoin- oder Snowflake-Schema verwendet. Das Entity-Relationship-Modell entsteht somit als generiertes Ergebnis einer fachlichen Anforderung. Dieses Modell sollte garantieren, daß die vom Anwender gewünschten Auswertungen innerhalb des im Data Mart verwendeten Abfragewerkzeugs möglich sind. Diese generierten Schemata können dann durch Entity-Relationship-Modellierung nachbearbeitet werden, bevor daraus der Datenbankkatalog generiert wird. Dies kann mit entsprechenden Schnittstellen in einem CASE-Werkzeug durchgeführt werden.

Damit ist ein wesentliches Ergebnis für die Nutzung des Data Mart erreicht: eine Datenbank, die gemäß den Bedürfnissen des Anwenders aufgebaut ist. Die so beschriebenen Metadaten können bei Verfügbarkeit entsprechender Schnittstellen weiterhin zur Generierung/Ergänzung des Repository des Abfragewerkzeugs verwendet werden.

Werden die so erstellten Metainformationen gleich in einem Repository abgelegt, so ist auch die Erstellung einer in jedem Fall notwendigen Projektdokumentation basierend auf der strukturierten Ablage der Metainformationen leicht realisierbar.

Zusätzlich können die erarbeiteten Metainformationen als Unterstützung bei der *Wartung* und *Weiterentwicklung des Data Mart* und dessen Einbettung in das gesamte Data Warehouse genutzt werden. Dies führt zurück auf die in Kapitel 6.2 beschriebenen Funktionen des Metadatenmanagements. Die konsequente Nutzung eines Vorgehensmodells verbunden mit der zentralen Ablage der während der Entwicklung entstehenden Metadaten ist hier ein zentraler Baustein für die Integration der Metadaten.

7.2.2 Die Analysephase

Informationsbedarfsanalyse

In jedem Verfahrensmodell stellt die Klärung der Anwenderwünsche den logisch ersten Schritt dar. Da die Realisierung eines Data Mart der Unterstützung dispositiver Prozesse im Unternehmen dienen soll, ließe sich ein guter Teil der Informationen aus dem Geschäftsprozeßmodell ableiten. Tatsächlich zeigt die Praxis aber, daß diese Modelle heute noch nicht vorhanden, zu abstrakt oder nicht auf die betrachteten dispositiven Geschäftsprozesse ausgeweitet sind. Die hier angesprochenen Geschäftsprozesse sind nicht mit den operativen Prozessen zu verwechseln. Hier sind die entscheidungsorientierten Prozesse angesprochen.

Wegen der oft nicht hinreichenden Definition dispositiver Prozesse bleibt zumeist nur der Schritt einer Informationsbedarfsanalyse basierend auf klassischen Mitteln. Dabei sollten Erfahrungen im Aufbau von Data Marts mit Anwenderbefragungen gemischt werden, um eine möglichst umfassende Beschreibung des benötigten Informationsbedarfs zu erreichen.

Im Bereich der Anwenderbefragungen hat sich hier der Einsatz von einfachen Fragebögen bewährt, welche die Basis für die Ermittlung der grundlegenden Informationen über den zu entwickelnden Data Mart darstellen. Diese Bögen können als Grundlage der Diskussionen mit den Anwendern dienen und die Erfassung der Anwenderwünsche strukturieren helfen. Auch wenn in vielen Fällen die Modellierung des Anwendungsbereichs »klar« erscheint, sind bei genauerem Hinsehen viele Informationen und Zusammenhänge zwar dem »Anwender« bekannt, jedoch nicht ausdrücklich dargestellt. Die Durchführung einer stichprobenartigen Befragung von ausgewählten Repräsentanten der späteren Benutzer dient somit einer Abrundung der benötigten Informationen.

Ein einfaches Beispiel für die Struktur der zu erfassenden Informationen kann unter anderem folgende Informationen abfragen:

- Die Beschreibung der fachlichen Ziele, die mit der Entwicklung des Data Mart verfolgt werden. Welche Kriterien werden als ausschlaggebend für den Erfolg oder Mißerfolg des Data Mart eingestuft?

  Benötigte Informationen

- Die Beschreibung der einzelnen »Datenfelder«, also letztlich die fachlichen Informationen, die der Anwender in seinem Data Mart analysieren will. Diese sollten auf möglichst feiner granularer Ebene, aber natürlich auch in Form von Gruppierungen ermittelt werden. Wesentlich hierbei ist insbesondere, daß nicht nur die Namen der Felder, sondern eine möglichst exakte inhaltliche Beschreibung der Felder ermittelt wird.

- Die Klärung, inwieweit Schlüsselfelder mit bekannten Kodierungen und/oder zusätzliche Felder mit inhaltlichen Bezeichnungen zu berücksichtigen sind.

- Die exemplarische Beschreibung von Abläufen, die der Anwender im Rahmen seiner Analyse durchführen möchte.

- Die Beschreibung, welche Informationen in welchen zeitlichen Abständen benötigt werden.

7.2 Ein Verfahrensmodell zur Entwicklung von Data Marts

- Die Beschreibung des Wissens des Anwenders über mögliche Quellen seiner Informationen in Form von operativen Daten, von Data-Warehouse-Daten, aber möglicherweise auch von zusätzlichen Informationen, die er heute in Form von Tabellen usw. vorliegen hat.

- Ideen des Anwenders, welche externen Datenquellen möglicherweise einen zusätzlichen Wert für den betrachteten Data Mart darstellen könnten.

- Ideen des Anwenders, welche Besonderheiten bei der Bereitstellung der Daten zu beachten sind. Oft verfügen Anwender über erstaunlich detaillierte Informationen wie bestimmte Felder operativer Systeme genutzt, wie sie gepflegt werden usw.

- Klärung, inwieweit bestimmte Datenquellen noch von Anwenderseite nachgepflegt bzw. im laufenden Betrieb später gepflegt werden (fachliche Verantwortung für den Inhalt der Daten).

- Die Plausibilitätsprüfungen, die hinsichtlich Inhalt und Menge der bereitgestellten Informationen durchgeführt werden sollten.

- Welche Informationen die Anwender in der Lage sein wollen, selbst in dem System zu erfassen (Stichwort: Plandaten) und auf welchem Weg sie diese Informationen erfassen wollen.

- Welchen zeitlichen Horizont die Data-Mart-Informationen betrachten sollen.

- Welche Granularität (zumindest bei grundlegenden »Entitäten«) die Informationen besitzen sollen.

- Welche technische Infrastruktur an den Arbeitsplätzen der Anwender zur Verfügung steht.

- An wen die Benutzer ihrerseits Informationen weitergeben wollen (wann, wie oft, an wen). Dies erlaubt unter Umständen, den tatsächlichen »Benutzerkreis« erst zu erfassen.

- Die Klärung, an welchen Stellen und wie die Anwender in den fachlichen Test des Data Mart einbezogen werden sollen.

- Die Klärung, welche Daten als sehr sensibel angesehen werden, Klärung, welche Daten unbedingt geschützt werden müssen, und Klärung, welche Daten nur mit Zustimmung des Betriebsrats zusammengestellt werden dürfen.

- Definition der Informationen, die als wünschenswert angesehen, aber nach dem Stand der Erkenntnis voraussichtlich nicht geliefert werden können.

- Die Abgrenzung, was der Data Mart nicht erfüllen kann (Negativliste).

- Die Klärung der Stufen, in denen der Data Mart entwickelt werden soll.

Diese Informationen liefern ein Rohgerüst des Informationsbedarfs der Anwender hinsichtlich des Data Mart. Basierend auf diesem Material können dann die gewünschten Analyseabläufe analysiert werden.

Szenarienentwicklung

Basierend auf der Informationsbedarfsanalyse erfolgt noch innerhalb der Analyse eine erste Strukturierung der Anforderungen. Wie bereits erwähnt, basiert dies auf der Use-Case-Analyse, wie sie von Jacobson in die objektorientierte Entwicklung eingeführt wurde und auch Bestandteil der UML (**U**nified **M**odeling **L**anguage) geworden ist. Dieses Vorgehen läßt sich sinngemäß auf die Data-Mart-Entwicklung übertragen.

Ziel ist es dabei zunächst, eine Gruppierung der künftigen Data-Mart-Nutzer zu erreichen. Die einzelnen Benutzergruppen werden als »Actors« in die Modellierung der Szenarien aufgenommen, und für jeden Anwender wird der grobe Umfang der benötigten Informationen festgelegt. Diese Szenarien werden je nach Detaillierungsgrad stichpunktartig, als Grafik oder als Pseudocode notiert. Die Benutzer werden hinsichtlich ihrer zukünftigen Rolle bezogen auf das System eingeordnet. Dadurch ergibt sich ein erster Einblick, wie die Benutzer künftig im Rahmen der Analyse mit dem Werkzeug umgehen wollen. Diese Beschreibungen sind zugleich die Basis für erste Ideen über die

Gruppierung der Nutzer

- Subjekte

- Dimensionen

- Kennzahlen(-gruppen)

Während diese Festlegungen im Bereich der späteren Ad-hoc-Analysen ausreichen, kann im Bereich des Reporting mit Standardberichten noch ein Schritt weiter gegangen werden. Für die von den Anwendern mindestens erwarteten Standardreports sollte die Grobstruktur bereits jetzt vordefiniert werden. Dies umfaßt nicht das endgültige Layout, wohl aber beispielsweise

Standardreports

Gruppenwechsel, Sortierungen und Filter für einfache Reports. Hier ist beispielsweise zu fragen, inwieweit Stammasken für Subjekte benötigt werden und welche Felder sie beinhalten sollen. Ebenso relevant sind Fragen danach, ob ein Drill-down auch Kombinationen von Dimensionen beinhalten soll. Welche Übersichtsreports werden benötigt? Welche Daten sollen im Data Mart erfaßt werden, beispielsweise Plandaten, Simulationsdaten? Wie geschieht der Zugriffsschutz? Wie wird die Unterscheidbarkeit von Standardreports und Ad-hoc-Reports gewährleistet?

Diese Festlegung der Reports dient auch als Hilfe bei der Überprüfung der Vollständigkeit hinsichtlich der Felder und somit des Data Mart selbst.

Schließlich sollte versucht werden, für die Reports folgendes zu klären:

- Wie oft werden sie ausgeführt?
- Wann werden sie ausgeführt?
- Welche Antwortzeiten werden erwartet?
- Sollen sie online erfolgen, als »Datenkonserve« vorliegen oder in Papierform bereitgestellt werden?
- Welche Auswirkungen sind im Fall eines Ausfalls eines Reports zu erwarten?

Business-Modell (Dimensionen, Kennzahlen etc.)

Der abschließende Schritt der Analysephase ist die Erstellung dessen, was wir Business-Modell genannt haben.

Das Business-Modell stellt die vollständige fachliche Beschreibung des Data Mart dar. Hier sollten jetzt alle fachlichen Elemente bis auf Feldebene einschließlich der Verwendung enthalten sein. Diese Felder sollten

- inhaltlich mit ihrer fachlichen Bedeutung beschrieben,
- hinsichtlich ihres (fachlichen) Datentyps festgelegt,
- bei OLAP nach Nutzung für Dimensionskategorien, Kennzahl oder erläuterndem Detail klassifiziert,
- in ihrer Herkunft aus dem Data Warehouse bzw. operationalen Bereich bekannt
- und hinsichtlich der benötigten Aktualität definiert

sein. Im Falle einer OLAP-Anwendung sollten außerdem jetzt auch die Dimensionslinien endgültig festgelegt werden, also die bereits beschriebene DKA (**D**imensionen-**K**ennzahlen-**A**nalyse) erstellt werden.

Hierzu gehört auch, daß die Dimensionen vollständig ausformuliert werden. Dies beinhaltet die Festlegung der Ebenen, die Festlegung der je Ebene verwendeten Felder für die Darstellung der Kategorien (Identifikation (Schlüssel), Kurz- und/oder Langbeschreibungen, alternative Beschriftungen). Hinzu kommt insbesondere die Ausformulierung der Kennzahlen.

Da die typische Einheit für eine Analyse im OLAP-Bereich der OLAP-Würfel ist, kann hier auch bereits ein Design der benötigten Würfel erfolgen. Entgegen einem weit verbreiteten Trend, möglichst alle Informationen in einen Würfel zu bringen, hat sich die Szenarienanalyse in Verbindung mit der DKA als sinnvolles Hilfsmittel erwiesen, die Würfel in mehrere in sich konsistente Teilwürfel zu zerlegen. Jeder dieser Würfel erfüllt dabei alle Informationsbedürfnisse für eine bestimmte Analyse. Soll diese ausgeweitet werden, stellt ein Drill-through hier häufig das sinnvolle Mittel dar. Die Gliederung nach verschiedenen Würfeln folgt naturgemäß inhaltlichen Aspekten. Ein sinnvolles Hilfsmittel kann hier wiederum die Dimensionslinie darstellen.

Design der OLAP-Würfel

Ergeben sich starke Abweichungen zwischen Kennzahlgruppen, beispielsweise eine Überlappung in der Nutzung in nur wenigen Dimensionen und die Nutzung gänzlich anderer Dimensionen in anderen Bereichen, so stellt dies einen Hinweis für eine Aufteilung der Kennzahlgruppen in unterschiedliche Würfel dar.

Daneben sind organisatorische Festlegungen für die zu erstellende Anwendung von zentraler Bedeutung. Eine wesentliche Frage ist beispielsweise das Benutzerprofil der verschiedenen Anwendergruppen.

Über die Zuordnung zu einer oder mehreren Rollen hinaus, sollten einige zentrale organisatorische Anforderungen geklärt sein:

Wer nutzt welches Tool?

Welche Schulung/Einweisung ist notwendig?

Wie häufig benötigt/erhält jemand seine Informationen?

Wer hat welche Zugriffsrechte?

Wie sollen die Informationen verteilt werden?

Was ist mit begleitendem Material?

Zentrale organisatorische Anforderungen

7.2 Ein Verfahrensmodell zur Entwicklung von Data Marts

Wie ist im Fehlerfall vorzugehen (Helpdesk, fachlich, technisch)?

Welche Zuständigkeiten existieren?

Was ist notwendig, um »in Produktion« zu gehen?

Wo ist Automatisierungspotential?

Welche Erweiterungen/Änderungen dürfen die Anwender selbst durchführen?

Wie werden Weiterentwicklungen zentral geplant?

Was ist bei Änderungen im Bereich des zentralen Data Warehouse zu tun?

Die Analyse kann mit einem Review der bisher erarbeiteten Ergebnisse abgeschlossen werden. Die Dokumentation der erarbeiteten Ergebnisse sollte, wenn möglich, strukturiert erfolgen, also in einer Datenbank oder einem Repository, in dem die Strukturen zur Dokumentation dieser Ergebnisse bereits vorbereitet sind. Im vorherigen Kapitel wurde ausführlich auf die Möglichkeiten der Ablage auch fachlicher Informationen in einem Datenmodell für Metadaten, einem Informationsmodell, eingegangen.

7.2.3 Die Designphase

Datenmodell

Das Kernstück des Designs eines Data Mart ist das Datenmodell. Auch beim Einsatz einer multidimensionalen Datenbank sollten die Daten in geeigneter Weise vorstrukturiert und vorverdichtet werden. Beim Einsatz von SQL-basierten Werkzeugen ist die Erstellung eines relationalen Modells obligatorisch, unabhängig davon, ob die Einzelteile des Modells später tatsächlich als Tabellen oder nur als Views realisiert werden.

Das Datenmodell strukturiert den Informationsbedarf so, daß er hinsichtlich des Abfrageverhaltens der Benutzer optimiert abgelegt wird. Dies ist zumindest der Anspruch eines Datenmodells. Hier liegt die Besonderheit eines MIS bzw. Data Mart. Es wird hinsichtlich des Abfrageverhaltens, nicht des Änderungsverhalten, auf Einzeltransaktionsebene optimiert. Ein wesentlicher Parameter ist, ob eher ein klassisches Reporting, eine MQE-Anwendung oder eine OLAP-Anwendung im Vordergrund steht. Im Falle der OLAP-Anwendung ist wiederum nach ROLAP und MOLAP zu unterscheiden, da im einen Fall zur Laufzeit optimiert zugegriffen werden muß, im anderen Fall eher die Unterstützung der Erstellung der multidimensionalen Datenbank im

Vordergrund steht. Im MQE-Umfeld ist ein wesentlicher Parameter, ob schwerpunktmäßig Standardabfragen oder Ad-hoc-Abfragen genutzt werden.

Der dem klassischen Datendesign am nächsten stehende Fall ist der Einsatz eines Reporting-Werkzeugs, mit dem schwerpunktmäßig Standardabfragen (online) erstellt werden sollen. In diesem Fall kann gezielt für diese Abfragen denormalisiert werden. Ad-hoc-Abfragen müssen sich dann an diesen Strukturen orientieren. Beispielsweise sollte in der Strukturierung eines MQE-Werkzeugs Wert darauf gelegt werden, den Benutzer so zu leiten, daß er möglichst nur Daten aus einer der denormalisierten Tabellen verwendet. **Einsatz eines Reporting-Werkzeugs**

Schwieriger ist das Design für ein Modell, auf dem schwerpunktmäßig mit Ad-hoc-Abfragen zugegriffen werden soll. Hier kann man aber anhand der Szenarien aus der Analysephase Anhaltspunkte für die möglichen Abfragewege ableiten. Wesentlich ist dann, aus dem Informationsbedarf die Subjekte herauszuschälen, welche die Grundlage für die Kernentitäten der Anwendersicht bilden. Dies sind die Objekte, die den Schwerpunkt der Analyse in den Szenarien bilden. Typischerweise sollten dies nicht mehr als zwei oder drei Entitäten sein. Dies entspricht der betrieblichen Erfahrung hinsichtlich des Informationsbedarfs einer Benutzergruppe, also einer Gruppe von Personen, die bestimmte Geschäftsvorfälle bearbeiten. In anderen Fällen sollte zumindest geprüft werden, ob nicht mehrere überlappende Benutzersichten vorliegen, die in mehr als einem Data Mart realisiert werden. Um diese Kernentitäten herum können dann erläuternde Entitäten, Domänen (Schlüsseltabellen) usw. gruppiert werden. **Ad-hoc-Abfragen**

Im Fall eines starken OLAP-Einsatzes sollte zunächst aus der DKA-Analyse ein Starschema oder Snowflake-Schema entwickelt werden. Dies kann auch maschinell erfolgen, wenn das DKA-Schema mit den zugehörigen fachlichen Elementen beschrieben wurde. Aus den Kennzahlgruppen lassen sich dann die Faktatabellen konstruieren, aus den Dimensionsstrukturen die entsprechenden Dimensionstabellen. Die Dimensionslinien, insbesondere die maximale Dimensionslinie, bilden die Grundlage für die Fremdschlüsselbeziehungen. Der Algorithmus hierzu läßt sich leicht ableiten. Ergänzt wird dieses Modell dann um die Subjektentitäten, die Detailinformationen und erläuternde Informationen zu den analysierten Subjekten liefern und insbesondere für den Drill-through sinnvoll sind. **OLAP-Einsatz**

7.2 Ein Verfahrensmodell zur Entwicklung von Data Marts

Im Fall des Einsatzes einer OLAP-Modellierung sollten neben dem eigentlichen Datenmodell auch die zusätzlichen Berechnungs- und Filtervorschriften zum Erstellen der OLAP-Datenstrukturen aus den Strukturen des Datenmodells ausformuliert werden.

Anwendungsdesign

Ergänzt wird das Datenmodell um das sogenannte Anwendungsdesign. Dieses umfaßt alle Fragen der einheitlichen Gestaltung von Layouts, der Grundstruktur von Berichten, der Benutzerrechte, zusätzlicher Oberflächentools, Automatisierung der Informationsbereitstellung, Anwenderunterstützung usw.

Zur Standardisierung des Layouts gehört beispielsweise:

- die Festlegung der Informationen in Kopf- und Fußzeilen
- die Bereitstellung der Logos
- die Festlegung, wie Standardreports von Ad-hoc-Reports unterschieden werden
- die Namen von Reports
- die Definition vorgefertigter Muster

Zusätzlich sind für bestimmte Benutzergruppen Werkzeuge notwendig, die einen einfachen Zugriff auf die Informationen erlauben, die berühmten »Knopfdruckoberflächen«. Auch deren Oberfläche ist zu gestalten, die benötigten Standardreports sind auszuformulieren.

Neben dem Design des eigentlichen inhaltlichen, analytischen Umfangs des Systems muß das Design auch die Infrastruktur der Anwendung berücksichtigen. Insbesondere gehören hierzu:

- Versorgung der Daten aus dem Data Warehouse
- Einbindung der Data-Mart-spezifischen Plausibilitätsprüfungen
- Durchführung der zu dem Data Mart gehörenden Verdichtungsstufen
- Einbindung von Testverfahren
- Verfahren zur Verteilung von Informationen im Data Mart
- Realisierung der Zugriffsberechtigungsverfahren
- Einholung aller »datenschutzrechtlichen« Genehmigungen

Schließlich ist am Ende der Designphase wiederum ein Feedback seitens der zukünftigen Nutzer einzuholen, ob insbesondere die Konsequenzen, die sich hinsichtlich Verfügbarkeit, Antwortzeiten, Speicherkapazität, aber auch Oberfläche aus den Designentscheidungen ergeben, von den Anwendern mitgetragen werden.

7.2.4 Die Implementierungsphase

Die Dauer der eigentlichen Implementierung hängt wesentlich von dem gewählten Werkzeug und dem Automatisierungsgrad des Data Mart ab. Sie enthält gleichzeitig die Testphase, da Realisierung und Test zumeist recht schnell parallel laufen können.

Das Datenbankdesign

Das Datenbankdesign ist die Umsetzung des Datenmodells auf die physische Datenbank bzw. das Dateisystem. Dieses sollte keine inhaltlich strukturellen Entscheidungen oder Umformulierungen mehr beinhalten, sondern im wesentlichen nur die technischen Parameter entsprechend einbeziehen.

Umfangreicher kann dies im Falle einer OLAP-Modellierung werden, wenn nicht alle Berechnungen bereits im Design vollständig formuliert wurden oder wenn dort umfangreiche Berechnungen gefordert werden, die zunächst durch Programmierung von Scripts oder anderen Programmen zu realisieren sind.

Die Datenversorgung

Die Realisierung der Datenversorgung ist die Implementierung der physischen Datenbereitstellung für den Data Mart aus dem Data Warehouse. Dieser Prozeß ist verwandt mit der Datenbereitstellung für das Data Warehouse aus operativen Systemen (Back-End). In beiden Fällen handelt es sich um eine Abbildung, ein Mapping, von Informationen zwischen verschiedenen Datenstrukturen.

Die Komplexität des Vorgangs ist jedoch nicht miteinander vergleichbar. Das Mapping in den Data Mart ist im allgemeinen relativ einfach umsetzbar. Dies liegt daran, daß hier im wesentlichen Daten selektiert, neu gruppiert und verdichtet werden; komplexere Transformationen bilden eher die Ausnahme. Hinzu kommt, daß in vielen Fällen sowohl Ziel als auch Quelle zunächst relationale Strukturen sind. Wird eine OLAP-Datenbank eingesetzt, so läßt diese sich in vielen Fällen ebenfalls über »SQL-artige« Abfragen mit Daten versorgen.

7.2 Ein Verfahrensmodell zur Entwicklung von Data Marts

Somit kann man zumindest dann, wenn der Ausgangspunkt der Versorgung eines Data Mart ein Data Warehouse ist, diesen Vorgang vergleichsweise einfach, in vielen Fällen allein mit SQL, umsetzen.

Dieser Vorgang ist der eigentlichen Anwendungserstellung vorgelagert, da die Erstellung der Reports zumindest Testdaten voraussetzt. Andererseits können allein durch die Menge der bereitzustellenden Daten und eventuelle Spezialfälle Zeiten und Aufwände anfallen, die nicht unbedingt vor Beginn der eigentlichen Anwendungsentwicklung erbracht werden müssen.

Die Anwendungserstellung

Die eigentliche Anwendungserstellung umfaßt die Umsetzung des Anwendungsdesigns, also die reale Umsetzung der Standardreports, Bereitstellung von Mustern, Implementierung der Benutzerrechte, Realisierung der OLAP-Würfel usw. Dieser Vorgang ist werkzeugspezifisch und läßt sich daher schwer verallgemeinern.

Können Teile der Daten zu Testzwecken vorzeitig bereitgestellt werden, so beschleunigt die Rückkopplung zwischen Bereitstellung von Daten und Nutzung von Daten für erste Reports und OLAP-Analysen den Gesamtablauf der Data-Mart-Erstellung und führt zu einem entwicklungsbegleitenden Test.

Neben der Verkürzung der Gesamtlaufzeit liegt ein weiterer Vorteil eines solchen Tests darin, daß die künftigen Anwender parallel mit der Erstellung der Anwendung Teile der Anwendung bereits dann, wenn entsprechende Daten verfügbar sind, überprüfen können. In diesem Zusammenhang können nicht nur die Layouts der Reports, sondern insbesondere auch die Daten bereits teilweise inhaltlich kontrolliert werden. Dieser inhaltliche Test ist ein extrem kritischer Teil der Data-Mart-Entwicklung. Es ist wichtig, möglichst frühzeitig beginnen zu können, um rechtzeitige Korrekturen in der Datenversorgung durchführen zu können.

Die Automatisierung

Das Thema Automatisierung gewinnt insofern immer mehr an Bedeutung, als der Betrieb eines Data Mart zunehmend eine Reihe von Adminstrationstätigkeiten »im Hintergrund« erfordert. Dies wurde auch im Rahmen des vorherigen Kapitels bereits angesprochen. Diese Tätigkeiten beginnen bei der Steuerung und Qualitätskontrolle der zumeist periodischen Versorgung des

Data Mart, gehen über die Steuerung des Aufbaus einer OLAP-Datenbank, die dynamische Anpassung von Reports beispielsweise an den aktuellen Zeitraum, die automatische Generierung von Standardreports in Form von Schnappschüssen, die Benachrichtigung der Anwender über eine erfolgreiche Aktualisierung oder über Probleme bis hin zur Archivierung der historischen Data-Mart-Daten.

Die Automatisierung dieser Schritte ist angesichts des damit verbundenen Arbeitsaufwands einerseits und des Zeitdrucks im Interesse einer möglichst schnellen periodischen Aktualisierung andererseits ein logischer Schritt.

Sie sollte daher bereits im Rahmen des Designs mit vorgesehen und jetzt umgesetzt werden. Die Praxis zeigt hier, daß dieser Schritt immer wieder unterschätzt wird, handelt es sich doch um einen wesentlichen Teil des Übergangs vom Testbetrieb in den Produktivbetrieb.

Gerade dieser Schritt setzt den Aufbau der Infrastruktur voraus, die zumindest bei den ersten Data-Mart-Entwicklungen im Client/Server-Umfeld oder Intranet-Umfeld oft erst zusammen mit dem Data Mart aufgebaut werden muß.

7.3   Der nächste Zyklus

Bereits während der Erstellung und des Tests eines Data Mart entstehen normalerweise weitergehende Wünsche und Anforderungen. Diese können auf Grund der flexiblen Struktur der Analysewerkzeuge teilweise noch berücksichtigt werden. Werden jedoch grundlegend neue Forderungen, beispielsweise nach neuen Datenfeldern, neuen Verteilungsmechanismen, Zusatzanwendungen usw. gestellt, so sollten diese als Teil des nächsten Makrozyklus definiert werden. Data Marts leben von der schnellen Verfügbarkeit und Änderbarkeit. Dieser Vorteil, schnell einen weiteren Entwicklungszyklus durchführen zu können, sollte genutzt werden. Er kann aber nur dann genutzt werden, wenn der bestehende Zyklus planmäßig abgeschlossen werden kann. In einem unserer Projekte wurde für die einzelnen Makrozyklen auch das treffende Bild der »Salamitechnik« geprägt, jeder Zyklus ist eine Salamischeibe, die für sich betrachtet dem Anwender ein zusätzliches Stück Funktionalität und Daten liefert (siehe Abbildung 7.5).

7.4 Vorgehensweise zum Aufbau eines Data Warehouse

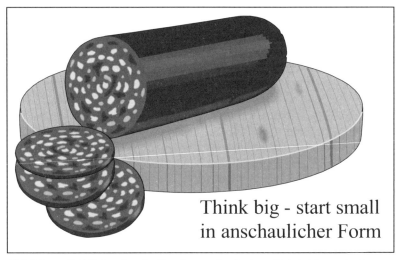

Abbildung 7.5 Salamitechnik oder mal wieder »Think big – start small«

7.4 Vorgehensweise zum Aufbau eines Data Warehouse

Der Aufbau eines Data Warehouse ist letztlich die Entwicklung einer neuen Klasse von Systemen. So unmöglich es erscheint, hierfür ein Verfahrensmodell zu erstellen, so kann man doch einige wesentliche Schwerpunktaktivitäten definieren, die parallel einzuplanen sind. Diese Schwerpunktaktivitäten können jeweils von einzelnen Personen oder Teams verantwortet und betreut werden. Sie lassen sich beschreiben als:

Schwerpunktaktivitäten

- *Management*
  Management des Gesamtprozesses der Data-Warehouse-Entwicklung. Dies ist mehr als ein Projektmanagement und sollte in einer Organisationseinheit fest verwurzelt sein. Hier geht es um die Koordination aller anderen parallel laufenden Aktivitäten.

- *Architektur*
  Die Architektur umfaßt alle grundlegenden Fragen, wie sie in Kapitel 1 beschrieben wurden. Dies bedeutet insbesondere die Definition der grundlegenden Datenspeicher und Prozesse im gesamten Data-Warehouse-Umfeld.

- *Benutzer (Kunden)*
  Die Verantwortung für die Benutzer umfaßt die Erstellung aller Data Marts. Da diese im allgemeinen als eigenständige

Projekte durchgeführt werden, können sich hier eine ganze Reihe von unterschiedlichen Gruppen und Verantwortlichkeiten ergeben.

- *Datenbasis*
  Die Verantwortung für die Datenbasis umfaßt die Erstellung des logischen und physischen Datenmodells des Data Warehouse (nicht der Data Marts). Hier liegt also die Verantwortung für die Struktur sowohl hinsichtlich Vollständigkeit als auch Nutzbarkeit für Data Marts. Gleichzeitig ist damit hier die Verantwortung für die Weiterentwicklung des Data Warehouse unterhalb der Architekturebene angesiedelt.

- *Betrieb (einschließlich Datenversorgung (Akquisition) und Infrastruktur)*
  Der Dateneinkauf umfaßt die gesamte Versorgung des Data-Warehouse-Modells mit Daten aus den vorgelagerten operativen Systemen sowie externen Systemen. Hier liegt gleichzeitig die Verantwortung für die Qualität, Aktualität und Archivierung der Informationen, also insgesamt für den Inhalt der Daten im Data Warehouse und den Betrieb des Data Warehouse. Die Verantwortung für die Infrastrukur umfaßt die Auswahl und Betreuung der Werkzeuge, die Schulung der Anwender, die Beratung in werkzeugspezifischen Fragen, die Verfügbarkeit von Werkzeugschnittstellen.

- *Metadaten*
  Zentraler Bestandteil sind Aufbau und Pflege einer Metadatenbasis für die gesamte Data-Warehouse-Umgebung, die von allen anderen Gruppen in Fragen der Nutzung, des Betriebs oder der Weiterentwicklung des Data Warehouse verwendet werden kann. Die Aufgabe hier ist also, den Service für die anderen am Data Warehouse beteiligten Gruppen bereitzustellen.

- *Service*
  Alle unmittelbar auf die fachliche Unterstützung des Anwenders gerichteten Maßnahmen, einschließlich Helpdesk, Schulungsangebot, Training-on-the-job, Beispiele usw.

Die beschriebenen Schwerpunkte stellen nichts anderes dar als die Grundfunktionen, die im Rahmen des Aufbaus und Betriebs einer Data-Warehouse-Entwicklung benötigt werden. Diese Funktionen können voneinander abgegrenzt und mit getrennten Verantwortlichkeiten versehen werden. Natürlich heißt das nicht, daß sie vollkommen voneinander entkoppelt ablaufen. Die Koordination der Tätigkeiten in den einzelnen Funktionen ist ein wesentlicher Schlüssel.

Ausblick

8

Sie werden bemerkt haben, daß die Zusammenstellung der Verantwortlichkeiten für die Grundprozesse im Data Warehouse, wie sie im letzten Abschnitt gegeben wurde, weitgehend der Gliederung dieses Buches entspricht. Dies ist kein Zufall. Ziel dieses Buches ist es, einen Überblick über den doch noch recht jungen Bereich des Data Warehouse zu geben. Wichtiger als viele Details und wichtiger als die eine oder andere Funktion erscheint dabei die Orientierung und Ausrichtung in die Zukunft. Den Kern eines solchen Bestrebens müssen die Prozesse bilden, die ein Data Warehouse ausmachen. Die Definition der Prozesse, die Abgrenzung und Verteilung der Verantwortlichkeit sind die zentrale Aufgabe beim Aufbau dispositiver Systeme. Wenn die Verantwortlichkeiten definiert sind und gelebt werden, dann lassen sich die einzelnen Bausteine leichter entwickeln und ineinanderfügen. Werkzeuge, Rechnerarchitekturen und so weiter sind ein Bestandteil einer solchen Strategie, nicht aber ihr Kern.

Sind die Prozesse definiert, so muß ihr Zusammenspiel garantiert werden. Ein solches System macht es auch leichter, den immer wieder sichtbaren Konflikt zwischen einer zentralen Architektur und einer dezentralen Entwicklung der Data Marts zu steuern.

Die Entwicklung zentraler großer Data-Warehouse-Umgebungen ist nicht im Trend. Data Marts sind überall im Gespräch und in der Entwicklung. Diese Entwicklung hat mit Sicherheit zur Zeit zu den wachsenden Erfolgsmeldungen aus dem Bereich der dispositiven Systeme beigetragen.

Andererseits genügt ein Blick auf die Erfahrungen im Bereich operativer Systeme, um zu erkennen, daß eine reine Strategie der Insellösungen mittel- und langfristig nicht erfolgreich sein kann. Die sogenannte »Hub-and-spoke-Strategie«, die dreistufige Architektur, mit dem Data-Warehouse-Informationspool im Zentrum (Hub), der aus verschiedenen operativen Systemen (spokes) versorgt wird und seinerseits verschiedene Data Marts (spokes) versorgt, ist in größeren Umgebungen state-of-the-art. Darüber hinaus muß aber auch die Entwicklung der Data Marts selbst stärker koordiniert werden. Vereinfachung der Infrastruktur, Nutzung von Komponenten, Vereinheitlichung von Oberflächen usw. sind nur einige Beispiele für die Vorteile einer solchen Entwicklung. Langfristig muß auch hier ein Komponentendenken und eine Standardisierung von Schnittstellen eine zentrale Rolle übernehmen.

Wird auch der Bereich der dispositiven Systeme von manchem Modewort und manchem Modetrend bestimmt, so ist er damit nicht allein im Bereich der Informatik. Data Warehousing selbst als neuer Begriff für einen eigenständigen Aufbau dispositiver Systeme und gezielter Verlagerung von Verantwortung und Durchführung vieler Reporting- und Analysetätigkeiten in den Bereich von Fachabteilungen ist selbst kein Modetrend mehr. Vielmehr scheint es heute so zu sein, daß damit nach vielen Jahren ein erfolgversprechender Weg gefunden ist, zu einer echten Nutzung von Informationen für dispositive, entscheidungsunterstützende und -vorbereitende Aufgaben zu gelangen.

Die Bedeutung dieser Informationen für ein Unternehmen ist erheblich, und damit ist Data Warehousing auch eine neue Herausforderung und eine neue Chance für die Informatik.

Literaturverzeichnis

[Behme98] Behme, Wolfgang; Muksch, Harry: Die Notwendigkeit einer entscheidungsorientierten Informationsversorgung. In: Das Data Warehouse-Konzept, 3. Aufl, Gabler, Wiesbaden 1998, S.3–33

Brackett, M.H.: The Data Warehouse Challenge, New York/Chichester/Brisbane 1996

[Brause91] Brause, R.: Neuronale Netze – Eine Einführung in die Neuroinformatik, Teubener, Stuttgart, 1991

[Bulo96] Bulos, D.: A new Dimension. In: Database Programming & Design, Juni 1996, S.33–37

[Chen76] Chen, P.: The Entity-Relationship Model – Towards a Unified View of Data, ACM Transactions on Database Systems, Vol 1, No.1, March 1976, S.9–36

[Devlin97] Devlin, B.A.: Data Warehouse: from architecture to implementation, Addison Wesley Reading/Harlow/Menlo Park, 1997

[DSS98] Klarheit im Meer der DSS-Tool-Anbieter. In: Datenbank Focus, 10/98, S.38–46

[Gabriel98] Gabriel, Roland; Gluchowski, Peter: Grafische Notationen für die semantische Modellierung multidimensionaler Datenstrukturen. In: Management Support Systemen, Wirtschaftsinformatik, Heft 6, 1998, 40.Jahrgang, S.493–502

[Grauel95] Grauel, A.: Fuzzy-Logik, BI-Verlag, Mannheim, 1995

[Hammer93] Hammer, Michael; Champy, James: Reengineering the Corporation, Harper, New York 1993

[Holthuis87] Holthuis, J.: Multidimensionale Datenstrukturen. In: Das Data Warehouse-Konzept, 3.Auflage, Gabler, Wiesbaden 1998, S.143–193

Inmon, W.H.; Hackathorn, W.H.: Using the Data Warehouse, Wiley, New York/Chichester/Brisbane, 1994

Inmon, W.H., Imhoff, C./Battas, G.: Building the operational data Store, Wiley, New York/Chichester/Brisbane, 1993

[Inmon 92B] Inmon, W.H.: Building the Data Warehouse, Wiley, New York/Chichester/Brisbane, 1993

[Jacobson92] Jacobson, I.: Object-Oriented Software Engineering, Addison-Wesley, Reading, 1992

[Krahl98] Krahl, D./Windheuser, U./ Zick, F.-K.: Data Mining, Addison-Wesley, Bonn 1998

[Martin97] Martin, Wolfgang: Der Data Mining Prozeß: Ein Rahmenwerk zur Datenanalyse im Data Warehouse Modell, in: online97 VIII, C830

[Martin98] Martin, Wolfgang: Der Data Mining Markt, in: online98 VIII, C831

Mertens, P., Griese, J.: Integrierte Informationsverarbeitung, Gabler, Wiesbaden 1993

[OLAP97] OLAP-Council: The OLAP-Council API, 1997, URL: http://www.olapcouncil.org/research/apily.htm

[Muksch98] Muksch, H.: Das Data Warehouse-Konzept als Basis einer unternehmensweiten Informationslogistik. In: Das Data Warehouse-Konzept, 3.Auflage, Gabler, Wiesbaden 1998, S.33–100

[Poe 97] Poe, Vidette; Reeves, Laura: Aufbau eines Data Warehouse, Prentice Hall, New Jersey 1997

Biethahn, J./Muksch, H./Ruf, W.: Ganzheitliches Informationsmanagement, Oldenbourg-Verlag, München/Wien, 1997

[Schneider 86] Schneider, Hans-Jochen (Hrsg.): Lexikon der Informatik und Datenverarbeitung, Oldenbourg-Verlag, München, Wien

Pendse, N./Creeth, R: The OLAP-Report, o.Ort, 1995

[Schneeweiß78] Schneeweiß, Hans: Ökonometrie, Physica-Verlag Würzburg, 1978

[Soeffky99] Soeffky, Manfred: Datenaufbereitung für das Data Warehouse. In: itFocus, 3/99, S.14–22

[SQL498] SQL-Ecke in: Datenbank Focus, 4/98, S.78–80

[Wieken90] Wieken, J.-H.: Software Produktion, McGraw-Hill, Hamburg, 1990

[WiekenHoffmann97] Wieken, J.-H.; Hoffmann: Objektorientiertes Design, Heise, Hannover 1997

[Wieken98] Wieken, J.-H.: Meta-Daten für Data Marts und Data Warehouses. In: Das Data Warehouse-Konzept, Gabler, Wiesbaden, 1998, 3.Auflage, S.275–315

Stichwortverzeichnis

A

Agent 112
Ähnlichkeitserkennung 108
Aktualisierungshäufigkeit 166
Ampelfunktion 56, 141
Analysekriterium *siehe Dimension*
Analysephase 240
Analysevariable *siehe Kennzahl*
Anwendungserstellung 250
Anwendungsszenarien 239
Architektur
    dreistufig 26
    einstufig 23
    zweistufig 24
Archivierung 202
Ausprägung *siehe Kategorie*
Automatisierung 250

B

Basismodell 158
Benutzergruppen 36
Berichtslayout 55
Business-Modell 244

C

CGF 178

D

Data Cleansing *siehe Datenbereinigung*
Data Mart 19, 154
Data-Mart-Modellierung 235
Data Mining 93
    Methoden 99
Data-Mining-Prozeß 95
Data-Warehouse-Prozesse 30
Data-Warehouse-Umgebung 18
Datenbank
    operative 147
Datenbankentwurf 147
Datenbereinigung 198
Datenbereitstellung 189
Datenextraktion 191
Datenmodell 147, 246
    Data Mart 171
    Data Warehouse 149
    unternehmensweites 152
Datenqualität 14
Datentransformation 192
Datenversorgung 249
Denormalisierung 149, 176, 185
Designphase 246
Detaillierung *siehe Drill-down*
Detaillierung auf Einzelsätze *siehe Drill-through*
Diagramm 82
Diagrammarten 55, 82

Dice 75
Dimension 61, 113, 165, 173
   Abhängigkeiten 144
   algorithmusgetrieben 132
   Besonderheiten 142
   datengetrieben 131
   Dimensionsklasse 126
   Dimensionskombination 129
   Dimensionstyp 126
   Kennzahltyp 124
   Klassifikation 125
   natürliche 128
   Property Dimension 129
   strukturgetrieben 131
   Teildimensionen 143
Dimensionsebene 114, 116
Dimensions-Kennzahlen-Analyse (DKA) 115
Dimensionslinie 132, 177
   maximale 133
   minimale 134
Dimensionstabelle 173
DKA-Diagramm 133
DNA der Metadaten 212
Dokumentation 208, 234
DOLAP 83
Domänentabelle 176
Drill-down 65, 66, 113, 116, 117, 133
Drill-through 76, 80, 115
Drill-up *siehe Roll-up*

E

EIS *siehe Executive Information Systems*
Entity-Relationship-Modellierung 147
Entscheidungsbaum 100
   CART 100
   CHAID 100
ETL 190
ETL-Prozeß 21
ETL-Werkzeug 190
Evolutionäre Algorithmen 111
Executive Information Systems (EIS) 59

F

Facts *siehe Kennzahlen*
Fakttabellen 177
Filtern in Dimensionen *siehe Slice*
Fuzzy-Logik 108
Fuzzy-System 111

G

Granularität 114, 115, 169
   feinste 133

H

Heterogenität 14
Hierarchie *siehe Dimension*
Historisierung 162, 198
HOLAP 84
Hub and spoke-Architektur 28

I

Implementierungsphase 249
Information portal 22
Informationsbedarfsanalyse 240
Inmon 16, 20, 149
Intranet/Internet-Nutzung 90

J

Join 51
   offener (outer) 53

K

Kategorie 78, 117
Kennzahlen 61, 118, 177, 179
   Berechnung 140
   Verdichtung 135
   Verdichtungsalgorithmus 136
k-nächste-Nachbarn-Analyse 102

L

Ladevorgang 168, 190

M

Macro-Mining 97
Managed Query Environments (MQE) 46
Managementinformations-
    systeme 59
MDBMS 89
Member *siehe Kategorie*
Merkmal *siehe Kategorie*
Meta Data Coalition (MDC) 220
Metadaten 205
    Entwicklungsmetadaten 235
    fachliche 209
    Integration 221
    Laufzeitmetadaten 235
    werkzeugspezifische 206
    werkzeugübergreifende 206
Metadatenarchitektur 215
Metadatenmanagement 206
Metadatenpyramide 218
Metamodell 223
Micro-Mining 97
MIS *siehe Management-
    informationssysteme*
MOLAP 77, 83
multidimensionales Modell 63
Multistarschema 182
Mustererkennung 108

N

Neuronale Netze 104
Normalisierung 148

O

ODS (Operational Data Store) 29
OLAP 59, 94
OLAP-Analyse 64

OLAP-Council 89
OLAP-Engine 88
OLAP-Modell 113, 119, 132
OLAP-Würfel 63, 119

P

Power User 37
Prozeß
    Betrieb 31
    Entwicklung/Weiter-
        entwicklung 32
    Management 33
    Metadatenmanagement 33
    Nutzung 31

Q

Qualitätseigenschaften 167

R

Regression 102
Report 40
Reportgenerator 40
Reporting 40
Repository 206
ROLAP 77, 83
Roll-up 69

S

Schichtenbildung *siehe Slice*
Schlüsseltabelle *siehe
    Domänentabelle*
Single-View 185
Slice 72
Snowflake-Schema 183
SQL 42
    Generierung 58
SQL-Transformationsschicht 47
Staging Area 196
Starjoin *siehe Starschema*
Starschema 179
Statistik 94

Sternschema *siehe Starschema*
Struktur-/Formatvereinheit-
   lichung 16
Strukturtabelle *siehe*
   Dimensionstabelle
Subjektorientierung 16

T

Tabelle
   Dimension 173
   Domäne 176
   Fakten 177
Transformationsregel 193

U

UDM 152
Use-Case-Analyse 243

V

Verdichtung *siehe Roll-up*
Verdichtungsalgorithmus 136
Verfahrensmodell 233
Visualisierung 81
Volatilität 17

W

Würfel *siehe OLAP-Würfel*

Z

Zeitabhängigkeit 144
Zeitdimension 127
Zeitraumbezug 16
Zugriffsmodell 168
Zwiebelschalenmodell 170

THE SIGN OF EXCELLENCE

Optimierung der Kundenbeziehung mit CBR-Systemen

Intelligente Systeme für E-Commerce und Support

Markus Stolpmann, Stefan Wess

Das Buch legt zunächst dar, welche Wettbewerbsvorteile sich durch die Optimierung der Kundenbeziehung in Support und Verkaufsunterstützung ergeben und wie sich diese Optimierung mit CBR-Systemen (Case Based Reasoning) erzielen läßt. Dann werden die Grundlagen der CBR-Technologie vorgestellt und anhand von 8 Fallbeispielen ihr praktischer Nutzen konkret demonstriert. Ein weiterer Teil widmet sich der Durchführung von CBR-Projekten und gibt wichtige Hinweise, Tips und Anregungen für den praktischen Einsatz von CBR-Systemen.

304 S., 1. Auflage 1998, geb.
DEM 69,90, ATS 510,00, CHF 63,00
ISBN 3-8273-1436-4

THE SIGN OF EXCELLENCE

Wissensmanagement

Von der computerzentrierten zur anwenderorientierten Kommunikationstechnologie

Boris Petkoff

Das Buch stellt einen neuen Ansatz vor zur Lösung all der Aufgaben, die sich bei der Umgestaltung eines Unternehmens und der Einführung einer betriebswirtschaftlichen Standardsoftware wie SAP R/3 stellen: Was ist der Ist-Zustand, was ist der Soll-Zustand des Unternehmens? Wie implementiert man diesen Entwurf in das Softwaresystem, und wie modelliert man dieses System so, daß es als intelligentes, interaktives Wissensmanagementsystem die unternehmerische Entscheidungsfindung unterstützt? Der erste Teil des Buches ist eine kritisch-konstruktive Auseinandersetzung mit den bisherigen Lösungsansätzen. Der zweite Teil stellt die neue, vom Autor entwickelte ACCORD-Methode vor. Und der dritte Teil zeigt anhand eines SAP R/3-Internet-Projekts, wie man diese Methode praktisch nutzen kann.

504 S., 1. Auflage 1998, geb., 1 CD-ROM
DEM 89,90, ATS 656,00, CHF 78,00
ISBN 3-8273-1393-7